Rüdiger Dammann
Reimer Gronemeyer

Ist Altern eine Krankheit?

Wie wir die gesellschaftlichen
Herausforderungen der Demenz bewältigen

Campus Verlag
Frankfurt/New York

Bibliografische Information der Deutschen Nationalbibliothek:
Die Deutsche Nationalbibliothek verzeichnet diese Publikation in der
Deutschen Nationalbibliografie. Detaillierte bibliografische Daten
sind im Internet unter http://dnb.d-nb.de abrufbar.
ISBN 978-3-593-38968-4

Umschlaggestaltung: Hißmann, Heilmann, Hamburg
Umschlagmotiv: © Strandperle, Hamburg
Satz: Fotosatz L. Huhn, Linsengericht
Druck und Bindung: Freiburger Graphische Betriebe
Gedruckt auf säurefreiem und chlorfrei gebleichtem Papier.
Printed in Germany

Besuchen Sie uns im Internet: www.campus.de

Inhalt

Die Schrecken der Umnachtung
Ein Prolog

Frühjahr 2009: Unter großer medialer Anteilnahme nimmt der Journalist Tilman Jens öffentlich Abschied von seinem Vater. Seit mehreren Jahren schon stirbt der berühmte Philologe und Rhetoriker Walter Jens einen langsamen, grausamen Tod, wie ihn immer mehr Menschen fürchten: Eine sich wie eine Epidemie ausbreitende, als heimtückisch geltende Krankheit hat sein Gehirn befallen und ihn Stück für Stück seiner Erinnerung beraubt, ihm seine Sprache, seinen Geist, sein »kostbarstes Gut« genommen. Mittlerweile, anders lassen sich die Schilderungen des Sohnes nicht deuten, ist der langjährige Vorzeige-Intellektuelle und Rhetoriklehrer der Nation nicht mehr als er selbst zu erkennen, ein von der Krankheit entstellter, wesensveränderter, gedankenverlorener Mensch. Walter Jens selber kann diesen niederschmetternden Befund naturgemäß weder bestätigen noch dementieren.

Es ist eine Tragödie – und sie wird nun auf die Bühne gebracht. Auf Podien und in Talkshows, in einem Buch[1], das schnell zum Bestseller wird, wie auch in einer Serie der *BILD-Zeitung* erzählt der Sohn die tragische Geschichte eines fortlaufenden Verfalls: Wie der Vater, der einstige »Virtuose des Wortes«, zu stammeln beginnt, wie er vergeblich nach Erinnerungen sucht, wie ihn sein profundes Wissen verlässt, wie er anfangs den Tod herbeisehnt, wie er später, »ein Schatten seiner selbst«, orientierungslos durchs Haus irrt, wie er gewindelt, gefüttert und rundum betreut werden muss, wie der einstige Sprecher der Friedensbewegung in Deutschland gegen seine Angehörigen aggressiv wird – schreit, spuckt, schlägt –, sodass selbst seine Ehefrau nach einem halben Jahrhundert gewaltfreier Ehe verzweifelt einräumt: »Er ist nicht mehr der Mann, den ich liebte.«

Angefangen, so erinnert sich Tilman Jens, hatte alles im Jahr 2003, als eine kleine, fast schon verblasste Karteikarte aus dem Fundus eines Archivs gekramt wurde und ein bis dahin – auch vor der Familie – streng gehütetes Geheimnis ans Licht brachte. Zwar hatte der kämpferische Demokrat Walter Jens schon früh die Jugendsünde eingestanden, bei der Hitlerjugend aktiv gewesen zu sein, ansonsten aber stets vehement geleugnet, darüber hinaus irgendetwas mit den Nazis zu tun gehabt zu haben. Nun überführte ihn jenes vergilbte Papier der Lüge, indem es zweifelsfrei dokumentierte, dass er im Sommer 1942 – als 19-Jähriger gewiss bereits Herr über seine Taten – der NSDAP beigetreten war. Nach zahlreichen Enthüllungen ähnlicher Art – man denke an die »SS-Episode« des damals etwa ebenso jungen Günter Grass – löste der späte Fund zwar keinen großen Skandal mehr aus. Nach Auffassung des Sohnes setzte er aber in Walter Jens offenbar ein fatales hirnorganisches Geschehen in Gang.

Unmittelbar darauf jedenfalls, berichtet Tilman Jens, seien die ersten Symptome aufgetreten. »War es wirklich Zufall – an den du, der Kenner, Interpret und Übersetzer antiker Tragödien ohnehin nie geglaubt hast –, dass dich das große Vergessen, die Demenz, der heimtückische Nebel, just in dem Augenblick überkam, als ein philologisches Fachlexikon die Existenz der NSDAP-Mitgliedskarte 9265911 offenbarte?« Nein, das mediale Auftauchen der Akte und das demenzielle Abtauchen des Vaters lägen zu dicht beieinander, als dass der Sohn an einen Zufall glauben möchte. Vielmehr sei der Vater an seiner »Scham zerbrochen«, so lange geschwiegen zu haben und nun doch ertappt worden zu sein, mutmaßt Tilman Jens. Er habe sich in jene Krankheit des Vergessens geflüchtet, die ihn und sein Gehirn seither zerfrisst und ihn eben dadurch gewissermaßen von Schuld entlastet – die aber für alle ihm Nahestehenden eine kaum zu bewältigende Herausforderung, ein schwer zu ertragendes Unglück darstellt.

Erschüttert – nicht vom lebenslangen Verschweigen der Parteimitgliedschaft, sondern von der Umnachtung seines langjährigen engen Freundes – zeigt sich auch der prominente Theologe Hans Küng. In der *Frankfurter Allgemeinen Zeitung*[2] nimmt er das Leid seines siechenden Tübinger Nachbarn zum Anlass, um über das Lebensende nachzudenken, über menschenwürdiges Sterben und sogar über aktive Sterbehilfe. Leidenschaftlich appelliert er in seinem trauernd-mitfühlenden Text an Ärzte und Politiker, den Menschen an ihrem Lebensabend endlich zu mehr Selbstbestimmung zu verhelfen, ihnen »die Menschenwürde der letzten Entscheidung« zu gewähren und sie in ihrem Beschluss sowohl medizinisch wie auch moralisch und, nicht zuletzt, gesetzlich zu begleiten. Jeder, auch sein Freund, habe das Recht auf einen gnädigen Tod, wenn eine unheilbare Krankheit alle Hoffnung auf Zukunft zunichte macht. Wer diese »Gnade« allerdings gewähren, wer das Todesurteil sprechen soll, wenn der Betroffene selbst nicht mehr bei Sinnen ist, wird vorsichtshalber ausgespart und soll wohl Gottes weisem Ratschluss überlassen bleiben.

Was aber hatte die ganze Erregung ausgelöst? Warum schlägt eine individuelle Leidensgeschichte derart hohe Wellen? Wieso nimmt die Öffentlichkeit auf so intensive Weise am Schicksal eines alten Mannes Anteil? Welcher Schrecken lässt einen bekennenden Christen an der Heiligkeit des Lebens zweifeln? Was muss einer Frau in die Glieder gefahren sein, dass sie ihren Mann nach jahrzehntelanger Ehe nicht wiedererkennt, dass sie ihn nicht mehr als den erkennt, den sie einmal geliebt hat? Und was veranlasst einen Sohn dazu, das Befinden seines Vaters mitsamt intimer und durchaus unappetitlicher Details in aller Offenheit auszubreiten?

Wir wissen keine Antwort außer dieser: Es ist das, worunter sein Vater leidet – ein Syndrom, das zum Schreckgespenst der Gegenwart zu werden droht. Es dient dem Sohn als Rechtfertigung, er möchte über dieses Krankheitsbild aufklären, weshalb er es offenbar für zulässig hält, uns einen so intimen Einblick in eine an sich doch private Tragödie zu gewähren. Und in der Tat ist sein Erfahrungsbericht mutig und für andere in vergleichbar prekärer Situation möglicherweise sogar hilfreich. Insgesamt jedoch dürften die ebenso bewegenden wie indiskreten Schilderungen über den geistigen Verfall eines vormals so geistreichen Mannes den Schrecken eher nähren, als ihn zu bannen. Der »Fall Jens« ist in diesem Sinne exemplarisch. Er enthält nahezu alle Zutaten – Hirnleistungsstörungen, Gedächtnis- und »Selbstverlust«, Orientierungslosigkeit, Depression, Aggressivität, überforderte Angehörige –, mit deren Beimischung das sich rasend schnell ausbreitende Syndrom heute in der öffentlichen Debatte gewürzt wird. Es fügt sich so zu einem düsteren Bild zusammen, das als Horrorszenario seine Wirkung nicht verfehlt.

Demenz (lat. Dementia »ohne Geist«, »ohne Verstand«) gilt als *die* Jahrhundertkrankheit, als neue Geißel der Menschheit, die sich in den demografisch alternden Gesellschaften wie eine Epidemie ausbreitet und weltweit bereits rund 25 Millionen Menschen ihrer erwachsenen Persönlichkeit beraubt – mit dramatischen Steigerungsraten. Das Krankheitsbild wird schon bald fast jede Familie heimsuchen, und eine Heilung ist trotz jahrelanger intensiver Forschungsbemühungen weit und breit nicht in Sicht. Gleichzeitig ist das Wissen über die Demenz – über Ursachen, Symptome, Erscheinungsformen, Behandlungsmöglichkeiten, Pflegekonzepte – nur sehr wenig verbreitet. Einerseits scheuen viele Menschen das Thema, weil die Aussicht, Autonomie und Entscheidungsfähigkeit zu verlieren und komplett hilfsbedürftig zu werden, in einer an Effizienz und Leistungsfähigkeit orientierten »Wissensgesellschaft« mit besonders großer Angst besetzt ist. Andererseits werfen unsere tatsächlichen Kenntnisse über Demenz leider mehr Fragen auf, als sie Antworten bereitstellen können. Und vor allem das sollte mindestens hellhörig machen.

Sowohl in den zunehmend auf den Sachbuchmarkt drängenden Ratgebern und Erfahrungsberichten als auch in einer sich immer weiter ausdifferenzierenden Fachliteratur herrscht ein biomedizinisches Demenzmodell vor. Danach handelt es sich bei dieser fortschreitenden Abnahme der Hirnleistungen um eine diagnostizierbare, behandlungs- und therapiebedürftige Krankheit, deren Erforschung und Heilung in erster Linie Aufgabe der Medizin ist. Tilman Jens' These beispielsweise, wonach sich der Vater aus Scham ins Vergessen geflüchtet habe, wird von vielen Rezensenten dann auch sogleich als »hanebüchene Privatdiagnose« kritisiert, die jeden Schulmediziner »kalt umwehen« dürfte. »Der Sohn schafft es nun in aller Schäbigkeit, die Vergesslichkeit des Vaters für eine verdrängte Episode in einen ursächlichen Zusammenhang zu bringen mit dem Auftreten der Demenz als Alterskrankheit. Fast unüberhörbar ist der selbstgerecht-infame Duktus: Geschieht ihm recht, dem tadellosen Übervater« – heißt es geradezu wutschäumend im *Tübinger Wochenblatt* vom 14. März 2009. Auch andere Kommentare – in einigen ist gar von »Vatermord« die Rede – geißeln die küchenpsychologische Deutung. Schließlich seien die krankheitsverursachenden organischen Prozesse bei Walter Jens als Eiweißablagerungen in seinem Gehirn, »computertomographisch belegt«, und es wäre doch sicher absurd anzunehmen, solche Proteine würden aus irgendeiner Scham erwachsen. Das entbehre nun wirklich jeder Rationalität.

Die Kritik klingt plausibel, sie ist aber nicht stichhaltig. Könnte man die Kritiker selber zu einer Computertomographie überreden, würden zumindest bei den älteren unter ihnen ganz ähnliche Proteinablagerungen sichtbar werden wie bei Walter Jens. Das heißt, dieselben organischen Prozesse, die in seinem Fall eine Krankheit »belegen« sollen, vollziehen sich, individuell unterschiedlich stark ausgeprägt, im Gehirn jedes alternden Menschen. Auf dieser Grundlage dennoch eine Diagnose zu stellen und als selbstverständlich zu akzeptieren, das ist in Wahrheit nicht weniger absurd, als die Ursache der »Erkrankung« in einer verdrängten NSDAP-Mitgliedschaft zu sehen. Die zweite Erklärung, sofern sie nicht als unmittelbarer Kausalzusammenhang verstanden wird, ist aus unserer Sicht sogar viel interessanter. Sie weitet den Blick auf ein komplexes Wirkungsgeschehen, das sich möglicherweise eben nicht nur biologisch erfassen lässt.

Dass der Blick auf die Demenz bislang nahezu ausschließlich naturwissenschaftlich fixiert bleibt, ist deshalb durchaus erstaunlich: Die Medizin hat in den vergangenen Jahrzehnten kaum mehr erreicht, als den geistigen Verfallsprozess von Dementen zu verlangsamen und zu verlängern. Bis heute konnten keine eindeutigen biologisch-organischen Ursachen bei der Mehrzahl der an »Hirnleistungsstörungen« leidenden Menschen ausgemacht werden, sodass die meisten Demenzdiagnosen in Wahrheit Deutungen sind, also nichts als Interpretationen von Symptomen. Auch gibt es keine nennenswerten therapeutischen Fortschritte, die eine Hoffnung auf Heilung nähren könnten. Fortschritte gibt es allenfalls in ökonomischer Hinsicht, da sich die Altersdemenz mittlerweile zu einem milliardenschweren Geschäft entwickelt hat.

Der biomedizinisch verkürzte Blick übersieht zumeist, dass die mit der Demenz einsetzenden kognitiven Einbußen in vielen Fällen einem natürlichen Alterungsprozess geschuldet sind. Nicht nur das körperliche und sensorische, auch das geistige Leistungsvermögen nimmt im Alter unweigerlich ab. Das macht die Beeinträchtigungen für die davon Betroffenen und ihre Angehörigen nicht weniger schlimm. Es sollte aus unserer Sicht aber Anlass geben, die Demenz ein Stück weit zu entdämonisieren und auf die damit verbundenen Symptome auch andere als medizinische Antworten zu suchen. Die Eiweißablagerungen beispielsweise, die gefürchteten »Plaques«, in denen nicht nur einige empörte Rezensenten von Tilman Jens' Buch, sondern auch die meisten Forscher und Mediziner nach wie vor den Schlüssel zum Verständnis der »Krankheit« suchen, kommen auch bei Menschen ohne kognitive Einbußen vor. Sie sind also als Erklärungsansatz vielleicht zutreffend, aber nicht hinreichend. Die »Fachleute« wissen es schlicht nicht. Der einzig bislang gesicherte Risikofaktor ist das Alter. Ob das Alter damit aber auch als »Krankheitsursache« gelten kann, ist ebenso ungewiss, denn die meisten alten Menschen werden ja nicht dement. Deshalb erscheint es uns angemessen und sogar notwendig, die Demenz in ein anderes Licht zu rücken und nicht nur medizinische, sondern auch soziale und gesellschaftliche Ansätze sowohl für die Erklärung der Demenz als auch für den Umgang mit Dementen zu entwickeln.

Und dafür ist es höchste Zeit. Schon heute gibt es mehr als eine Million – diagnostizierte! – Demenz«kranke« allein in Deutschland. Und Jahr für Jahr wird bundesweit mit rund 250 000 neuen Fällen gerechnet. Demenz wird damit zu einer der großen sozialen, ökonomischen, politischen Herausforderungen und zu einem zentralen sozialpolitischen Thema des nächsten Jahrzehnts. Demenz ist teuer und bringt Angehörige an den Rand des Zusammenbruchs. Sie offenbart die Schattenseiten einer Individualisierung, die alte Milieus, in denen Menschen familiär, nachbarschaftlich und räumlich besser aufgehoben sein konnten, zerstört hat. Je individualistischer, mobiler und flexibler die moderne Gesellschaft wird, desto drastischer geraten Menschen mit Demenz ins Abseits.

Der Demente ist, ähnlich wie der Depressive, dem Lebenstempo moderner Gesellschaften nicht mehr gewachsen. (Nicht zufällig gilt die Depression als Risikofaktor für die Entwicklung von Demenz.) Er ist, jedenfalls aus der Perspektive der »Gesunden«, nicht mehr in der Lage, das Leben eines selbstbestimmt handelnden, eigenverantwortlichen Individuums zu führen. Das bringt ihn zwangsläufig an den Rand, macht ihn zum Sand im stets eilfertig geschmierten Getriebe einer auf Produktivität und Autonomie getrimmten Gesellschaft.

Insofern hat das Thema Demenz neben seinen medizinischen, sozialen oder ökonomischen Aspekten auch eine wichtige zivilgesellschaftliche Komponente. Zum einen bringt »jede Gesellschaft«, so hat es der Kulturwissenschaftler Egon Friedell einmal bemerkt, »die Krankheiten hervor, die für sie charakteristisch sind« – in dieser Richtung wäre aus unserer Sicht auch die These von Tilman Jens zu verallgemeinern. Zum anderen wird in einer alternden Gesellschaft schon in absehbarer Zeit die Leistungsgrenze jeder professionellen Pflege erreicht sein, sodass auch andere als medizinische und therapeutische Fragen gestellt werden müssen: Was passiert mit den allein lebenden dementen Menschen in unserer Gesellschaft? Gibt es Alternativen zum Heim? Wie lässt sich eine Ausgrenzung von Menschen mit Demenz vermeiden, und was lässt sich im Umgang mit ihnen verbessern? Wie kann den Familien von Betroffenen, die häufig an die Grenze jeder Belastbarkeit geraten, geholfen werden? Was muss in den Kommunen passieren? Wie lässt sich eine verantwortliche Pflege in Zukunft finanzieren? Und, nicht zuletzt, womit haben wir es bei der Demenz wirklich zu tun? Ist Altern eine Krankheit?

Mit diesen und anderen Fragen werden wir uns in diesem Buch beschäftigen. Wenn wir dabei einen Perspektivenwechsel vollziehen und für eine andere Bewertung der Altersdemenz eintreten, so geht es uns dabei nicht im Geringsten um Verharmlosung. Jede subjektiv empfundene Beeinträchtigung eines uns nahestehenden Menschen ist ein Unglück. Wir werden damit aber gerade nicht umzugehen lernen, wenn wir die betroffenen Unglücklichen allesamt für krank erklären und ausschließlich der Medizin überantworten. In einer demografisch alternden Gesellschaft wird es zwangsläufig immer mehr Menschen mit einem verminderten und kontinuierlich weiter sinkenden körperlichen und geistigen Leistungsvermögen geben – und zwar um so mehr, je weiter die durchschnittliche Lebenserwartung ansteigt. Die Medizin als Wissenschaft und Heilkunst ist aufgerufen, die dadurch bedingten Leiden zu lindern. Sie wird aber das Problem, das ja durch ihre eigenen Fortschritte mitbedingt ist, weder erfolgreich bekämpfen noch gar lösen können.

Die gegenwärtige Fixierung auf die »Krankheit« Demenz nimmt eine Fokussierung vor, die möglicherweise verzerrte Ergebnisse produziert. Wohin das führen kann, hat der Wahrnehmungspsychologe Paul Watzlawick einmal an einem Beispiel veranschaulicht[3]: Gegen Ende der 1950er Jahre brach in der US-amerikanischen Stadt Seattle eine seltsame Hysterie aus. Eine immer größere Zahl von Autobesitzern meldete den Behörden, dass die Windschutzscheiben ihrer Fahrzeuge praktisch über Nacht von mysteriösen pocken- und kraterähnlichen Kratzern übersät seien. Das Phänomen hielt bald die ganze Nation in Atem, sodass Präsident Eisenhower eine Gruppe von Sachverständigen des Bundeseichamtes nach Seattle entsandte. Wilde Theorien kursierten bereits und beunruhigten die Öffentlichkeit, etwa eine »Fallout-Theorie«, wonach die Beschädigungen auf heimliche russische Atomtests und einen dadurch verursachten radioaktiven Niederschlag zurückzuführen seien. Statt nun aber den fantasiereichen Gerüchten nachzugehen, taten die erfreulich nüchternen Wissenschaftler zunächst einmal das Naheliegende. Sie untersuchten die angeblich verseuchten Scheiben und fanden zu ihrer eigenen Verblüffung in ganz Seattle tatsächlich keinerlei irgendwie auffällige Zunahme von Kratzern. In Wahrheit hatten die ersten Berichte über pockennarbige Windschutzscheiben dazu geführt, dass immer mehr Leute ihre Autos akribisch untersuchten. Sie beugten sich von außen über die Scheiben, statt, wie im alltäglichen Gebrauch üblich, von innen durchzusehen. Aus dieser ungewöhnlichen Perspektive heben sich die vielen Kratzer, die tatsächlich jeder genutzte Wagen aufweist, besonders deutlich ab. Was sich also in Seattle ereignet hatte, war gar keine Epidemie zerkratzter, sondern gewissermaßen eine Epidemie auf neue Weise angestarrter Windschutzscheiben!

Vieles spricht dafür, dass es sich mit der Demenz ähnlich verhält. Die erschreckende Zunahme von »Demenzerkrankungen« ist vielleicht zunächst vor allem durch eine Epidemie angestarrter Alterserscheinungen verursacht, die noch bis vor wenigen Jahren als bedauerliche Einbußen, aber nicht als Krankheiten angesehen wurden. »Das Alter als letzte Lebensetappe«, so hat es Arno Geiger mit Blick auf die Demenzgeschichte des eigenen Vaters auf den Punkt gebracht, »ist eine Kulturform, die immer wieder neu erlernt werden muss.«[4] Wir haben – stets auf Jugendlichkeit, auf Leistung und die Anforderungen der unmittelbaren Gegenwart fixiert – diese Art von intergenerationeller Bildung sträflich vernachlässigt. Wir billigen darüber hinaus dem Alter auch keine körperlichen und geistigen Beeinträchtigungen mehr zu. Wir dulden keine eigenen Schwächen mehr und es ist uns ein Gräuel geworden, anderen »zur Last« zu fallen. Aus all diesen Gründen haben wir es schlichtweg verlernt, mit solchen Alterserscheinungen angemessen umzugehen.

Die damit einhergehende Haltung grenzt aber gerade in einer alternden Gesellschaft an Zynismus. Nach eher vorsichtigen Berechnungen der Europäischen Kommission wird bereits im Jahr 2050 jeder dritte Europäer ein »Alter« sein – also über 65 Jahre. Und jeder zehnte zählt dann zu den »Hochaltrigen« – ist also 80 Jahre und älter. Das summiert sich allein in Deutschland auf nahezu zehn Millionen über 80-Jährige, wovon nach bisherigen Erhebungen der Demenzhäufigkeit mehr als 30 Prozent an Alzheimer leiden werden.

Wir sollten uns deshalb auf die sich mit fortschreitendem Alter vollziehenden Veränderungen nicht nur medizinisch und sozialplanerisch, sondern vor allem gesellschaftlich und politisch einstellen. Andernfalls, so ist es bereits in Ansätzen zu beobachten, werden auch wir uns als alte Menschen in unserem letzten Lebensabschnitt isoliert sehen, abgeschoben verwahrt in anonymen Betreuungsanstalten – oder, weil wir dann überflüssig und teuer geworden sind, wird man uns einer vorgeblich »humanen« Entsorgung zuführen, wie sie sich in der Sterbehilfe-Praxis in anderen Ländern bereits andeutet. Auch hierzulande findet sie immer mehr – sogar theologisch geschulte – Befürworter.

Wir müssen uns deshalb darüber klar werden, worüber wir reden, wenn wir von Demenz sprechen. Handelt es sich wirklich um eine Krankheit, um eine pathologische Abnormität? Ist das Altern am Ende womöglich selbst als diese Krankheit zu begreifen? Oder sprudelt die um sich greifende Verwirrtheit aus anderen Quellen, die der biomedizinisch fokussierte Blick leichtfertig ausblendet, weil sie medizinisch nicht beeinflusst werden können? Sind sie stattdessen im Diesseits der gesellschaftlichen Verhältnisse zu suchen?

Diesen Fragen möchten wir in unserem Buch nachgehen. Beginnen wollen wir, ganz konventionell, am Anfang, als ein aufstrebender Psychiater in einer Frankfurter »Irrenanstalt« auf eine außergewöhnliche Patientin trifft.

Juli 2009

Rüdiger Dammann
Reimer Gronemeyer

Auguste D.
Die Erfindung der Alzheimer-Krankheit

»Wie heißen Sie?« »Auguste.« »Familienname?« »Auguste.« »Wie heißt Ihr Mann?« »Ich glaube Auguste.« Mit diesen Sätzen beginnt im November 1901 die Erforschung eines bis dahin unbekannten und also namenlosen Leidens. Auf Dutzenden handgeschriebenen Seiten hält der Psychiater Alois Alzheimer seine Gespräche mit einer seltsamen Patientin fest und dokumentiert damit zum ersten Mal die Symptome einer mutmaßlichen Erkrankung, die er selbst zunächst wechselnd »amnetische Störung«, »mentale Störung« oder auch »Krankheit des Vergessens« nennt.[5]

Bis wenige Monate zuvor war das Leben der 1851 geborenen Frau gänzlich unauffällig verlaufen. Auguste hatte 1873 den Eisenbahner Carl Deter geheiratet und bald darauf eine Tochter zur Welt gebracht, der sie eine liebevolle Mutter war. Soweit man das aus heutiger Sicht beurteilen kann, ging es der kleinen Familie recht gut: Man lebte zufrieden in der Nähe von Frankfurt und kam auch finanziell einigermaßen über die Runden. Carls Einkommen erlaubte zwar keine großen Sprünge, aber es reichte immerhin zum Aufbau einer halbwegs gesicherten kleinbürgerlichen Existenz. Alles war, wie es zur damaligen Zeit kaum besser hätte sein können. Auguste galt als freundlich, fleißig und ordentlich. Sie trank keinen Alkohol, nahm keinerlei Medikamente zu sich, und auch von nennenswerten Vorerkrankungen war ihrem Umfeld nichts bekannt.

Dann plötzlich, im März 1901, nimmt ihr Mann immer öfter Verwirrungszustände an ihr wahr, die ihn zunehmend beunruhigen. Auguste wirkt zerstreut, fahrig und vergesslich, sie verlegt Gegenstände, macht unerklärliche Fehler, vernachlässigt ihre Hausarbeit und wandert stattdessen ruhe- und ziellos durch die Zimmer. Auch sonst zeigt die bis dahin ausgeglichene Frau überaus auffällige Verhaltensweisen: So verfällt sie augenblicklich in Panik, wenn der ihr seit langem vertraute Postbote klingelt, sie leidet unter Schlaflosigkeit oder wird ohne erkennbaren Anlass aggressiv und beschuldigt ihren verdutzten Mann, dass er ein Auge auf die Nachbarsfrau geworfen habe.

Nach einigen Monaten, in denen sich der Zustand seiner Ehefrau weiter verschlechtert, weiß Carl schließlich keinen Rat mehr und wendet sich hilfesuchend an den Hausarzt der Familie. Aber auch dieser hat für die ungewöhnlichen Ausfallerscheinungen keinerlei Erklärung. Eine Untersuchung der körperlich gesunden Auguste bleibt ohne Ergebnis. Ein solcher Fall ist dem Mediziner noch nicht untergekommen. Da er keine Ursache für die eigentümliche Wesensveränderung seiner langjährigen Patientin ausfindig machen kann, vermutet er eine »chronische Gehirnstörung« und überweist Auguste an die Fachkollegen der nahe gelegenen »Anstalt für Irre und Epileptische« in Frankfurt am Main.

In dieser damals weit über die Mainmetropole hinaus angesehenen »Städtischen Irrenanstalt«, einem großzügigen Gebäudekomplex in parkartiger Anlage, tritt der Arzt und Psychiater Alois Alzheimer in Auguste Deters Leben – und sie in seines. Mit seinen 37 Jahren hat Alzheimer bereits den Ruf eines Experten. Nach seinem Medizinstudium hatte er an der Frankfurter Institution 1888, als 24-Jähriger, eine Zusatzausbildung in Psychiatrie absolviert und hierbei zugleich seine Leidenschaft für Neuropathologie, die mikroskopische Untersuchung menschlicher Zellstrukturen, entdeckt. Mittlerweile, 13 Jahre später, ist er zu einem renommierten Oberarzt aufgestiegen, der einen Großteil der klinischen Alltagsarbeit inzwischen von seinen Mitarbeitern erledigen lässt. Als er jedoch am 26. November 1901 auf die Notiz eines seiner Assistenten, Dr. Paul Nitsche, stößt, die dieser ihm nach seiner Eingangsuntersuchung einer neu aufgenommenen Patientin zur Kenntnis gegeben hatte, wird er selbst aktiv. Der Inhalt des Aufnahmebefunds von »Auguste D.« elektrisiert den Chef sofort. Einen vergleichbaren Fall hatte er bislang weder in der Praxis gesehen, noch war ihm aus der Fachliteratur ein ähnliches Krankheitsbild bekannt. Er beschließt, sich dieser neuen Patientin persönlich anzunehmen.

Präsenile und senile Demenz

Das für Dr. Alzheimer Aufregende an der schlanken, dunkelhaarigen Frau sind weniger ihre Symptome, es ist vielmehr ihr Alter. Schleichender Gedächtnisverlust, Wortfindungsschwierigkeiten, Verwirrtheit, Angstzustände, Orientierungslosigkeit, Verständigungsprobleme – kurz, eine rapide Abnahme der kognitiven Fähigkeiten – sind dem Psychiater als Symptome wohl vertraut. Dass Menschen im Alter absonderlich werden können, manche bis zur geistigen Umnachtung, war auch damals ein nicht seltenes Phänomen. Alzheimer selber hatte auf diesem Gebiet sogar ausgewiesene Forschungserfahrung. Nachdem einer seiner Lehrer und Förderer, Emil Kraepelin, einer der einflussreichsten Psychiater seiner Zeit, 1890 den Begriff der »senilen Demenz« in die deutschsprachige Medizinliteratur eingeführt hatte, war Alzheimer 1898 mit einer eigenen Studie zum damals sogenannten, übrigens nicht als krankhaft geltenden »Altersblödsinn« an die Fachöffentlichkeit getreten. Aber all die Beobachtungen, die in seiner wissenschaftlichen Arbeit akribisch zusammengefasst waren und die er nun an Auguste D. wiedererkennt, hatte er an alten, 70- und 80-jährigen Menschen gemacht. Dass eine derart junge Frau von gerade einmal 50 Jahren alle Merkmale einer fortgeschrittenen Senilität aufweist, gibt dem erfahrenen Kliniker deshalb Rätsel auf – und weckt sowohl seine Neugier als auch seinen Ehrgeiz. Er erkennt, dass das Leiden Augustes von wissenschaftlicher Bedeutung sein kann. Aus ihrem Zustand ließ sich die These ableiten, dass eine im Alter nicht selten auftretende komplette Verwirrtheit auch andere als altersbedingte Ursachen haben könnte.

Aber in den Monaten, die nun folgen, kommt Alzheimer nicht recht weiter. Die Gespräche mit Auguste – sie »scheint sich nicht mehr auszukennen«, »versteht manche Fragen nicht«, »lässt beim Schreiben Buchstaben aus« – bestätigen zwar die Ähnlichkeit ihres Leidens mit dem Erscheinungsbild der senilen Demenz. Wieso aber vollzieht sich ein im Alter als natürlich geltender geistiger Verfallsprozess in dieser vergleichsweise jungen Frau? Weder Krankengeschichte und Lebensweise noch der akute Verlauf ihrer Erkrankung geben hierauf irgendwelche Hinweise. Der Psychiater vermutet, eine ausgeprägte »Arteriosklerose«, also eine aufgrund von Gefäßverkalkung mangelhafte Durchblutung des Gehirns, könne die Ursache von Augustes Symptomen sein. Er hat aber keine Möglichkeit, diese These am lebenden Menschen diagnostisch zu überprüfen. Und selbst wenn er sie beweisen könnte, das weiß Alzheimer, bliebe immer noch ungeklärt, was diese nun gefundene »präsenile Demenz« von der senilen Variante unterscheidet, die ja ihrerseits arteriosklerotisch bedingt sein kann.

Alzheimer fragt sich nun: Leidet seine Patientin tatsächlich an einer spezifischen, eigenständigen Krankheit? Oder kommt es in seltenen Fällen lediglich zu einem vorzeitigen und beschleunigten Altern des Gehirns? Ist Augustes Leiden also durch nichts von der »normalen« senilen Demenz zu unterscheiden? Aber auch wenn das so sein sollte, bliebe ja immer noch ungeklärt, warum dieser Prozess bei ihr so viel früher einsetzt als bei anderen.

Diese Fragen werden Alzheimer sein Leben lang beschäftigen. Sie beschäftigen uns bis heute. Sein Interesse an der konkreten Patientin, an Auguste D., erlischt jedoch sehr bald. 1902 verlässt er die Frankfurter Anstalt, um mit Emil Kraepelin in Heidelberg zusammenzuarbeiten, ein Jahr später folgt er seinem Förderer nach München, wo Kraepelin den Posten des Direktors der Königlichen

Psychiatrischen Klinik übernimmt. Hier, in München, erreicht Alzheimer vier Jahre später, am 9. April 1906, dann auch die Nachricht, dass seine ehemalige Patientin, 55-jährig, am Tag zuvor in Frankfurt verstorben sei – »total verblödet«, wie Alzheimer sich aus der Städtischen Irrenanstalt berichten lässt. Aber nun, nach ihrem Tod, wird Auguste für ihn wieder interessant. Er lässt sich ihre Krankenakte und das Gehirn der Toten nach München schicken und macht sich sogleich an die histologische Untersuchung, die seinen Ursprungsverdacht dann auch zu bestätigen scheint: Augustes Gehirn, wie er es nun unter dem Mikroskop in Augenschein nimmt, wirkt tatsächlich »völlig versandet« – wie Alzheimer notiert. Der Psychiater findet Eiweißablagerungen und abgestorbene Nervenzellen in der gesamten Hirnrinde, deren insgesamt desolaten Zustand er für das Leiden der Frau verantwortlich macht.

Aber es bleiben Zweifel, wie dieser Befund zu interpretieren ist. Übereinstimmende Veränderungen hatte Alzheimer nämlich schon an den Gehirnen sehr viel älterer Menschen mit Demenz entdeckt und beschrieben: Nervenzellen, die sich in unordentliche Knäuel aus Fasern verwachsen – die sogenannten Neurofibrillen –, sowie die von dem Neuropathologen Emil Redlich zu Anfang des Jahrhunderts erstmals beschriebenen Proteinablagerungen, die sich zu kleinen Hügeln auf der Cortex-Oberfläche aufschichten – die »senilen Plaques«. Dennoch werden beide aus der senilen Demenz bereits bekannten Merkmale nun zu den pathologischen Charakteristika einer eigenständigen »organischen Hirnerkrankung«, der »präsenilen Demenz«, erklärt. Mehr noch: In Anerkennung der Arbeit seines Freundes führt Emil Kraepelin 1910, in der achten Auflage seines auch international einflussreichen Psychiatrie-Lehrbuchs, dann schließlich den Begriff »Alzheimersche Krankheit« in den medizinischen Diskurs ein. In einem Kapitel über »Das Senile und Präsenile Irresein« unterscheidet er die Alzheimersche Krankheit – als ein »ungemein schweres geistiges Siechtum mit den verwaschenen Erscheinungen einer organischen Hirnerkrankung« – dezidiert vom nicht krankhaften, sondern allein altersbedingten »Altersblödsinn«.

Eben diesen Schluss ließen aber die anatomischen Befunde gerade nicht zu, weshalb der sicherlich geschmeichelte Alzheimer mit der neuen Klassifizierung nicht wirklich glücklich gewesen sein soll. Alle seine Fragen waren ja nach wie vor unbeantwortet, und die Ergebnisse seiner Untersuchungen sprachen eher gegen eine klare Unterscheidbarkeit. Das wusste nicht nur Alzheimer. Auch der erfahrene Kraepelin war sich dessen durchaus bewusst: So räumt er zwar zu Beginn des erwähnten Kapitels seines Lehrbuchs vorsichtshalber selber ein, dass die klinische Interpretation der Alzheimerschen Krankheit »zurzeit noch unklar« sei. Er erklärt sie aber dennoch – autoritativ und ohne belastbare wissenschaftliche Begründung – zu einer von der senilen Demenz unterscheidbaren Krankheit.

Ob er dabei wirklich nur die Ehrung seines geschätzten Kollegen im Auge oder vielmehr einen aufstrebenden Wiener Traumdeuter im Sinn hatte, der einem strikt neuropsychiatrischen Ansatz den führenden Rang streitig zu machen drohte, werden wir hier nicht aufklären können. Der renommierte amerikanische Neurologe Peter J. Whitehouse gibt sich jedenfalls überzeugt, dass die Konkurrenz zwischen Emil Kraepelin und Sigmund Freud eine tragende Rolle in der Etablierung der Alzheimerschen Krankheit gespielt habe.[6] In Freud, dessen 1900 erschienenes Buch *Traumdeutung* international für Furore gesorgt hatte, habe Kraepelin eine Bedrohung gesehen. Gegen diese mussten sowohl das eigene Territorium mit seinen im Vergleich zur Psychoanalyse teuren Forschungseinrichtungen als auch die eigene Reputation unbedingt verteidigt werden. Und in dieser Defensive war die Demenz, insbesondere die Alzheimersche Krankheit als ein dezidiert hirnorganisches Syndrom, ein wichtiges Argument für die Unverzichtbarkeit der traditionellen Psychiatrie. Was sollten denn die Freudschen Interpretationen, mit denen der selbsternannte Analytiker den Neurosen seiner exzentrischen Kundschaft zu Leibe rückte und die doch wohl eher Kunst als Wissenschaft seien, schon gegen Plaques und Neurofibrillen ausrichten können? Da müsse schon »echte« naturwissenschaftliche Medizin her, die deshalb weiterhin unabdingbar sei, so Kraepelin.

Aber eine echte medizinische Entdeckung war Alois Alzheimer gar nicht gelungen. Er hatte Symptome und Gehirnveränderungen beschrieben, die von der senilen Demenz bereits bekannt waren. Er hatte außer dem Alter der Patientin keine spezifische Abweichung gefunden. Weiterhin blieb also unklar, ob und wie sich die präsenile von der senilen Demenz unterscheiden ließ. Insofern erscheint es durchaus berechtigt, nicht Alois Alzheimer als den Entdecker, sondern Emil Kraepelin als den Erfinder der Alzheimerschen Krankheit zu bezeichnen – um die es dann allerdings nach ihrer Einführung in den psychiatrischen Kanon für einige Jahrzehnte recht still wurde.

Krankheit oder Altersschwäche?

Die Alzheimersche Krankheit überwinterte gewissermaßen in einigen wenigen Fachveröffentlichungen, bevor sie dann in den 1960er und 1970er Jahren ihre eigentliche Karriere startete. Demografische Entwicklungen, vor allem eine deutlich gestiegene Alterserwartung, hatten der neurologischen und der sich nun etablierenden gerontologischen Forschung großen Auftrieb gegeben. Gleichzeitig war die Zahl von Menschen mit Demenz mittlerweile rapide angestiegen, sodass das Alterssyndrom, das bislang überwiegend ein Spezialthema der Psychiatrie gewesen war, allmählich in den Blick der Öffentlichkeit rückte. Damit drohten aber auch die Schwächen der medizinischen Erklärungsansätze offenbar zu werden. So ließ sich etwa trotz aller diagnostischen Fortschritte die äußerst seltene »präsenile« Alzheimersche Krankheit auch weiterhin nicht von der senilen Demenz unterscheiden. Deshalb begann sich nun unter den Fachvertretern langsam die Auffassung durchzusetzen, die schon

Alzheimer nicht zu entkräften gewusst hatte: dass wir es in beiden Fällen tatsächlich mit ein und demselben Syndrom zu tun haben. Folglich war es auch nicht mehr möglich, dieses identische Syndrom in dem einen Fall als Ausdruck einer Krankheit, im anderen als nicht krankhafte Alterserscheinung zu werten. Folgerichtig wurden nun die »degenerativen Hirnleistungsstörungen« zusammengefasst und erfuhren dabei insgesamt eine Umwertung.

Alzheimer und Kraepelin hatten die präsenile Demenz als pathologische Form einer nicht krankhaften senilen Demenz gewertet und waren hierfür den Nachweis in Wahrheit schuldig geblieben. Nun wird – ebenfalls ohne wissenschaftliche Beweisführung – auch die senile Form zu einer Krankheit umgedeutet und beide Prozesse werden wieder in einen Topf geworfen, aus dem Alzheimer und Kraepelin sie befreit zu haben glaubten. Das hatte eine eigene Benennung der Alzheimerschen Krankheit ja erst motiviert. Eigentlich hätte diese Wendung, diese Neubewertung eines vormals dem Alter zugeschriebenen geistigen Verfalls, nun also das Ende der Alzheimerschen Krankheit bedeuten müssen. Es war aber stattdessen ihre zweite Erfindung sowie ihre eigentliche Geburt. Als gemeinsamen Begriff für das nunmehr breite Spektrum kognitiver Einbußen einigte man sich ausgerechnet auf den Terminus »Alzheimer-Krankheit« oder auch »Alzheimer-Demenz«, womit nun ein Krankheitsprozess seinen Namen fand, der fortan vom allgemeinen Alterungsprozess unterschieden werden sollte.

Und das ist schon bemerkenswert. Seit Menschengedenken bis in die jüngste Vergangenheit wurde ein mit dem Altern des Menschen aufs Engste verbundener, zwar bedauerlicher, aber »normaler« Abbauprozess beklagt – schon aus dem alten Ägypten oder der griechischen und römischen Antike sind entsprechende Schilderungen des »Altersschwachsinns« überliefert. Und dieser »natürliche« Prozess gilt uns heute nahezu selbstverständlich als Krankheit. Theodor Fontane oder Victor Hugo, Orson Welles oder Rita Hayworth, Federico Fellini oder Luis Buñuel, der einstige FBI-Chef Edgar Hoover oder der Verhaltensforscher Konrad Lorenz – sie alle zeigten im

Alter typische Verhaltensweisen einer senilen Demenz. Sie konnten sich an nichts mehr erinnern, fanden sich nicht mehr allein zurecht und benötigten Hilfe im Alltag. In ihrer Umwelt galten sie gleichwohl nicht als Kranke. Ihre altersbedingten Einschränkungen wurden zwar beklagt, aber halbwegs gelassen aufgenommen. Die benötigte Hilfe wurde wie selbstverständlich gewährt. Man kümmerte sich eben um seine Alten, ohne diese Pflege jedoch als medizinisch-soziale Dienstleistung anzusehen – oder gar abzurechnen.

Das Alzheimer-Imperium

Das ist heute entschieden anders. Menschen mit nachlassenden Geisteskräften, die an ihrem Lebensabend wunderlich, vergesslich, »kindlich« und am Ende auch hilfsbedürftig werden, und deren auffälliges Verhalten bis vor kurzem ausschließlich ihrem hohen Alter zugeschrieben wurde, firmieren nun plötzlich nur noch als beklagenswerte Demenzkranke. Sie werden, wie am Beispiel des über 80-jährigen Walter Jens geschildert, zum Gegenstand öffentlicher Anteilnahme. Ihr Leiden entspringt nach dieser Lesart nicht mehr ihrem hohen Alter. Es ist nicht mehr ein Abschied von der Welt, sondern ein von medizinischen Diagnosekriterien umstelltes Übel, das den davon Befallenen ihren Verstand, ihre Würde und am Ende gar »ihr Selbst raubt« – und das es daher mit allen Mitteln zu bekämpfen gilt.

Dieser seinem Selbstverständnis nach durch und durch humane Kampf war allerdings bislang ernüchternd erfolglos. Er hat stattdessen in nur wenigen Jahrzehnten ein wahres »Alzheimer-Imperium« entstehen lassen – mit Milliardenumsätzen, mit Forschungseinrichtungen und Lehrstühlen, immer neuen Medikamenten und Therapieansätzen. Dieses Imperium gibt vor, den Krieg gegen die tückische »Krankheit« zu intensivieren. Dabei kreist es aber weitgehend um sich selbst und verliert allzu häufig die Betroffenen und ihre Angehörigen aus den Augen. Nur die

»Krankheit« selbst, die Alzheimer-Demenz, die behält man fest im Blick, weiß aber nach wie vor nicht, was genau man da eigentlich anschaut. Der Feind ist sichtbar, bleibt aber unkenntlich.

Weder sorgende Betroffenheit noch professionelle Entschlossenheit können über eine wichtige Tatsache hinwegtäuschen: Auch die heute gängigen, modernen Diagnosekriterien, wie sie etwa in den internationalen Katalogen von ICD-10[7] und DSM-IV[8] festgeschrieben sind, unterliegen weiterhin demselben Dilemma, dem schon Alois Alzheimer nicht entkommen konnte. Auch diese international anerkannten Klassifikationen benennen lediglich die klinischen Symptome – in erster Linie Kognitions-, Orientierungs- und Artikulationsstörungen sowie dadurch bedingte Beeinträchtigungen des täglichen Lebens –, ohne jedoch deren Ursachen angeben und wenigstens halbwegs erfolgversprechende Therapiewege aufzeigen zu können.

Wie Alzheimer und Kraepelin definieren die quasi amtlichen Kriterien in Wahrheit das, was eigentlich erst diagnostiziert werden soll. Das heißt, hier wird im Grunde willkürlich eine Norm gesetzt. Ein beobachtbares und also evidentes Syndrom, das jahrhundertelang als Ausdruck eines unvermeidlichen degenerativen Alterungsprozesses galt, wird zu einer Krankheit erklärt. Und diese Krankheit wird dann im Zirkelschluss nach denselben Kriterien »diagnostiziert«, die gerade per Konvention als »krank« definiert wurden. Strenggenommen ist ein solches Vorgehen nichts anderes als ein Taschenspielertrick: Denn hier wird, wie auf der Kleinkunstbühne, etwas aus dem Hut »gezaubert«, was man vorher, möglichst unbemerkt, eigenhändig hinein getan hat.

Selbstverständlich sind nachlassende Hirnleistungen und die damit einhergehenden Veränderungen – unabhängig davon, ob sie nun alters- oder krankheitsbedingt sein mögen – Beeinträchtigungen, die man nicht schicksalsergeben hinnehmen muss. Sie sollten natürlich, wo immer möglich, gelindert werden. Werden solche Einbußen aber kategorisch als Krankheit definiert und folglich ausschließlich medizinisch in den Blick genommen, hat

das massive Konsequenzen auf die Koordinaten von »gesund«
und »krank« insgesamt – und damit auf unser Menschenbild und
unser Lebensverständnis.

Wenn es beispielsweise zutrifft, dass die meisten von Demenz
Betroffenen an einer unabwendbaren Alterserscheinung leiden – und nach bisheriger Sachlage sprechen die meisten Indizien
dafür –, dann führt eine solche Koordinatenverschiebung zwangsläufig zu einer generellen Pathologisierung des Alters mit all
seinen Schwächen. Damit ist aber den Dementen nicht geholfen,
weil viele andere als medizinische Aspekte ihre Lebensqualität
vermindern oder verbessern. Im Grunde geraten darüber hinaus
auch alle heute noch Gesunden, aber potenziell Kranken, in die
Interessens- und Einflusssphäre einer stetig wachsenden medizi-
nisch-pharmakologischen Industrie. Diese versucht schon gegenwärtig auf zuweilen unverantwortliche Weise aus den Schwächen
und Hoffnungen der Menschen Kapital zu schlagen, indem sie
praktisch unerfüllbare Gesundheitsbedürfnisse erst generiert
und anschließend zu stillen verspricht.

Die Sehnsucht nach Fitness und »Wellness«, nach Beschwerdefreiheit und anhaltender Jugendlichkeit ist die Basis für den vermutlich am stärksten wachsenden Markt der Gegenwart: den Ge-
sundheitsmarkt. Gesunde Lebensweise und Ernährung, Hygiene,
Vorsorge und Fortschritte in der medizinischen Heilkunst werden
weiterhin dafür sorgen, dass die Menschen immer älter werden
und dabei immer länger »gesund« bleiben. Das ist erfreulich –
nicht nur für jeden einzelnen, sondern selbstredend auch für den
Medizinmarkt. Gerade die älteren Menschen mit ihren unweigerlich einsetzenden Schwächen sind ja dessen beste Kunden. Wir
sollten hierbei jedoch nicht jedem Versprechen nachrennen und
uns jeden diagnostizierten Makel kritiklos zu Eigen machen. Denn
schon im Verlauf aller bisherigen Fortschritte sind die Ansprüche
an unser Wohlergehen ins nahezu Unermessliche gestiegen und
haben ein »Leitbild Gesundheit« entstehen lassen, das buchstäblich krank macht.

Leitbild Gesundheit

Was uns krank macht

Hauptsache gesund! Ja. Aber was heißt das? Eine erste Antwort geht für gewöhnlich schnell von den Lippen: Ganz allgemein gesagt wird sich wohl als gesund bezeichnen, wer nicht krank ist. Mit Gesundheit ist also zunächst einmal die Abwesenheit von Krankheit gemeint, also von akuten oder chronischen Beschwerden oder Beeinträchtigungen, die unser Wohlbefinden und unser Leistungsvermögen mindern. Das leuchtet unmittelbar ein. Wen eine Virusgrippe oder eine Blinddarmentzündung befällt, wer von einem organischen Leiden oder von allergischen Reaktionen heimgesucht wird, der fühlt sich weder wohl noch leistungsstark noch arbeitsfähig. Er ist nicht gesund, sondern krank. Ganz einfach. Krankheit, so hat es das Bundessozialgericht entsprechend definiert, ist »ein regelwidriger Körper- oder Geisteszustand, der ärztlicher Behandlung bedarf und/oder Arbeitsunfähigkeit zur Folge hat«. Was immer »regelwidrig« genau bedeuten mag – jeder wird diesen Zusammenhang etwa aus eigener grippaler Erfahrung kennen und ihn also problemlos nachvollziehen können.

Dennoch ist durch solche klare Folgerichtigkeit noch längst nicht alles erklärt. Wohlbefinden und Leistungsfähigkeit können zweifellos auch durch andere als durch Krankheitsursachen beeinträchtigt werden – eine durchfeierte Nacht beispielsweise oder Liebeskummer oder ein übertriebenes Krafttraining. Ist aber ein nächtlicher Zecher am nächsten Tag, ein abgewiesener Liebender

oder ein von Muskelkater Geplagter wirklich krank? Dem »gesunden« Menschenverstand ebenso wie einer auf das Wohl von
Menschen in Not ausgerichteten Medizinwissenschaft kämen
eine solche Folgerung sicher befremdlich vor – es sei denn, der
»Liebeskranke« verfiele tatsächlich in eine handfeste Depression.
Befragte man hingegen die ehrenwerte Weltgesundheitsorganisation (WHO), wird man wohl in jedem Fall ein festes »Selbstverständlich!« als Antwort erhalten. Denn die angesehene UN-Institution setzt praktisch gleich jede erdenkliche Beeinträchtigung
auf ihren Gesundheitsindex. Erstaunlich urteilssicher erklärt sie
in ihrer »Verfassung« resolut: »Gesundheit ist ein Zustand des
vollständigen körperlichen, geistigen und sozialen Wohlergehens
und nicht nur das Fehlen von Krankheit oder Gebrechen.«

Das sitzt! Und hat King-Size-Format. Jeder wird sofort geneigt
sein, hoffnungsfroh zuzustimmen. Ja, warum sich in falscher Bescheidenheit üben? Das ist es, was wir wollen: ein mangelloses
Leben. Das ist erstrebenswert, mehr noch, das fordern wir. Insofern zeugt die Definition von mutiger Konsequenz und visionärer
Kraft – und verleiht der wohlmeinenden Behörde ganz nebenbei
eine allzeit gültige Legitimation. An dem von ihr definierten Zustand gemessen, wird es auf dieser Welt, optimistisch geschätzt,
wohl immer nur einige wenige kurzzeitig Gesunde geben. Falls
überhaupt. Da bleibt also für die Organisation der »Weltgesundheit« jede Menge zu tun, ohne dass die selbstgestellte Aufgabe je
zu bewältigen wäre. Warum? Weil der angestrebte Zustand eines
»vollständigen körperlichen, geistigen und sozialen Wohlergehens« als dauerhafter prinzipiell unerreichbar sein dürfte – jedenfalls solange die Welt und die Menschen so unvollkommen
bleiben, wie sie nun einmal sind.

Aber ist es überhaupt sinnvoll oder auch nur irgendwie hilfreich, das Leben insgesamt für ungesund zu erklären – was allenfalls in tautologischer Hinsicht berechtigt wäre, weil ja nur krank
werden kann, wer oder was lebt? Nein, nicht die nach obiger Definition erbarmungswürdige Menschheit ist krank, sondern das

Menschenbild, das dieser Überhöhung von Gesundheit zugrunde liegt und das die Krankheit so indirekt zur Norm erhebt. Diesem Menschenbild zufolge sind Körper, Geist und soziale Gemeinschaft nur mehr Instrumente unserer Leistungs-, Arbeits- und Genussfähigkeit – jedenfalls, so ließe sich durch das Bundessozialgericht ergänzen, solange sie regelgemäß und nicht etwa »regelwidrig« funktionieren.

Vollständiges Wohlergehen

Fortschritte in der Medizin und auch gesellschaftliche Emanzipationsprozesse, in deren Verlauf der Einzelne immer stärker zum souveränen, unabhängigen, für das Gelingen seines Lebens selbst verantwortlichen Individuum geworden ist, haben die unstillbare Sehnsucht nach einem Leben ohne Mangel, ohne Beschwerden, ohne Verzicht in eine feste Anspruchshaltung verwandelt. Man könnte von einer »Gelingensforderung« sprechen. Schwäche, Kranksein, Gebrechlichkeit, Hilfsbedürftigkeit, wie sie für die menschliche, leiblich-seelisch-soziale Existenz grundlegend sind, erscheinen aus dieser Perspektive nur noch als Schwundstufen eines – in Wahrheit utopischen – Normalzustands. Sie gelten als Störfälle, die mit allen zur Verfügung stehenden, vor allem technischen oder pharmakologischen Mitteln zu bekämpfen und zu beseitigen sind. Und so tragen viele an sich Gesunde ihre Körper in die Arztpraxen, damit sie bis ins hohe Alter möglichst optimal funktionieren.

Um nicht missverstanden zu werden: Es ist absolut nachvollziehbar und legitim, ein subjektiv erlebtes Leiden lindern zu wollen. Körperliche und geistige Leistungseinbußen, wie sie etwa jeder Alterungsprozess mit sich bringt, sind ein Unglück. Und es ist ein Segen, wenn es Mittel und Wege gibt, solche Einbußen aufzuhalten oder gar zu beheben. Dagegen ist rein gar nichts einzuwenden. Optimierungswünsche hingegen sind etwas anderes.

Wir sollten immer wieder neu infrage stellen und bedenken, welche körperlichen oder geistigen Einschränkungen ab welchem Stadium als krank zu klassifizieren wären. Eine solche Benennung hat ja nicht nur versicherungsrechtliche Konsequenzen – man braucht eine Diagnose, damit die Krankenkasse die Therapiekosten übernimmt. Sie hat mindestens ebenso wichtige soziale und psychologische Folgen, die der Medizinbetrieb, der ja vom Label »Krankheit« profitiert, häufig genug ausblendet.

Was Krankheit ist und Kranksein bedeutet, wo die Übergänge von gesund zu krank, von normal zu anormal oder von jung zu alt genau verlaufen, lässt sich in vielen Fällen gar nicht empirisch fassen. Es entspricht häufig gesellschaftlichen Wertsetzungen, die sich auch permanent wandeln. Ein Beispiel aus jüngster Zeit: Homosexualität galt nach offiziellen Diagnosekriterien lange – bis 1992 – als Krankheit. Was wir jeweils »krank« nennen, ist also nicht zuletzt ein soziales Konstrukt, das Resultat normativer Setzungen. Diese offenbaren zugleich stets den Wert, den eine Gesellschaft den einzelnen Menschen wie dem Leben insgesamt beimisst.

Dass Gesundheit jenes »vollständige Wohlergehen« bezeichnet, das die Weltgesundheitsbehörde für uns anstrebt, ist also einerseits sicher zustimmungsfähig. Wer wünschte sich nicht ein uneingeschränktes Wohlbefinden? Wird dieser Wunsch aber per Definition in einen Anspruch umgemünzt, zeugt dies andererseits von einem menschlichen Selbstverständnis, das allem Schwachen gewissermaßen den Krieg erklärt. Das Leben wird zu einem permanenten Kampf gegen unsere unvollkommenen, anfälligen und vergänglichen körperlich-geistigen Kapazitäten. Die Medizin, gewissermaßen als Söldner in diesem Krieg, »erweitert« sich entsprechend von einer Heilinstanz für Menschen in Notsituationen zu einer Optimierungsagentur für jedermann.

Historisch betrachtet kommt dies einer weitreichenden Pathologisierung gleich. Bis weit ins 19. Jahrhundert hinein war Krankheit auch in den Augen des Arztes stets ein persönliches Leiden, das die Menschen »befällt« oder »ereilt« und sie zwingt, sich mit ihrer

Umwelt auseinanderzusetzen. »Die Verwandlung dieser medizinischen Vorstellung in einen klinischen Sachverhalt« – so beschrieb es schon Ivan Illich in seiner bahnbrechenden Kritik des Medizinbetriebs[9] – »ist innerhalb der Medizingeschichte ein ähnlich folgenreicher Vorgang wie die kopernikanische Wende in der Astronomie: der Mensch wurde aus dem Mittelpunkt des Universums vertrieben.« Fortan waren die Ärzte mit einer geradezu »inquisitorischen Machtfülle« ausgestattet: Sie konnten definieren, was normal, angemessen oder wünschenswert ist, und alle Übel, gleich welchen Ursprungs, benennen, die behoben werden müssen. Noch einmal Ivan Illich: »Das Alter zum Beispiel, das – je nachdem – als zweifelhaftes Privileg oder trauriges Ende, nie jedoch als Krankheit aufgefasst wurde, unterliegt neuerdings den Anordnungen des Arztes. Die Nachfrage nach Altenbetreuung nimmt zu, nicht nur weil mehr alte Menschen am Leben bleiben, sondern auch, weil mehr Menschen den Anspruch erheben, von ihrem Alter kuriert zu werden.«[10] Sie machen sich damit aber gewissermaßen selbst zu Opfern von Therapien, die gegen einen unheilbaren Zustand verschrieben werden.

Ivan Illichs Schlussfolgerung: Die etablierte Medizin hat sich zu einer ernsten Gefahr für die Gesundheit entwickelt. Sobald eine Gesellschaft sich nicht mehr primär ihren Kranken widmet, sondern ganz allgemein »zur präventiven Treibjagd auf die Krankheit rüstet, nimmt die Diagnose epidemische Formen an. Dieser letzte Triumph der therapeutischen Kultur verwandelt die Unabhängigkeit des durchschnittlich Gesunden in eine unzulässige Form der Abweichung«[11] – und macht die Gesellschaft schließlich insgesamt zu einer Art Krankenhaus mit einer stetig wachsenden Gesundheitsbürokratie.

Im Griff der Medizin

Und das ist es, was sich tatsächlich beobachten lässt. Die Suche nach Gesundheit ist zu einer Sucht geworden – und zu einer Art

Ersatzreligion, mit deren Hilfe die Sehnsucht nach Sinn durch die Jagd nach mehr Lebensjahren und mehr Lebensqualität abgelöst wird. Diese Pseudokirche saugt schon jetzt so viel Geld an, dass selbst die für ihre Ausschweifungen berüchtigten Renaissance-Päpste vor Neid erblassen würden. Ihr Ablasshandel tobt sich in Präventionsprogrammen aus, und ihre Priester verwalten die zu Sakramenten gewordenen Pharmazeutika als käufliche Erlösung. So mausert sich die Gesundheitskirche immer mehr zum Pendant der Marktgesellschaft. Sie gibt vor, geschlagene Wunden zu heilen. Dabei wird sie in Wirklichkeit zu einem Teil des tosenden Marktes, der ständig neue »Zielgruppen« generieren muss, um seinen unstillbaren Hunger nach Wachstum und Umsatz zu bedienen.

Tatsächlich ist das Gesundheitswesen im Begriff, unsere kulturellen und ökonomischen Verhältnisse gänzlich zu durchdringen. Immer mehr Lebensäußerungen, immer mehr Abweichungen von einem gesellschaftlich definierten Idealzustand werden mit dem Krankheitsstempel versehen – selbst wenn weder die Ursachen einer unterstellten »Fehlfunktion« bekannt sind, noch irgendeine Aussicht auf Heilung besteht. Der Stempelaufdruck ist ja niemals nur eine Beschreibung. Er formuliert darüber hinaus immer auch den Auftrag an die Ärzte, die als krank definierten Symptome zu heilen oder zu lindern – jedenfalls zu therapieren – und legitimiert damit Maßnahmen, die nun in der Folge gar nicht mehr hinterfragt werden. Im Zentrum des Interesses steht nicht mehr der Mensch, für den gekämpft, sondern die als krank diagnostizierten Symptome, gegen die Krieg geführt wird. Dass dieser Krieg zugleich ein lukratives Geschäft ist, dass also auch Profit- und Karriereinteressen eine Pathologisierung des Lebens vorantreiben, sei hier übrigens nur gewissermaßen der Vollständigkeit halber erwähnt. In unserem Zusammenhang soll es weniger um Kapitalismus- oder Konsumismuskritik gehen. Wir wollen vielmehr die mit der Industrialisierung der Medizin verbundenen Mentalitätsverschiebungen in den Blick nehmen, die weit mehr verändern als »nur« die volkswirtschaftlichen Geldflüsse. Solche

Mentalitätsverschiebungen haben sich längst zu einer Gesundheitsideologie verdichtet, die ein gefährlich verkürztes Menschenbild transportiert.

Das Menschenbild, das hinter einem zur Obsession gesteigerten Streben nach Vollkommenheit und ewiger Jugend liegt, beschreibt in Wahrheit eine Art Maschine. Der Mensch erscheint als ein auf Leistungsfähigkeit, Genuss und Gelingen getrimmtes System, das mit Leiblichkeit und Lebenssinn, mit Schicksalhaftigkeit und aller Endlichkeit nichts mehr zu tun hat: ein vom Leben wie von jeglicher Moral entkernter Funktionsmechanismus, dessen einziger Wert im störungsfreien Betrieb besteht. Dadurch wird auch jede altersbedingte Leistungsminderung zwangsläufig und grundsätzlich zu einer Krankheit. Altern überhaupt ist eine reparaturbedürftige Betriebsstörung und das Sterben ein nicht hinnehmbarer Skandal, der immer länger hinausgezögert und am Ende möglichst abgeschafft werden soll. Leben heute heißt Kranksein, und das Ziel für morgen lautet: ewig gesund.

Die Menschen reden heute über den eigenen Tod, als ginge es darum, »eine Jacke auszuprobieren (ich mach es jedenfalls so)«, schreibt David Rieff, der Sohn von Susan Sontag, der ein bewegendes Buch über den Kampf seiner Mutter gegen den Krebs vorgelegt hat. Seine Erfahrungen mit dem Medizinbetrieb haben ihn erkennen lassen, dass es »auf einer sehr elementaren Ebene« zu einem Bruch »zwischen der Realität des Todes und der Realität, dass man an etwas Bestimmten sterben muss«, gekommen sei. Denn wie »lässt sich die Tatsache der Sterblichkeit mit der in der reichen Welt vorherrschenden Annahme in Einklang bringen, dass es für jede Krankheit ein Heilversprechen geben muss – wenn nicht heute, dann wenigstens in der Zukunft? Aus dem einen ergibt sich, dass man den Tod akzeptieren muss. Aus dem zweiten ergibt sich, dass der Tod irgendwie ein Fehler ist, der eines Tages behoben werden wird.«[12] Und in der Tat: Genau diese Illusion wird von der modernen Medizin genährt.

Also bitte, mögen viele nun einwenden, nicht gleich übertrei-

ben. Man sollte die Kirche schon im Dorf lassen. Auch die Gesundheitskirche. Die ewig junge Mensch-Maschine und eine Abschaf-
fung des Todes? Das klingt nun wirklich etwas überzogen und
allzu alarmistisch. Außerdem ist der Vorwurf, dass die Medizin
einer Illusion nachjage, die mehr schadet als nützt, ein alter Hut –
und irgendwie anti-aufklärerisch. Womöglich sollen wir nun das
sapere aude – »Wage es, dich deines eigenen Verstandes zu bedienen« – durch ein »Wage es, krank zu sein und Schmerz zu empfinden« ersetzen, weil sich erst in dieser Erfahrung das eigentliche
Menschsein offenbare. Nein danke, kommt nicht in Frage! Wenn
wir die Länge und Qualität unseres Lebens selbst bestimmen
könnten, dann wollen wir das, bitteschön, auch tun dürfen. Letztlich wünschen wir uns doch nur, dass es uns gut geht.

Ja, das ist in Ordnung. Das wünschen wir uns ebenfalls. Es wird
uns aber nicht gut, sondern immer schlechter gehen, wenn wir
unsere Ansprüche derart hoch schrauben, dass wir letztlich unser
Menschsein verleugnen und im Unvollkommenen rein gar nichts
Gutes mehr erkennen. Ebenso gefährlich scheint es uns, wenn wir
nicht mehr nur etwaige biologische Defekte, sondern auch die
möglicherweise von der Gesellschaft produzierten Leiden der Medizin anvertrauen. Damit verfestigen wir nur Fehlentwicklungen,
die nun immer mehr Krankheit und ergo immer mehr Kranke
produzieren.

Eine rein therapeutische Sichtweise blendet seltsamerweise die
medizinische Grunderkenntnis aus, wonach die Mehrzahl aller
als krank definierten Symptome aus einer gestörten Beziehung
des Menschen mit seiner natürlichen und sozialen Umwelt hervorgehen. Unser berechtigter Wohlfühl-Wunsch sollte deshalb hin
und wieder Anlass geben, sowohl über das »wir« wie auch über das
»Gut gehen« selbst ein wenig nachzudenken – zumal mit dem bis
hierher Skizzierten lediglich erst die eine, vermeintlich abstrakte
Seite der gesundheitsfundamentalistischen Medaille beschrieben
ist. Auch deren andere, eher konkrete Seite, die allmählich stärker
ins Blickfeld gerät, hat es in sich.

Verteilungsfragen

Es ist dieselbe Entwicklung, die einerseits das Individuum zum autonomen Gestalter seines Lebens ermächtigt und andererseits das Heilsversprechen der Medizin ins Unermessliche steigert. Im Laufe dieser Entwicklung werden auch Gesundheit und Krankheit zu Produkten individueller Entscheidungen, zu Resultaten einer selbst verantworteten und also zu verantwortenden Lebensführung. Mit anderen Worten: Wer etwa im Alter schwach, krank oder gar dement wird, ist selber Schuld. Er oder sie hat entweder nicht »richtig«, nicht verantwortungsbewusst gelebt, wofür jetzt die Quittung ausgestellt wird. Oder aber er oder sie nimmt nicht die geeigneten Dienstleistungen in Anspruch, mit deren Hilfe die diagnostizierten Störungen zu beheben wären.

So führt beispielsweise die Wertschätzung des gesunden, kompetenten, »erfolgreichen« Alterns, wie sie sich in den vergangenen Jahren herausgebildet hat, schon jetzt zu einer Abwertung und damit zu einer zunehmenden sozialen Isolation all jener, denen ihr Altern eben nicht wie gewünscht »gelingt«. Es geht um jene Menschen, die das vorgeblich Vermeidbare – vermutlich durch eigenes Fehlverhalten – nicht verhindern können. Wer als Mitsiebziger nicht auf Kreuzfahrt geht und keine Berge besteigt, wer seinen Fitness-Parcours nicht mehr bewältigt oder beim Gehirnjogging versagt, wird sich künftig nicht nur um seine gesellschaftliche Akzeptanz sorgen müssen, sondern auch um seine Absicherung durch eine solidarisch verfasste Versichertengemeinschaft. Beide deutlichen Tendenzen – eine zunehmende Stigmatisierung und Ausgrenzung von Menschen mit »verminderter Lebensqualität« einerseits sowie eine fatale Ökonomisierung des Medizinbetriebs andererseits – sind in ihren Folgen noch kaum absehbar.

Deutlich zu sehen ist hingegen, wie sehr sich das moralische Koordinatensystem bereits verändert hat. Darüber wird mittlerweile nicht einmal mehr schamhaft geschwiegen. »Das im Gesundheitssystem erbrachte Leistungsspektrum orientiert sich primär – völlig zu Recht – an den wirtschaftlichen Überlebenschancen der Leistungserbringer und nicht an den Bedürfnissen der Leistungsnehmer«, teilt das *Deutsche Ärzteblatt*[13] ganz unverblümt mit – und sagt damit im Klartext, dass die Gewinne der Mediziner entscheidend seien und nicht die Leiden der Patienten. Als wäre das nicht schon genug, ruft das Standesmagazin die Kollegen auch gleich zur Erschließung neuer Märkte auf: »Das Ziel muss die Umwandlung aller Gesunden in Kranke sein.«

Aber jemanden für krank oder gesund zu erklären hat nicht nur medizinische und ökonomische, sondern auch bedeutsame moralische und soziale Konsequenzen. Schon heute beginnen Krankenkassen, eine als gesundheitsschädigend oder -fördernd geltende Lebensführung ihrer Mitglieder zu sanktionieren, indem sie bestimmte Leistungen (bei Übergewicht, bei Rauchern, bei mangelnder Vorsorge) zu kürzen androhen oder, im Gegenzug, Wohlverhalten durch Bonuszahlungen belohnen. Die Alten dürfen sich als Avantgarde oder erste Opfer solcher zuteilenden Gesundheitskultur sehen. An ihnen werden die Grenzen des Gesundheitsmolochs ausprobiert, während die Jungen sich zunehmend mit einer Überwachung ihres Gesundheitsbewusstseins konfrontiert sehen. In Großbritannien etwa erhalten Patienten, die älter als 65 Jahre sind, schon heute keine Herzoperationen mehr. Davon träumt wohl auch der Präsident der deutschen Ärztekammer, der sich freilich noch scheut, öffentlich eine Rationierung medizinischer Leistungen zu fordern. Stattdessen redet er verschleiernd einer »Priorisierung« das Wort, also der Wertung bestimmter Patienten- oder Krankheitsgruppen.

Solche Ängstlichkeiten hat man in der Schweiz wie in den Niederlanden, Belgien und Luxemburg längst überwunden, wo ein »assistierter Selbstmord« beziehungsweise eine aktive Sterbehilfe gesetzlich für zulässig erklärt und eine entsprechende Lebensaustrittstechnologie entwickelt wurde. Es ist bereits ein offenes Geheimnis, dass auch chronisch Kranken, Behinderten oder alterskranken, etwa dementen Menschen diese »Dienstleistung« zur

»nebenwirkungsfreien« Selbsttötung gewährt wird. Von hier aus ist es nur noch ein kleiner Schritt zu selektiven Ansätzen, deren Befürworter sich zu beurteilen anmaßen, ab wann das Leben anderer nicht mehr lebenswert ist. Das ist kein entlegenes Horrorszenario. Medizin und Gesundheitspolitik bewegen sich bereits im Eiltempo darauf zu. Vorgeburtliche Diagnostik, Genforschung und Eugenik, Präventionszwänge, Gesundheitserziehung und Palliativmedizin sowie die auch hierzulande geführte Debatte um Sterbehilfe sind deutliche Anzeichen dafür, dass das Leben wie das Lebensende in den Zuständigkeitsbereich sozialplanerischer Agenturen zu geraten drohen.

Die alternde Gesellschaft

In einer unaufhaltsam alternden Gesellschaft ist in diesem Zusammenhang gerade die Demenz von herausragender Bedeutung. Die erschreckend steigende Zahl von Menschen mit erheblichen kognitiven Einbußen stellt eine auf geistige und körperliche Leistungsfähigkeit fixierte Umwelt vor enorme soziale, politische, ökonomische und moralische Herausforderungen. Wie wir auf diese Herausforderungen reagieren und ob wir sie meistern werden, wird vor allem davon abhängen, wovon wir reden, wenn wir uns mit den Erscheinungsformen und den Folgen der Altersdemenz beschäftigen. Handelt es sich um krankhafte hirnphysiologische Veränderungen, in deren fortschreitendem Verlauf die Betroffenen ihre Persönlichkeit, ihr »Selbst«, und am Ende womöglich sogar ihren Personenstatus verlieren (wovon bislang nahezu fraglos ausgegangen wird), führt wohl kaum ein Weg an medizinischen und sozialen Entsorgungskonzepten vorbei. Das Gesundheitssystem würde andernfalls kollabieren, die Begleit- und Folgekosten – Therapie, Pflege, Heimunterbringung – wären nicht lange tragbar.

Ist die Demenz hingegen, jedenfalls in den meisten Fällen, ein

vom »normalen« Altern nicht grundsätzlich zu unterscheidender
Verfallsprozess, eine unter vielen Möglichkeiten eben, wie das Altern verlaufen kann, dann werden wir andere – primär zivilgesellschaftliche – Antworten finden müssen. Denn in diesem Fall ginge
es nicht länger um die Heilung einer Krankheit, sondern um neue
Formen des Umgangs mit den Begleiterscheinungen der Hochaltrigkeit. Dann wäre nicht in erster Linie die Medizin, sondern das
Gemeinwesen gefordert. Wir müssten zur Kenntnis nehmen, dass
der Segen einer allein während der vergangenen 100 Jahre um 30
Jahre gestiegenen und wohl auch weiterhin steigenden Lebenserwartung und einer damit weiter alternden Gesellschaft unweigerlich Probleme mit sich bringt. Diese können nicht der Medizin
überantwortet werden, sondern bedürfen gesellschaftlicher Lösungen.

Welchen Weg wir einschlagen werden, scheint ausgemacht zu
sein. Wenn unsere Beschreibung der gesellschaftlichen Realität
nur halbwegs zutreffend ist, fällt das Urteil eindeutig aus: In einer
Gesellschaft, die das Funktionstüchtige zum Gesundheitsideal erhebt, in der die Menschen einen Anspruch auf Beschwerdefreiheit
und Mangellosigkeit geltend machen und nun mit immer neuen
Instandsetzungswünschen auf den Medizinmarkt drängen, in
einer Gesellschaft, in der sich die Medizin zu einer Leitwissen-
schaft aufschwingt und sich solche Perfektionswünsche nicht nur
zu Eigen macht, sondern sie stetig weiter schürt – in einer solchen
Gesellschaft muss der Demente notwendig als abnorm gelten, in
einer solchen Gesellschaft werden das Altern im Allgemeinen und
die Demenz im Besonderen zu ein und derselben zu bekämpfen-
den Krankheit.

Es sind jedoch auch andere Deutungen denkbar. Es ist also immerhin möglich, dass der bisher gewählte Weg in die Irre führt,
dass unsere Angst vor der Demenz vielleicht die viel größere
Gefahr darstellt als die gefürchteten Symptome eines geistigen
Verfalls selbst. Die Angst vor der Demenz, das ist längst absehbar,
hat buchstäblich de-moralisierende und de-sozialisierende Kon-

sequenzen. Sie führt zur Ausgrenzung und am Ende zu »sozialhygienischen« Maßnahmen, die für eine humane Gesellschaft das Ende bedeuteten.

Es erscheint deshalb angebracht, sich zunächst noch einmal der Frage zuzuwenden, womit wir es bei der Demenz zu tun haben: Wie lässt sich diese »Krankheit des Vergessens« beschreiben? Wie und von wem wird sie diagnostiziert? Welche unterschiedlichen Formen der Demenz gibt es? Wie entstehen sie, wie verlaufen sie, und welche Chancen auf Heilung sind zu erwarten? Und nicht zuletzt: Was unterscheidet die Demenz von allen »normalen«, mit dem Alterungsprozess einhergehenden Beschwernissen, sodass es tatsächlich gerechtfertigt wäre, sie als Krankheit zu brandmarken und zu bekämpfen?

Diagnose: Demenz
Annäherung an eine moderne Epidemie

Professor David Snowdon, Leiter des Sanders-Brown-Zentrums für Altersforschung in Lexington im US-Bundesstaat Kentucky, konnte sein Glück kaum fassen: Nach vielen Gesprächen und einiger Überzeugungsarbeit war es ihm Ende der 1980er Jahre gelungen, mit seinem Forschungsteam nahezu unbeschränkten Zugang zu einem Studienkollektiv des Ordens »Katholische Schwestern von Notre Dame« zu erhalten. Diese Gemeinschaft von über 600 Nonnen ist für ihren außergewöhnlich hohen Altersdurchschnitt bekannt. Sie war für die Altersforscher aber auch deshalb interessant, weil das Leben im Orden für alle Schwestern einen ganz ähnlichen Verlauf nimmt: Tagesrhythmen, Arbeit, Ernährung, soziale Situation und medizinische Versorgung sind weitgehend homogen. Zudem lagerten in den Klosterarchiven umfangreiche Aufzeichnungen über die Lebensläufe und die Vorerkrankungen der Nonnen, sodass die meisten externen Faktoren, die einen individuellen Alterungsprozess beeinflussen könnten, weitgehend bekannt waren. Sie konnten somit als Ursachen für eine unterschiedliche Ausprägung von Alterserscheinungen praktisch ausgeschlossen werden – geradezu ideale Bedingungen, um etwa die Entstehung eines Altersleidens wie Alzheimer zu erforschen.

Nachdem sich die Ordensleitung bereit erklärt hatte, an der von Snowdon vorgeschlagenen Langzeit-Untersuchung mitzuwirken, begannen die Wissenschaftler mit ihrer Datenaufnahme. Über viele Jahre beobachteten sie das Sozialverhalten der Gemeinschaft, erstellten medizinische Profile von einzelnen Nonnen und dokumentierten die Ergebnisse regelmäßig durchgeführter kognitiver Tests, mit deren Hilfe sie das geistige Leistungsvermögen der Ordensfrauen ermittelten. Viele Schwestern hatten zudem eingewilligt, dass man nach ihrem Tod ihr Gehirn untersuchen dürfe, sodass die Testergebnisse später mit möglichen hirnorganischen Veränderungen in Beziehung gesetzt werden konnten.

Insbesondere der histologische Teil ihrer Arbeit stürzte Snowdon und sein Team dann von einer Überraschung in die nächste. Schwester Matthia zum Beispiel leistete mit 104 Jahren immer noch ihr tägliches Arbeitspensum in der Krankenstation, ohne nennenswerte Beeinträchtigungen. Sie war geistig rege und wach, schnitt in den periodisch durchgeführten Tests durchweg hervorragend ab und zeigte auch sonst keinerlei kognitive Einbußen. Als sie im Alter von 105 Jahren verstarb, wies ihr Gehirn allerdings viele der für Alzheimer als typisch geltenden, krankhaften Veränderungen auf: Volumenreduktion, Plaques, Neurofibrillen. Zu Lebzeiten hatte man ihr jedoch nichts davon angemerkt. Konnte man also ein »Alzheimer-Gehirn« haben, ohne unter den gefürchteten Symptomen zu leiden? War vielleicht das Klosterleben, waren die festen Regeln und die Eingebundenheit in eine enge soziale Gemeinschaft eine Art Bremse für die Demenz? Die Altersforscher standen vor einem Rätsel.

Besonders eklatant war der Fall von Schwester Bernadette. Als die studierte, mit einem Magistertitel ausgezeichnete Nonne 85-jährig an einem Herzanfall starb, erwartete die Experten die nächste Überraschung. Die Forscher hatten mit ihr über mehrere Jahre Tests durchgeführt, bei denen sie immer wieder weit überdurchschnittlich abgeschnitten und sich in einigen Bereichen sogar von Jahr zu Jahr verbessert hatte. Professor Snowdon und seine Kollegen waren allesamt zutiefst beeindruckt von der außer-

gewöhnlich scharfen Intelligenz und dem vorzüglichen Gedächtnis der charismatischen Frau. Doch als die Wissenschaftler den
Schädel der verstorbenen Schwester öffneten, trauten sie ihren
Augen nicht: Sie fanden Bernadettes Gehirn, das ihr bis zuletzt
tadellos gedient hatte, in erbarmungswürdigem Zustand. Es war
von Alzheimer-Plaques geradezu übersät. Nach der offiziellen
Klassifizierung hatte ihr Gehirn den Demenzgrad 6 erreicht – das
absolute Alzheimer-Endstadium.

Wie war das möglich? Waren die Ordensschwestern Matthia
und Bernadette nun dement oder nicht? Laut Demenzdiagnostik
zu Lebzeiten: Nein, in keiner Weise. Laut Demenzdiagnostik »post
mortem«: Ja, zu 100 Prozent. Das heißt: »Wissenschaftlich« betrachtet waren die Nonnen eindeutig »krank« und müssten demnach in die Demenzstatistik eingehen. Denn für die Mehrzahl der
Experten gilt die zweite Diagnose, die Hirnautopsie, gegenüber
der ersten, den Kognitionstests, als die wesentlich zuverlässigere.
Viele Ärzte betonen, dass man Alzheimer mit letzter Sicherheit
erst nach dem Tod, durch eine mikroskopische Untersuchung des
Gehirns diagnostizieren könne.

Aus binnenwissenschaftlicher Perspektive ist das auch nur folgerichtig. Die Demenz ist medizinisch definiert als eine degenerative Hirnerkrankung, für die ein pathologischer Gehirnschwund,
ein massenhaftes Zellsterben und die Eiweißablagerungen in der
Hirnrinde charakteristisch sind. Diese krankhaften Veränderungen wiederum gelten als Verursacher all der kognitiven Einbußen,
die für die Demenz symptomatisch sein sollen. Fachlich ist die
Sache somit klar. Der Täter war zweifelsfrei identifiziert, es gab
nur weit und breit kein Opfer. Die Ordensschwestern Matthia und
Bernadette hatten sich zu Lebzeiten bester geistiger Gesundheit
erfreut. Wie aber konnten sie der fürchterlichen Krankheit wider-
stehen? Wie kann es sein, dass sich bei ihnen keine Symptome
einstellten? Spielen möglicherweise andere Faktoren bei der Entstehung von Alzheimer eine Rolle, als die meisten Medizinwissen-
schaftler bis heute annehmen?

Zweifelhafte Gewissheiten

Das verwirrende Ergebnis der »Nonnenstudie«[14] spiegelt in gewisser Weise die gesamte Situation der Demenzforschung wider: Zwar liegen mannigfache und umfangreiche Untersuchungen zu den medizinischen Ursachen degenerativer Hirnerkrankungen vor, die in Tausenden Fach- und Sachveröffentlichungen unser Bild der Demenz maßgeblich prägen – das Dokumentationssystem »Excerpta Media« hat allein zwischen 1991 und 1999 über 20 000 wissenschaftliche Arbeiten zu den Stichworten Demenz und Alzheimer erfasst, mit einer jährlichen Steigerungsrate von etwa 10 Prozent. In Wahrheit haben wir jedoch inzwischen viele gute Gründe, die Flut der Forschungsergebnisse sowie all unsere bisherigen Annahmen über die »Volkskrankheit des Vergessens« getrost zu vergessen oder ihnen zumindest gründlich zu misstrauen.

Diese vorherrschenden Annahmen, die sich aus den etablierten Lehrmeinungen speisen, wollen wir hier nun nicht detailgetreu ausbreiten. Mehr oder weniger ausführliche Informationen hierzu finden sich auf immer mehr Regalmetern in zahlreichen Ratgeber-Veröffentlichungen. Der Großteil dieser Informationen trägt aber, bei Lichte betrachtet, eher zur Verrätselung als zur Aufklärung bei. Die in naturwissenschaftlichem Duktus vorgetragenen medizinischen Befunde lassen die wesentlichen Fragen, die bereits Alois Alzheimer umgetrieben hatten, weiterhin unbeantwortet. Erkenntnisfortschritte? Fehlanzeige! Wo genau die Grenze zwischen »normalen« und »krankhaften« degenerativen Abbauprozessen im Alter verläuft, welche Merkmale den Übergang zu einer krankhaften Altersdemenz markieren und wodurch dieser vermutete Grenzübertritt verursacht wird, verliert sich nach wie vor im medizinisch wortreich bemäntelten Ungefähren. Erfolge im Kampf gegen das Leiden werden allenfalls suggeriert oder überhaupt erst für die ferne Zukunft in Aussicht gestellt. Es bestehe eben noch immenser Forschungsbedarf.

Aber in welcher Richtung soll geforscht werden? Selbst Ergebnisse, wie sie etwa die Nonnenstudie zutage förderte, konnten das biomedizinische Demenzmodell bislang nicht nachhaltig irritieren. Alle Konzentration richtet sich weiterhin auf das Gehirn. Das gängige Erklärungsmuster für die sogenannten primär degenerativen Demenzerkrankungen – wozu vor allem Alzheimer zählt – sind bis heute hirnphysiologische Veränderungen, die im Verbund mit infektiösen, neuropathologischen, biochemischen oder genetischen Faktoren einen fortschreitenden Verlust kognitiver Fähigkeiten verursachen sollen. Dazu zählt demnach insbesondere eine Abnahme des Gedächtnisses und des Denkvermögens. Vereinfachend zusammengefasst gibt es hierzu verschiedene Hypothesen, die jedoch alle auf einer gemeinsamen Annahme gründen: dass Plaques und Neurofibrillenbündel lebensnotwendige Vorgänge der Nervenzellen beeinträchtigen, die dadurch über kurz oder lang absterben. Eine Hypothese besagt, dass dieser Zelltod durch die Anhäufung von Eiweißmolekülen ausgelöst wird. Eine andere sieht in vermehrt gebildeten freien Sauerstoffradikale das Kernproblem. Eine weitere vermutet, dass der Verfall durch einen gestörten Calciumhaushalt oder eine Störung des Neurotransmittersystems verursacht wird – vor allem die Botenstoffe Glutamat und Acetylcholin werden hier gern genannt. Die Genforschung wiederum macht Hoffnung darauf, dass die Mutation bestimmter Gene für das krankhafte Geschehen verantwortlich ist. All diese Ansätze werden wir hier so wenig aufklären können wie die Forschung der letzten Jahrzehnte. Die hirnphysiologischen Vorgänge können zwar durch moderne bildgebende Verfahren immer besser sichtbar gemacht werden, nichts davon will sich jedoch bisher zu einem kausalen Verständnis zusammenfügen.

Auch das verbreitete dynamische Demenzmodell hält einer Tatsachenüberprüfung nicht stand. Es besagt, dass die Demenz eine degenerative Hirnerkrankung ist, wonach ein von Alzheimer Befallener hoffnungslos davon ausgehen muss, dass sich sein Geist zunehmend vernebelt, weil die »Krankheit« ihm ja mit der

Zeit immer mehr Zellen nimmt. Diese gängige Auffassung ähnelt eher einer Angstneurose. Dennoch wird es unterlassen, einer solchen Angst von medizinischer Seite her entgegenzutreten, wie es geboten wäre. Dafür gibt es »gute« Gründe. Dadurch würden zum einen die eigenen Erklärungsmuster in Zweifel geraten und zum anderen würden die Heiler ihre Geschäfte schädigen. Denn womit zur Zeit vor allem Geld verdient wird, sind Mittel und Verfahren, die vorgeblich den »Krankheitsverlauf verzögern«. Ein fortschreitender Verlauf ist aber gar kein festes Charakteristikum der Altersdemenz. Vielmehr zeigen Längsschnittuntersuchungen, dass nur etwa die Hälfte der Kranken an voranschreitenden Demenzprozessen leidet. Darauf weist zum Beispiel die sicher nicht medizinkritisch gesonnene Bundesregierung in ihrem »Vierten Bericht zur Lage der älteren Generation« (S. 165) hin. Ein großer Teil der Betroffenen »weist über Jahre hinweg keine nennenswerten Verschlechterungen der Leistungsfähigkeit auf«. In der einschlägigen, zumeist von Medizin-Fachleuten vorgelegten Ratgeberliteratur hingegen findet dieser Umstand praktisch keine Beachtung.

Plaques, Neurofibrillen, Zellsterben, fortschreitender Verlauf – vieles was als Expertenwissen über Demenz Verbreitung findet, hält einer näheren Überprüfung nicht wirklich stand. Ja, es erweist sich häufig als bereits widerlegte Hypothese. Das niederschmetternde Ergebnis: Die meisten der vorherrschenden und mithin meinungsbildenden Forschungs- und Erklärungsansätze können bis heute in Wahrheit keinen nennenswerten Verständnis- oder gar Heilungserfolg für sich verbuchen. Gleichwohl erobern immer mehr Therapievorschläge und medikamentöse Behandlungen den Medizinmarkt, deren Anbieter sich, dank der »Experten«, einer verängstigten und also zahlungswilligen Kundschaft sicher sein können. Entsprechend blüht das Geschäft mit der Demenzvorbeugung und der Demenzlinderung, aller Erfahrungen zum Trotz: Jedes vollmundig gegebene Heilungsversprechen blieb bislang uneingelöst und die inzwischen offensiv beworbenen und lukrativ vertriebenen Pharmazeutika erweisen sich als wenig wirkungsvoll. Bei einigen wenigen Dementen können die Symptome beispielsweise durch die Einnahme von Calcium-Antagonisten oder durch Verabreichung neu entwickelter antidementieller Arzneimittel[15], die auf den Neurotransmitterhaushalt einwirken, zwar tatsächlich leicht gelindert werden. Es ist aber schwer zu sagen warum, denn viele andere sprechen gar nicht darauf an. Es gibt buchstäblich nichts, was irgendeine Hoffnung auf »Heilung« nähren könnte.

Dass die ausgetretenen Forschungspfade dennoch stoisch weiter begangen und mit enormen Finanzmitteln gefördert werden, mag man für sinnvoll halten oder nicht. Man erforscht ja auch die stressbedingten Wachstumsstörungen von Ringelblumen. Zielführend, im Sinne einer vorbeugenden Verhinderung oder medizinischen Heilung der mit der Altersdemenz einhergehenden Symptome, dürften die meisten der bislang entfalteten Aktivitäten jedoch nicht sein. Daran wird unseres Erachtens auch das im Sommer 2009 mit großem Brimborium feierlich eröffnete neue »Deutsche Zentrum für neurodegenerative Erkrankungen« in Bonn nichts ändern, das künftig mit 66 Millionen Euro Steuergeldern pro Jahr unter anderem nach Mitteln gegen die Demenz forschen soll. Therapien gegen Alzheimer, so dämpft der Gründungsdirektor der Einrichtung, der Toxikologe Pierluigi Nicotera, allerdings sogleich die hochgesteckten Erwartungen, seien ohnehin frühestens »in Jahrzehnten« zu erwarten – und das mit 66 Millionen Aufwand im Jahr. Chapeau!

Auch die Aussicht, die böse Plaquesbildung eines Tages mit einer Impfung verhindern zu können, woran eine Forschergruppe an der Berliner Charité fieberhaft arbeitet, mag vielleicht der Angstabwehr dienlich sein – so wie eine Voodoo-Beschwörung oder andere religiöse Praktiken. Eine solche Prophylaxe würde aber, das legt zum Beispiel die Nonnenstudie nahe, die »Krankheit des Vergessens« wohl kaum aus der Welt impfen können. Und selbst die vielleicht letzte große Hoffnung, Alzheimer könne genetisch bedingt und durch die Identifizierung und Beeinflussung der betreffenden Gene bald heilbar sein, ist im Grunde schon in den 1990er Jahren zu Grabe getragen worden. Nachdem tatsächlich Veränderungen an einzelnen Genen – Presenelin-1 und -2 sowie das sogenannte APP- und das ApoE-Gen – ausgemacht worden waren, welche die degenerativen Hirnprozesse befördern können, stellte das *Journal of the American Medical Association* bereits 1995 ernüchtert fest, dass sich solche Mutationen bei höchstens 2 Prozent aller Alzheimer-Fälle nachweisen ließen. Als diagnostische Marker seien die sogenannten Alzheimer-Gene – die man übrigens auch bei Schwester Bernadette gefunden hatte – definitiv ungeeignet und hätten »epidemiologisch« praktisch keine Bedeutung. In der überwiegenden Zahl der Fälle, so das Resümee einer großen Fallstudie, sei Alzheimer nicht vererbt.[16]

Mit anderen Worten: Trotz jahrzehntelanger Forschungsanstrengungen und enormer Fortschritte in der Analyse- und Diagnosetechnik sind wir heute in der Suche nach den Ursachen von Demenz nicht wesentlich weiter als Alois Alzheimer. Dieser stellte allerdings immerhin noch in Rechnung, dass die im Alter einsetzenden Hirnfunktionsstörungen Teil eines »normalen« Alterungsprozesses sein könnten. Als »krankhaft« hatte er ja nur die äußerst seltene präsenile Form der Demenz bezeichnet, ohne dass ihm jedoch der Nachweis gelungen wäre, dass es sich hierbei um ein von der Altersdemenz zu unterscheidendes, eigenständiges Krankheitsbild handelt. Diese Schwachstelle hatten seine Nachfolger nur dadurch aus der Welt geschafft, dass sie die Demenz insgesamt zur Krankheit stempelten. Sie hatten sich dadurch aber für geraume Zeit aller nicht dezidiert medizinischen Sichtweisen beraubt und begannen sich gewissermaßen diagnostisch im Kreis zu bewegen.

Denkschwächen und Wissenslücken

Nun ist es selbstverständlich nicht so, dass die Wissenschaft seit 100 Jahren rein gar nichts dazugelernt hätte und alle unsere ver-

meintlichen Kenntnisse lediglich Vermutungen wären. Unbe-
stritten ist, dass mit der Demenz im Besonderen und dem Altern
im Allgemeinen hirnphysiologische Veränderungen einher-
gehen. Deren Status, deren Ursachen und deren Folgen sind allerdings nach wie vor völlig ungewiss. Insofern ist es nicht nur
naheliegend, sondern auch notwendig, dass sich die Medizinwissenschaft auf solche noch unverstandenen, aber »messbaren«
Vorgänge konzentriert. Zudem ist es medizinisch durchaus hilfreich, weil dadurch unser Wissen über die neuronalen Abläufe im
Gehirn ständig erweitert wird. Es sind darüber hinaus inzwischen
beispielsweise bestimmte Demenzformen bekannt, die durchaus
gelindert werden können, wenn man sie rechtzeitig und richtig
identifiziert.

Unter dem Oberbegriff Demenz wird ja mittlerweile eine ganze
Reihe von untereinander abgrenzbaren »Krankheitsbildern« mit
unterschiedlichen Ursachen und unterschiedlichen Heilungschancen zusammengefasst. Es gibt die »primäre« degenerative Demenz, die wir für gewöhnlich mit dem Namen Alzheimer belegen.
Es gibt die »vaskuläre« Demenz, die aus einer Unterversorgung
des Gehirns mit Sauerstoff zum Beispiel aufgrund von Durchblutungsstörungen resultiert. Es gibt die Parkinson-Demenzen, die
ein eigenes Krankheitsbild darstellen. Und es gibt die sogenannten sekundären Demenzen, die entweder durch Gifteinwirkung –
Alkohol, Medikamente oder Schwermetalle – entstehen oder durch
Infektionskrankheiten, hormonelle Störungen oder Vitamin-B12-
Mangel verursacht sind. Bei den letztgenannten Demenzformen
bestehen übrigens gute Heilungschancen. Deshalb kann der Einsatz moderner, bildgebender und elektrophysiologischer Diagnoseverfahren – wie etwa die Computertomographie (CT) oder die
Magnetresonanztomographie (MRT), die Doppler-Sonografie oder
die Elektroenzephalografie – in vielen Fällen sinnvoll sein. Durch
diese Verfahren können Erkrankungen erkannt werden, die eben
sekundär zu einer Demenz führen und so können diese Formen
oft aussichtsreich behandelt werden.

Das ist die gute Nachricht, auf die die Medizin mit Stolz verweisen kann. Aber die schlechte Nachricht folgt auf dem Fuß: Solche heilbaren »sekundären« Demenzen machen gerade einmal 5 Prozent aller Demenzfälle aus – Parkinson-Demenzen etwa ebenso viele und vaskuläre Demenzen liegen bei rund 15 Prozent, während der übergroße Rest, etwa 75 Prozent, an einer senilen Demenz vom Typ Alzheimer leidet. Alzheimer ist der eigentliche »Feind« und wir werden uns auch in der Folge hauptsächlich damit beschäftigen. Wir wissen bis heute nicht eben viel über diesen Feind, und was wir zu wissen glaubten, ist gerade in jüngerer Zeit durch allerlei Zweifel zersetzt worden. Wir können die Symptome beschreiben, die von den Betroffenen anfangs beklagt werden und die Angehörige oder Freunde als Veränderungen wahrnehmen. Wir wissen aber naturgemäß nicht, wie die Symptome im Stadium schwerer Demenz von den »Leidtragenden« selbst erlebt werden.

Aus der Perspektive eines »gesunden« Erwachsenen auf der Höhe seiner geistigen und körperlichen Schaffenskraft mag das Leben eines Dementen unzumutbar erscheinen, würdelos und erbärmlich. Aber das liegt doch zunächst einmal, wie Arno Geiger vor dem Hintergrund seiner Erfahrungen mit dem eigenen dementen Vater schreibt, an einem Mangel an »Vorstellungskraft für die Lebensqualität vom Standpunkt des Kranken. Dass ein einst hervorragender Rhetoriker« – gemeint ist erneut Walter Jens – »anstelle eines Buches plötzlich eine Puppe durch die Wohnung schleift, stellt für sein eigenes Wohlbefinden nicht zwingend eine Einbuße dar. Nur für die Angehörigen und Freunde – die müssen lernen, damit umzugehen.«[17] Die Veränderungen eines Menschen machen seinen Nächsten, die sich als unverändert wahrnehmen, mindestens ebenso große, vielleicht sogar größere Probleme als demjenigen, der sich verändert. Natürlich hat Arno Geigers Vater die einsetzende Denk- und Gedächtnisschwäche bemerkt und darunter gelitten – immer wieder hat er sich an die Stirn geschlagen, als wollte er sein Gehirn in Ordnung bringen, »Was ist mit meinem Kopf los?« Dennoch blieb er, so der Sohn, ein fröhlicher, ein beeindruckender Mann, der seinen Nachkommen eine vielleicht letzte Lektion erteilte: »Was es heißt, alt und krank zu sein.«

Tatsächlich spielt ja das Alter im Alzheimer-Geschehen eine zentrale Rolle. Ob die mit der Demenz einhergehenden Symptome außerdem oder stattdessen auch noch von anderen biologischen Einflüssen ausgelöst werden, ist weiterhin gänzlich ungeklärt. Letztlich kennen wir bis heute wirklich nur einen einzigen Risikofaktor, der als gesichert gelten kann: der natürliche Alterungsprozess. Wenn man also die Demenz verhindern wollte, gäbe es momentan wohl nur die Möglichkeit, die Hochaltrigkeit zu verhindern.

Nun ist das Altern generell mit Leistungseinbußen, etwa mit Beeinträchtigungen der Hirnfunktionen, mit Gewebeveränderungen und mit einer Abnahme des Hirnvolumens verbunden. Auch klagen bis zu 50 Prozent aller über 65-jährigen Menschen über zunehmende Gedächtnisstörungen, wobei das kognitive Leistungsniveau insgesamt starken individuellen – vor allem anlage- und bildungsbedingten – Schwankungen unterliegt. Da es keinen eindeutigen biologischen Marker für die Altersdemenz gibt, kann im Grunde nur relativ willkürlich bestimmt werden, ab wann eine einsetzende »Schwäche« in »Krankheit« umschlägt.

Das international wohl am weitesten verbreitete Screeningverfahren für Hirnleistungsstörungen ist die sogenannte Mini Mental State Examination (MMSE). Dieser Test lässt sich in knapp 15 Minuten durchführen und gilt daher als besonders praxistauglich. Er beinhaltet 30 Fragen, deren Beantwortung Aufschluss über die Gedächtnisleistung, die Orientiertheit, die Aufmerksamkeit und die Lese- und Schreibfähigkeit eines Befragten geben soll. Er beginnt mit Fragen nach Datum, Jahreszeit und Wochentag (zeitliche Orientierung) sowie nach Bundesland, Stadt und Ort der Befragung (räumliche Orientierung). Anschließend folgen kleine Merk- und Rechenaufgaben – »rechnen Sie von 100 in 7er Schritten rückwärts« –, dann das Rückwärts-Buchstabieren eines Wortes und das Schreiben eines Satzes – »mindestens Subjekt und Prädi-

kat«. Der Test endet schließlich im Kopieren einer vorgelegten geo-
metrischen Zeichnung. Auf Basis der Ergebnisse des MMSE wird
dann der Schweregrad der Hirnleistungsstörung ermittelt: Wer
sechs oder mehr Aufgaben nicht angemessen bewältigt, erhält
dann schnell das Etikett »Alzheimer«, denn bereits 24 oder weniger Punkte sollen auf eine kognitive Einschränkung von Krankheitswert hinweisen. Bei weniger als 17 Punkten gilt der Befragte
als schwer oder schwerst dement.

Ohne Zweifel gibt eine solche Befragung Auskunft. Aber worüber? Führte man denselben Test zum Beispiel an einer Haupt-
schule in einem städtischen sozialen Brennpunkt durch – man
möge uns das politisch »unkorrekte« Szenario nachsehen –, dürfte
die Demenzquote der dort überprüften Jugendlichen wohl locker
an die Demenzquote der über 80-Jährigen heranreichen. Kein
Mensch käme auf die Idee, diesen Jugendlichen deshalb Alzheimer
zu attestieren. Aber warum nicht? Einen 16- oder 25-Jährigen, der
bei diesem Test durchfiele, würde man vielleicht debil nennen,
ein 70-Jähriger verlässt die »nicht bestandene« Befragung als
»Demenzkranker«. Das ist, vorsichtig formuliert, keine sehr über-
zeugende Diagnoselogik.

Also noch einmal: Ab wann wird eine Schwäche zur Krankheit? Wenn wir, wie allgemein üblich, zwischen leichten, mittelschweren und schweren Demenzen unterscheiden, folgt eine Diagnose streng genommen erst ab dem mittelschweren Stadium
einer halbwegs überprüfbaren Regel. Als mittelschwer gilt eine
Demenz, wenn der Betroffene in seiner Denk- und Orientierungs-
fähigkeit so weit eingeschränkt ist, dass er im Alltag nicht mehr
ohne fremde Hilfe auskommt. Der schwer Demente schließlich
braucht eine Rund-um-die-Uhr-Betreuung. Die Hilfsbedürftigkeit
ist also der »Krankheits-Marker«.

Wir wollen an dieser Stelle vernachlässigen, dass es sich hierbei
um ein zumindest medizinisch fragwürdiges Diagnosekriterium
handelt, da es nicht ein Leiden selbst beschreibt, sondern dessen
Folgeerscheinungen in den Blick nimmt. Und wenn Hilfsbedürf-

tigkeit an sich schon ein hinreichendes Krankheitskriterium dar-
stellte, müssten wir auch jeden Säugling, jedes Kleinkind und eigentlich wohl auch jeden wirtschaftlich in Not Geratenen krank
nennen. Das erscheint – dem zitierten Ideal der Weltgesundheitsorganisation zum Trotz – wenig sinnvoll. Letztlich ist die Hilfsbedürftigkeit lediglich ein Vehikel, das es erlaubt, die von Demenz
Betroffenen zu zählen und sie, als von der »Norm« Abweichende,
zu einer statistischen Größe zu machen. Das ist insofern in Ordnung, als es Rückschlüsse auf die Verbreitung und Verteilung von
Altersdemenz in der Gesamtbevölkerung wie in den einzelnen Altersgruppen zulässt. Es bleibt jedoch offen, was das eigentlich ist,
das durch diese Zählung erfasst wird – eine Krankheit, Alterungserscheinungen? –, weil die Ursachen der dokumentierten Symptome weiterhin ungeklärt sind.

Ebenfalls wenig plausibel wäre allerdings diese schlichte Behauptung: Da die meisten Menschen mit Kognitionsstörungen
alt sind, ist das Alter unser Hauptproblem, gewissermaßen der
alleinige Auslöser eines geistigen Verfalls. Was dagegen spricht,
liegt auf der Hand. Zum einen kommt die Mehrheit der älteren
Menschen nach wie vor ohne fremde Hilfe aus, zum anderen
gibt es, wenngleich äußerst selten, Fälle von präseniler Demenz.
Das dadurch vielschichtige Diagnose-Dilemma ließe sich wohl
nur auflösen, wenn wir uns im Falle der Altersdemenz generell
vom Krankheitsbegriff lösten und das Altern als einen komplexen, von zahlreichen, nicht nur biologischen Faktoren begleiteten und beeinflussten Prozess betrachteten. Dieser verläuft bei
jedem individuell ganz unterschiedlich und führt manche eben
leider in die Demenz. Solche Verläufe wären dann in einem ganz-
heitlichen Sinne zu erforschen, um den Zusammenhängen und
Ursachenkombinationen auf die Spur zu kommen, die einen
kognitiven Leistungsabbau im Alter dementiell beschleunigen.
Denn die Gründe für die Alzheimer-Verwirrung, das ist nun
deutlich geworden, lassen sich eben nicht allein medizinisch
fassen.

Perspektivenwechsel

Tatsächlich gibt es immer mehr Befunde, die es nahelegen, unser Demenzbild zu korrigieren. So wächst etwa die Zahl der Studien, die – wie die Nonnenstudie – im Ergebnis eine soziale Dimension der Demenz neben der biologischen für wahrscheinlich halten. Je besser eine Person sozial eingebunden ist, desto langsamer verläuft oft der Leistungsabfall und umgekehrt. Pflegekräfte berichten, dass Menschen mit Demenz durch intensive Zuwendung und ein einfühlsames, dem jeweiligen Gegenüber angepasstes Kommunikationsverhalten durchaus ihre Sprache und einen Teil ihrer Erinnerungen zurückgewinnen können. Es ist nicht einfach so, dass da etwas im Gehirn falsch läuft, dass wie beim Auto der Starter ausfällt und der Motor nun nicht mehr in Gang gesetzt werden kann. Unsere Gehirnfunktionen werden nicht nur chemisch, sondern auch durch allerlei Außeneinflüsse gesteuert.

Mehrere großangelegte histologische Untersuchungen in England und Wales[18] sowie in den USA[19] haben den Zweifel an einem deterministischen Zusammenhang zwischen Hirnveränderungen und Demenz inzwischen weiter verfestigt. Die Obduktion zahlreicher Gehirne älterer Menschen hat dabei ergeben, dass die für eine »Alzheimer-Krankheit« als typisch geltenden hirnphysiologischen Veränderungen bei 70- bis 103-jährigen psychisch gesunden und dementen Menschen gleich häufig auftreten. Es gibt statistisch keinen signifikanten Unterschied zwischen Gesunden und vermeintlich Kranken. Die Demenzsymptome können also nicht ursächlich von solchen Veränderungen ausgelöst werden. Menschen mit Alzheimer-Gehirnen im schwersten Stadium hatten, wie Schwester Bernadette, zu Lebzeiten nie ein Symptom gezeigt. Das hängt vermutlich damit zusammen, dass sie sozial gut eingebunden waren, wie beispielsweise der Neurologe David A. Bennett, Direktor des »Rush Alzheimer's Disease Center« der Universität von Chicago, schlussfolgert. Bei anderen Menschen, die zu Lebzeiten an schwersten Ausfallerscheinungen litten, waren wiederum keine außergewöhnlichen demenztypischen Veränderungen des Gehirns auszumachen. Damit verliert ein »computertomographisch belegter« Hirnzustand, wie er etwa das Leiden eines Walter Jens erklären soll, seine zentrale Aussagekraft.

Dass das Wirkungsgeschehen möglicherweise komplexer ist als angenommen, hatte übrigens schon Alois Alzheimer erkannt. Nachdem er auch in den Gehirnen nicht dementer Verstorbener senile Plaques und Neurofibrillenbündel gefunden hatte, räumte er 1911 selber ein[20]: Weder die Ausbreitung der Plaques noch die krankhafte Veränderung der Neurofibrillen könnten die Ursache der senilen Demenz sein, sondern müssten als »Begleiterscheinung der senilen Involution des zentralen Nervensystems« angesehen werden. Als bald drauf das hirnorganische Erklärungsmodell, trotz aller Selbstzweifel seines Namensgebers, einen Alleinvertretungsanspruch erhob, wurden Alzheimers eigene Relativierungen nicht weiter miteinbezogen. Man »vergaß« sie einfach. Was nicht sein durfte, konnte nicht sein – womit die Demenzforschung gewissermaßen ihre eigene Demenzgeschichte verschwieg: Die medizinische Legitimation, die Zuständigkeit von Ärzten und Psychiatern beruht auf einem Vergessen.

Die Erinnerung daran lässt sich aber durch neuere Forschungsergebnisse nicht länger verdrängen. Aus der psychosomatischen Forschung liegen ebenfalls Ergebnisse vor, die in andere als rein hirnphysiologische Richtungen deuten. Lebensweise, biografischer Hintergrund und gesellschaftliches Umfeld scheinen einen sehr viel stärkeren Einfluss sowohl auf den Alterungsprozess insgesamt als auch auf die Ausbildung einer Alzheimerdemenz zu haben als »regelwidrige« biologische Vorgänge. Es wird also künftig darum gehen, die medizinischen, sozialen und familialen Phänomene in einen deutlicheren Zusammenhang zu bringen, um zu verstehen, warum das geistige Leistungsvermögen im Alter bei dem einen Menschen stärker abfällt als bei einem anderen. Die Medizin kann hierbei nur ein Akteur in einem größeren Forschungsverbund sein – sie wird aber in Zukunft weder die wichtigste noch eine führende Rolle einnehmen.

Nachlassende Kräfte

Sicher ist, dass die Kräfte im Alter schwinden. In welchem Ausmaß sie nachlassen, ist jedoch nicht allein biologisch zu erklären. Gleichwohl spielt das Alter bei der Entstehung von Demenz zweifelsohne eine dominante Rolle. Alzheimer lässt sich statistisch ganz eindeutig als Alterserscheinung beschreiben. Auf der Grundlage neuerer Bevölkerungsstudien kann man folgende Zahlen prognostizieren: Das Risiko, eine mittelschwere oder schwere Demenz auszubilden, das heißt aufgrund geistiger Einbußen im Alltag auf Hilfe angewiesen zu sein, liegt bei den bis zu 59-Jährigen bei nur etwa 0,1 Prozent, bei den bis zu 64-Jährigen bei 0,4 Prozent und bei den 65- bis 69-Jährigen zwischen 0,9 und 1,5 Prozent. Das heißt, die Angst »junger« Alter vor einer Alzheimer-Dämmerung ist größtenteils unbegründet.

Der Anteil an Dementen innerhalb eines Jahrgangs verdoppelt sich dann allerdings im Abstand von jeweils rund fünf Altersjahren und steigt bei den über 80-Jährigen auf knapp 15 Prozent und bei den 90-Jährigen und Älteren sogar auf über 30 Prozent an. Insgesamt bemisst sich die sogenannte Gesamtprävalenz – also die »Erkrankungshäufigkeit« – aller über 65-Jährigen auf rund 7 Prozent. Die durchschnittliche Überlebensdauer vom Beginn der Symptome bis zum Tod liegt zwischen knapp fünf und gut acht Jahren. Dabei wird allerdings nicht die Demenz selbst, sondern es werden andere, möglicherweise durch Alzheimer begünstigte Erkrankungen – Lungenentzündung, Dehydrierung – zur Todesursache. Gleichwohl gilt die Demenz, nach Herz-Kreislauf-Erkrankungen und Krebs, inzwischen schon als dritthäufigste Todesursache. Aber die Wahrheit ist: Niemand stirbt an einer Demenz, allenfalls an deren Folgen. Und dass ein 90-Jähriger Gedächtnislücken aufweist und sich vielleicht zeitlich und räumlich nicht mehr gut orientieren kann, ist weit weniger schlimm, als ihm daraufhin den Stempel »Krankheit« aufzudrücken.

Noch einmal: Wir wollen nichts verharmlosen. Hinter den bloßen Fakten verbergen sich mehrere Millionen Schicksale in Deutschland, Österreich und der Schweiz, Menschen, die auf die aufopferungsvolle Unterstützung von Verwandten und Freunden oder auf professionelle Hilfe angewiesen sind. Über zwei Drittel dieser Menschen, die nach wie vor mehrheitlich von Angehörigen umsorgt werden, sind älter als 80 Jahre. Und es ist sicher kein Zufall, dass die in institutionellen Einrichtungen, in Alten- und Altenpflegeheimen Betreuten – also diejenigen, die über kein vertrautes soziales Umfeld mehr verfügen – bereits zu 60 Prozent an Demenz-Symptomen leiden. Um all diesen dementen Menschen einen respekt- und würdevollen sowie einen möglichst auch geistig mobilisierenden Umgang zu gewähren, müssen wir ihren Zustand besser verstehen lernen. Ein besseres Verständnis – das zeigen Beispiele aus der Praxis – wird zugleich die Pflegenden entlasten, weil sie Situationen und Verhaltensweisen besser einzuschätzen und zu handhaben lernen.

In einem solchen Verstehensprozess läge darüber hinaus eine noch sehr viel weitergehende Chance. Die Verfassung eines Dementen ist nicht nur dem Alter geschuldet, sondern immer auch ein Spiegel seiner Vergangenheit, seiner Erfahrungen wie auch seiner gegenwärtigen Außenwelt. Wie wir zeigen werden, sind es vor allem biografische, soziale und gesellschaftliche Faktoren, die das Vergessen im Alter befördern und das Denkvermögen beeinträchtigen können. Wenn wir solche Faktoren erkennen, liegen darin auch viele Möglichkeiten. Wir können nicht nur unseren Umgang mit Dementen verbessern, sondern die Demenz insgesamt eindämmen. Wir müssen nur versuchen, ein sie begünstigendes Milieu – an dem wir alle teilhaben, das also auch auf die (Noch-)Nicht-Dementen einwirkt – zu verändern.

Dass alte Menschen schwach werden, wird niemals zu verhindern sein. Es lassen sich aber womöglich bessere Gründe als bisher ausmachen, warum manche schwächer werden als andere. Und erst wenn solche Gründe gefunden sind, werden Antworten möglich sein und können Lösungswege sichtbar werden. Diese neuen Wege werden die Demenz sowohl zurückdrängen als auch in die Gesellschaft integrieren, anstatt sie als Krankheit und die Dementen als Kranke auszusondern, zu verwahren und am Ende vielleicht sogar zu entsorgen. Dass die Demenz ausschließlich ein furchtbares Unglück darstellt, ist eine von Außenstehenden vorgenommene Zuschreibung, die dem Empfinden der Betroffenen nicht notwendig entsprechen muss. In schwer Dementen nur noch »vegetierende Körper« zu sehen, lässt die Mühsal der Pflege als sinnlose Verlängerung eines Leidens erscheinen, aus dem schließlich nur noch die aktive Sterbehilfe einen »humanen« Ausweg weist. Dieser letzte Ausweg wäre jedoch, wenn man sich die »Evolution des Vergessens« vergegenwärtigt, in Wahrheit eine Absage an die Werte einer humanen Gesellschaft.

Warum die Kräfte schwinden

Eine Evolution des Vergessens

»Wie fängt das an?«, fragt ein älterer Herr nach einem Vortrag über Demenz. »Woran merke ich, dass ich das kriege?« Und was man dagegen tun könne, will er sogleich wissen. Die Auswahl an »Gegenmitteln« ist groß: Solle man sich mit den vor der *Tagesschau* und in zahlreichen TV-Beilagen inzwischen regelmäßig beworbenen Arzneimitteln eindecken, frühzeitig Gingko Biloba schlucken, Kreuzworträtsel lösen oder sich eines von diesen schicken neuen »Gehirnjogging«-Geräten zulegen, die geistige Fitness bis ins hohe Alter versprechen – gemäß dem Motto: »Use it or lose it«? Das Thema Demenz ist längst in unserem Alltag angekommen. Die meisten Menschen dürften heute wissen, was mit »Alzheimer« gemeint ist und betrachten Demenz als ein weitverbreitetes Phänomen unter alten Leuten. Und da alle unaufhaltsam altern, wächst die Angst davor, ebenfalls davon befallen zu werden.

Die Frage nach dem »Warum« allerdings bleibt zumeist ausgeklammert. »Warum kriege ich das?« Da kommt dann allenfalls die einfache und entmutigende Antwort, die meistens die anderen geben: »Weil du alt bist!« Und das ist ja auch irgendwie richtig, wie wir gesehen haben. Das Alter spielt tatsächlich eine entscheidende Rolle in der Evolution des Vergessens. Eine Abnahme des Gedächtnisses und Beeinträchtigungen des Denkvermögens gehören zu den Einschränkungen, die ein normaler Alterungsprozess unweigerlich mit sich bringt. »Das natürliche Alter ist Schwäche«, hat schon der Philosoph Hegel erklärt, ein Langsamerwerden der Bewegungen des Körpers und des Geistes, ein unabwendbares Schicksal. Aber warum kommt es, so muss man dennoch fragen, bei einem prozentual kleinen, zahlenmäßig jedoch durchaus nennenswerten Teil der Älteren zu einem derart massiven Verfall? Mehr als 90 Prozent der über 65-Jährigen bedürfen ja, trotz aller Langsamkeit, keiner Hilfe im Alltag, während 7 Prozent von einer Schwäche ereilt werden, die heute als mittelschwere oder schwere Demenz diagnostiziert wird.

Warum ich? So lautet die wichtige Frage. Hat die Demenz möglicherweise etwas mit mir und meiner Lebensgeschichte zu tun? Diese Frage kann natürlich Entlastendes und Belastendes mit sich bringen. Aber sie ist – wenn man so sagen darf – kunstvoller, anspruchsvoller, menschlicher als jede computertomographische Wirklichkeit, die letztlich nur zur Apathie Anlass geben kann. »Warum ich?« fragt nicht etwa nach einem individuellen Verschulden, sondern öffnet den Blick auf soziale Entwicklungen und eigene Lebenserfahrungen, die einem buchstäblich den Verstand rauben können. Erst mit der Frage »Warum ich?« kann es gelingen, das »Krankwerden« zu deuten und es ins eigene Leben zu integrieren. Erst die Antworten auf diese Frage werden aufzeigen können, durch welche Maßnahmen, durch welche Veränderungen sich eine fortschreitende »Alzheimerisierung« der Gesellschaft vorbeugend aufhalten ließe.

Solche oftmals als »weich« diffamierten Annäherungsversuche an ein von der Medizin als Krankheit reklamiertes Phänomen werden seit Jahren unterbunden – was zählt, ist vielmehr eine als überlegen geltende, vermeintliche naturwissenschaftliche Rationalität. »Bevor die Krankheit primär als organische oder Verhaltensabnormität aufgefasst wurde«, so noch einmal Ivan Illich[21], »konnte der Patient hoffen, im Auge seines Arztes einen Widerschein seiner eigenen Qual und die Anerkennung der Einmaligkeit seines Leidens zu entdecken. Was er heute findet, ist der unbeteiligte Blick eines mit Input-Output-Berechnungen befassten Buchhalters. Seine Krankheit wird ihm abgenommen und zum Rohmaterial für einen institutionellen Betrieb gemacht. Sein Zustand wird nach abstrakten Regeln interpretiert, und zwar in einer Sprache, die er nicht versteht. Er wird über ihm fremde Gegenstände belehrt, die der Arzt bekämpft – aber nur insofern es der Arzt für nötig hält, sich der Kooperation des Patienten zu versichern. Die Ärzte bemächtigen sich der Sprache: der kranke Mensch wird aller sinnvollen Wörter für seine Qual beraubt, die durch linguistische Geheimniskrämerei noch vermehrt wird.«

Auf diese Weise wird die Demenz erfolgreich aus allen biografischen und gesellschaftlichen Zusammenhängen herausgelöst und als etwas Fremdes, etwas rein Organisches zur Behandlung an den Experten abgegeben. Die von Demenz Betroffenen gelten nunmehr sogar als doppelt verrückt, wenn sie versuchen sollten, ihr Leiden anders als organisch zu erklären. Erstens soll ihr Zustand nichts mit ihrem privaten oder gesellschaftlichen Leben und schon gar nichts mit »uns« zu tun haben. Zweitens gelten die Gedächtnisbeschädigten mit ihrem computertomographisch belegten Hirnleiden ohnehin als nicht länger fähig, ihre eigene Situation »vernünftig« zu reflektieren. Sie werden zu Mündeln ihrer privaten oder professionellen Betreuer, die sie versorgen und ernähren, die für sie handeln, denken und sprechen.

Nichts Persönliches

Die Haltung, wonach Krankheit als eine Art isolierte Betriebsstörung anzusehen ist, hat sich in der Medizin zu einer generellen Lehrmeinung verfestigt. Während einer Debatte über Alterserkrankungen äußerte kürzlich beispielsweise ein Onkologe diese weitverbreitete Überzeugung: Das Wichtigste bei einer Krebserkrankung sei es, den Betroffenen gleich zu sagen »Der Krebs hat nichts mit Ihnen zu tun«. Eine irgendwie geartete Ursachensuche durch die Betroffenen, so die Begründung, könnte die Behandlung negativ beeinflussen und das Vertrauen in den behandelnden Arzt untergraben. Damit kann nichts anderes gemeint sein, als dass der medizinische Experte seine Autorität, seine Deutungsmacht durch einen selbstbewussten Patienten bedroht sieht. Die verordnete Entpersönlichung der Krankheit dient also wohl in erster Linie seinem Wohl, nicht dem des Kranken.

Solche Expertenborniertheit kann man wohl nur mit einer Vehemenz und Kühnheit durchbrechen, wie sie der an Lungenkrebs erkrankte Regisseur und Aktionskünstler Christoph Schlingensief an den Tag gelegt hat: Er habe, so ließ er uns in mehreren Interviews wissen, keinen Zweifel daran, dass sein Krebs durch seine ungewöhnlich aufreibende Inszenierung des *Parsifal* in Bayreuth ausgelöst worden sei. Diese tief religiöse Oper Richard Wagners handelt von nichts Geringerem als der Erlösung der Menschheit durch Mitleid und erzählt die Geschichte vom Ritter »des reinen Herzens« Parsifal und dem Königssohn Amfortas, der mit seinen Gralsrittern das böse Zauberreich des Klingsor bekämpft. Als sich Amfortas während dieses Kampfes von den Reizen einer Frau verführen und ablenken lässt, entwendet ihm Klingsor den Heiligen Speer und fügt ihm damit eine schmerzhafte Wunde zu, die fortan nicht mehr heilen will – bis ihn am Ende der herzensgute Parsifal mit dem zurückeroberten Speer von seinen Qualen befreit.

Die äußerst intensive Beschäftigung mit diesem Stoff, so der für seine kreative Extravaganz wie für sein Engagement berüchtigte Regisseur, habe offenbar auch bei ihm eine nicht heilen wollende Wunde geschlagen. Nach dieser Regiearbeit jedenfalls habe er sich leer gefühlt, vernichtet, und nicht mehr gewusst, wie es weitergehen solle. Es könne deshalb kein Zufall sein, dass in eben dieser Phase, den Ärzten zufolge, sein Krebs ausgebrochen sei. Zwar ist Christoph Schlingensief später von dieser eigenwilligen Interpretation seines Tumors wieder abgerückt, er beschäftigt sich jedoch weiterhin eingehend mit der Frage: Warum ich?

Bei dem gerade erwähnten Onkologen wie auch bei den meisten anderen Schulmedizinern wird er mit seiner exaltierten

Auffassung, vorsichtig formuliert, auf wenig Zustimmung treffen – ebenso wie Tilman Jens mit seiner These, der Vater könne aus Scham vor der lange geheim gehaltenen NSDAP-Mitgliedschaft in die Krankheit geflüchtet sein. Aber Schlingensief reklamiert einfach offen das Recht, sein Leben und seine Krankheit selbst zu deuten. Und gerade dieses Recht scheint im Blick auf die Demenz in doppelter Weise gefährdet. Ein an Krebs Erkrankter ist zumeist immerhin noch Herr seiner Sinne; er trägt identifizierbare Zellwucherungen in sich, die verzweifelte, aber irgendwie doch würdige Interpretationen gestatten. Denjenigen, die den Verstand verlieren, die verrückt werden, spricht man jedwede Kompetenz hierzu von vornherein ab. Dabei äußern auch Demente zum Teil hellsichtige Deutungen. »Ich habe mich irgendwie verloren«, sagte beispielsweise die erste Alzheimer-Patientin, Auguste Deter, in einem ihrer lichten Momente. Und man droht sich zu verlieren, so ließe sich hinzufügen, wenn einem das Umfeld keinen Halt mehr bietet, wenn man sich isoliert oder unbehaust fühlt – und wenn man eine aufkommende Schwäche nicht zeigen, geschweige denn sich ihr hingeben darf.

Wer den gesellschaftlich vorgegebenen Leistungs- und Aktivitätsnormen nicht mehr entspricht, wer nicht mehr gefragt und gebraucht wird, wessen Kenntnisse und Kompetenzen nichts mehr zählen, wer sich allein gelassen und nirgendwo mehr zugehörig fühlt – der wird als Antwort auf solche belastenden Erfahrungen zwangsläufig Reaktionen ausbilden. Eine mögliche Reaktion darauf ist der Verfall, der Rückzug aus einer Welt, die ihn überfordert, unterfordert oder einfach nur frustriert. Wozu sich erinnern, wenn mein Wissen und meine Erfahrungen niemanden interessieren? Warum sprechen, wenn keiner mehr zuhört? Woran teilnehmen, wenn ich die hierfür überall geforderte Leistung, Schnelligkeit, Effektivität nicht mehr erbringen kann? Wohin noch gehen, wenn die Zukunft bereits hinter einem liegt?

In diesem Sinne könnte man Demente auch als Menschen beschreiben, in die ein Teil der allgemeinen, der gesellschaftlichen

Verrücktheiten – Gehetztheit, Orientierungsarmut, Selbstvergessenheit, Bindungsschwäche – ausgelagert worden ist. Exzessive Mobilität, die wir »Normalen« leben, äußert sich ironisch in der sinnlosen Herumrennerei von Dementen. Die Vergötzung der persönlichen Autonomie findet sich in den sozialisationsfreien Lebensräumen der Menschen mit Demenz auf die Spitze getrieben, die offenbar machen, was sie gerade wollen, wonach ihnen hier und jetzt der Sinn steht. Die verherrlichte Individualität, das Signum der westlichen Moderne, steigert sich im Dementen in eine gewissermaßen autistische Unerreichbarkeit. Die Festplattenkultur der Gegenwart, die nichts mehr aktiv erinnern muss, weil ja alles auf Datenträgern abgespeichert ist, schlägt sich mit letzter Konsequenz in den erinnerungslosen Demenz-Klienten nieder.

In solcher Lesart wäre die Demenz auch und nicht zuletzt ein Spiegel individueller Lebenslagen und gesellschaftlicher Verhältnisse. Die »Krankheit des Vergessens«, so lässt sich das bislang Beschriebene jedenfalls zusammenfassen, hat nicht *eine* Ursache. Sie beruht – in der Mehrzahl ihrer Fälle – nicht ursächlich auf organischen Fehlfunktionen, die sich ausschließlich im Gehirn verorten lassen. Das Hirngeschehen selbst, ob regelgemäß oder regelwidrig, wird immer auch von außen beeinflusst, es ist, wenn man so will, sozial befallen. Die bald »epidemische« Verwirrtheit hat deshalb viele verschiedene Wurzeln. Legen wir sie frei, kann das unser Verständnis der Demenz grundlegend umwälzen. Erst dadurch könnten wir überhaupt fähig werden, sowohl den Verwirrten ihre Würde zu belassen, als auch die pflegerischen und die gesellschaftlichen Herausforderungen, die aus ihrem Zustand erwachsen, zu bewältigen. Denn noch einmal: Wir haben es nicht mit einem primär medizinischen Problem zu tun! Es handelt sich stattdessen um ein psycho-sozio-biologisches Phänomen, das gewiss nicht mit Pillen aus der Welt geschafft werden kann, sondern dem sich – ein wenig pathetisch formuliert – wohl nur mit aufgeklärter Humanität begegnen lässt.

Entsprechend ganzheitliche Deutungs- und Erklärungsansätze

werden mittlerweile auch wissenschaftlich gestützt. Sie finden jedoch bisher weder in der ärztlichen Praxis noch in der allgemeinen Sach- und Fachliteratur ausreichend Gehör. Die Forschung differenziert sich hierbei immer weiter aus und nimmt – nicht konkurrierend, sondern sich ergänzend – verschiedene Teilbereiche, wie die Biografie von Betroffenen oder gesellschaftliche Entwicklungen, in den Fokus. Eine Sichtung der Einzelergebnisse zeigt bereits heute: Aus dem Zusammenwirken unterschiedlicher Faktoren lässt sich in der Tat ein sehr viel plausibleres Demenzmodell gewinnen als aus dem vermeintlichen Eigensinn biochemischer Vorgänge.

Der biologische Faktor

Biologische und biochemische Prozesse spielen bei der Entstehung von Alzheimer gleichwohl eine tragende Rolle. Bei der primären Demenz vom Typ Alzheimer sind aber, wie wir gesehen haben, nicht etwa pathologische (Plaques, Neurofibrillen) oder genetische Einflüsse maßgeblich, wie es die Schulmedizin seit Jahrzehnten angenommen hat und wovon die meisten Experten noch heute ausgehen. Eine degenerative Abnahme der Hirnleistungen dürfte – allgemein gesagt – stattdessen vielmehr durch gestörte Austauschbeziehungen, beispielsweise durch eine mangelhafte Interaktion zwischen einem Menschen und seiner sozialen Umwelt, durch einen Mangel an Reizen verursacht sein. Auf solche von außen kommenden »Inputs« sind sowohl die Steigerung als auch »nur« der Erhalt unserer geistigen Leistungsfähigkeit notwendig angewiesen. Die biochemischen Vorgänge in unserem Gehirn gleichen nicht dem ein für allemal festgelegten Lauf einer Maschine. Sie sind permanenten Veränderungen unterworfen, und zwar stets in Abhängigkeit von äußeren Anregungen.

Wie ist das zu verstehen? Das Gehirn lässt sich eben nicht als Motor oder Rechner auffassen. Es ist keine festinstallierte und strukturell festgefügte Hardware, deren Abläufe, sofern sie nicht durch Krankheit gestört werden, auf die immer gleiche Weise geregelt sind. Nein, das Gehirn ist unendlich viel komplexer, es ist ein lebendiger, sich im Austausch mit der Umwelt stets neu strukturierender Organismus, der uns zum Beispiel dazu befähigt, mit anderen eine gemeinsame Wirklichkeit zu »konstruieren«. Das heißt: die Außenwelt durch innere Symbolisierung abzubilden und uns mit anderen kommunikativ über sie zu verständigen. In der Einschränkung oder gar dem Verlust eben dieser Symbolisierungsfähigkeit liegt gewissermaßen der klinische Kern der Alzheimer-Demenz. Vergangene wie gegenwärtige Vorgänge in der Welt können nicht mehr angemessen bearbeitet werden.

Hierbei haben die sogenannten synaptischen Verbindungen, die Kontaktstellen zwischen den Nervenzellen der Hirnrinde, eine tragende Funktion. Die vielen Milliarden Nervenzellen im Gehirn stehen über Synapsen, an denen über Botenstoffe (Neurotransmitter) der Nachrichtenaustausch stattfindet, miteinander in Verbindung, jede einzelne Zelle mit bis zu 10 000 anderen. Einfach formuliert entsteht durch diese Verbindungen ein variables Netzwerk. Es kann als eine Art Matrix verstanden werden, in der unsere Wahrnehmungs- und Handlungsregeln gespeichert sind, welche unser sensorisches, motorisches und kommunikatives Verhalten steuern. Was wir als erwachsene Menschen sind, was wir unseren Geist, unser Gedächtnis, unsere Vernunft, unser Gefühl oder auch Mitgefühl nennen, hat in diesem über Synapsen verbundenen Geflecht seinen Sitz.

Dass das Gehirn in dieser Weise zu umfassender Reorganisation seiner eigenen Feinstrukturen in der Lage ist, erfordere – so der Sozialmediziner und Psychiater Leon Eisenberg[22] – »ein radikales Umdenken bezüglich unserer Vorstellungen von anatomischer Unveränderlichkeit. Die Strukturen von Nervenzellen und ihre Verbindungen in der Hirnrinde werden durch Reize geformt, die von der sozialen Umwelt her einwirken. Seelische Störungen entstehen im Feld zwischen Hirn und sozialer Umgebung. Das gilt auch für psychosoziale Faktoren bei der Entstehung der Alzheimer-Krankheit.«

Tatsächlich konnten elektronenmikroskopische Untersuchungen bereits in den 1980er und 1990er Jahren zeigen[23], dass der Verlust von Synapsen ein für die Entstehung von Alzheimer deutlich markanterer und mit dem Grad der Demenz viel enger verbundener Befund ist als etwa das Vorhandensein von senilen Plaques und Neurofibrillenbündeln. Dieser Verlust ist nicht einer irgendwie gearteten Krankheit geschuldet, sondern, vereinfacht gesagt, mangelnder Aktivität. Fehlende Stimuli, etwa eine reizarme Umgebung, wie sie leider für viele Pflegeheime charakteristisch ist, können zur Auflösung synaptischer Verbindungen und schließlich zur Schädigung der beteiligten Nervenzellen führen. Das Gleiche gilt für soziale Isolation, wie sie immer mehr Alte in ihren Single-Haushalten erleben. Die entscheidenden Anregungen müssen stets von außen kommen, aus der natürlichen und vor allem aus der sozialen Umwelt – als Handlungen oder Kommunikationsakte auslösende Wahrnehmungen. Bleiben solche aktivierenden Wahrnehmungen aus, mangelt es also an geistiger Anregung, geht das Gehirn gewissermaßen in Kurzarbeit.

All das gilt übrigens nicht nur für den Abbau, sondern umgekehrt auch für den Aufbau geistiger Leistungsfähigkeit: Erst im Zuge dessen, was die Hirnforschung »neuronale Aktivität« nennt, in deren Verlauf Botenstoffe ausgeschüttet und die Zellen aktiviert und gestärkt werden, kommt es überhaupt zur Bildung von Synapsen. Letztlich ist die im Austausch mit der sozialen Umgebung erfolgende Synapsenbildung damit gewissermaßen das Schlüsselereignis bei jedem Lernprozess. Das heißt, alle Leistungen des Gehirns – Gedächtnis, Empfinden, Intelligenz, Sprache, Selbstbewusstsein – sind entscheidend von einer lebendigen Beziehung zwischen Organismus und Umwelt abhängig. Sobald diese Beziehung gestört ist oder verarmt, sobald etwa jemand sozial isoliert wird oder die Außenwelt zu wenig Anreize bietet, lässt die Hirnleistung nach, ja, kommt es sogar zu hirnphysiologischen

Veränderungen, zu einer Schädigung der Zellen und zu einem Abbau des Hirnvolumens. Das geschieht auch, sobald von außen herangetragene Herausforderungen, aus welchen Gründen auch immer, nicht oder nicht mehr angemessen angenommen werden. Infolgedessen können dann möglicherweise auch die gefürchteten Alzheimer-Symptome auftreten.

Das »Möglicherweise« im letzten Satz ist eine wichtige Einschränkung. Denn auch hier gilt: So wenig ein hohes Lebensalter an sich zu dementiellen Ausfällen führt, so wenig kann aus der Synapsenbiologie allein und dem damit beschriebenen Hirngeschehen bereits eine monokausale Ursache für die Ausbildung einer Demenz abgeleitet werden. Die hier sehr allgemein skizzierten Zusammenhänge haben zweifellos eine mitwirkende Beteiligung an einem Leistungsabbau im Alter. Sie lassen jedoch noch keine Schlüsse auf dessen individuelle Ausprägung zu. Die meisten Menschen zeigen bis ins hohe Alter keine »klinisch« auffälligen Beeinträchtigungen, manche mögen jenseits der 70 oder 80 nur langsamer werden, andere erscheinen uns unangenehm engstirnig, übertrieben ängstlich oder bloß »tütelig«, wieder andere sind dement. Ein für alle Menschen in gleicher Weise gültiges Maß an »gesunden« Austauschbeziehungen dürfte ebenso schwer zu ermitteln sein wie ein eindeutiges Reaktionsmuster auf ausbleibende Stimuli. Was wovon »zu wenig« oder »zu viel« ist, wird bei jedem Einzelnen – zum Beispiel anlage- und bildungsbedingt – ganz unterschiedlich zu gewichten sein. Die biologischen Prozesse müssen deshalb wiederum mit anderen, mit biografischen, sozialen und kulturellen Aspekten in Beziehung gesetzt werden, um die zum Teil erheblichen dementiellen Leistungseinbußen erklären zu können.

Ganz generell lässt sich aber durchaus feststellen, dass die »neuronale Aktivität« mit zunehmendem Alter sukzessive abnehmen dürfte – ausgelöst zum Beispiel durch das Ende der Berufstätigkeit, den »Ruhestand«, durch die Auflösung familiärer Pflichten oder durch soziale Verluste, etwa den Tod von Angehörigen und

Freunden. Das bietet eine plausible Erklärung dafür, warum das Risiko, eine Demenz auszubilden, mit steigendem Alter und einer sich entsprechend immer weiter reduzierenden körperlichen und geistigen Mobilität deutlich zunimmt. Es wäre außerdem ein Erklärungsansatz dafür, warum die Frauen, die im Vergleich zu den Männern eine um einige Jahre höhere Lebenserwartung haben, überproportional von Alzheimer betroffen sind. Diesen Schluss jedenfalls legen biografische Untersuchungen nahe, in deren Rahmen die Lebensläufe von Menschen mit Demenz erforscht werden.

Der biografische Faktor

Tilman Jens mutmaßt, dass sein Vater, der einstige Rhetoriklehrer der Nation, durch die von ihm vielleicht als traumatisch erlebte Enttarnung seiner NSDAP-Mitgliedschaft ins geistige Dunkel gerutscht sei. Das ist gar nicht so abwegig, wie es vor allem den Verfechtern der Schulmedizin zunächst erscheinen mag. Es gibt Untersuchungen von Lebensläufen – in Deutschland, Japan, den USA und Österreich –, bei denen die Biografien und Beziehungsgeschichten von Menschen mit Alzheimer analysiert und jeweils mit den biografischen Details einer »gesunden« Kontrollgruppe verglichen wurden. Sie haben zum Teil frappierende Übereinstimmungen in der psychosozialen Statur von Dementen ans Licht gebracht. Neben einer gewissen biografischen Disposition fand man außerdem heraus, dass es vor dem Einsetzen der ersten Alzheimer-Symptome bei allen Dementen zu einem schweren Belastungsereignis gekommen war – sei es ein Partnerverlust durch Trennung oder Tod, sei es ein Funktions- oder Bedeutungsverlust durch Wegfall der Berufstätigkeit oder seien es andere Stresserlebnisse wie beispielsweise das Bekanntwerden eines lange geheim gehaltenen Makels.

Bei allen biografisch erforschten Dementen ließen sich tatsächlich etwa sechs bis 48 Monate vor dem Auftreten der ersten klinischen Zeichen Situationen finden, die von ihnen als ausweglos erlebt und zumeist mit Resignation und einem fluchtartigen sozialen Rückzug beantwortet worden waren. Psychosomatisch orientierte Mediziner halten es deshalb – wie Tilman Jens – durchaus für möglich, dass die Demenz als eine Art Ausweg aus einer für die Betroffenen anders nicht lösbaren Konfliktsituation angesehen werden kann. Das ist selbstverständlich nicht als bewusst gewählte Option, als eine willentliche Aktivität zu verstehen, sondern als eine Stressreaktion: Das den Stress auslösende Schlüsselereignis aktiviert gewissermaßen eine bereits ausgeprägte Disposition, die bis dahin kompensiert werden konnte.

Vor dem Hintergrund des geschilderten Zusammenhangs zwischen psychosozialer Aktivität und Hirnleistung ist das Erklärungsmodell durchaus plausibel: Die mit dem traumatischen Erlebnis und dem darauf folgenden, abrupten Rückzug verbundene deutliche Abnahme der »neuronalen Aktivität« könnte tatsächlich den Startpunkt eines nun irreversiblen Prozesses (Synapsenverlust und neuronale Schädigung) markieren[24], den wir aus Gewohnheit Alzheimer nennen. Das Gehirn ist nicht krank geworden, es beginnt – um bei dem Bild der »Kurzarbeit« zu bleiben – aufgrund einer nochmals stark verschlechterten Auftragslage nunmehr mit einem massiven Arbeitsplatzabbau.

Nein, mit Walter Jens hat all das nun unmittelbar gar nichts mehr zu tun. Wir sind weit davon entfernt, irgendeine Ferndiagnose oder -analyse vornehmen zu wollen. Die öffentlich geäußerte Mutmaßung seines Sohnes diente uns lediglich als eine Art Stichwort. Darüber hinaus korrespondiert unser, allerdings aus großer Distanz entstandener Eindruck vom Leben des ehemaligen Vorzeige-Intellektuellen nicht recht mit dem Bild, das die weiteren Ergebnisse der biografischen Untersuchungen übereinstimmend zeichnen. Danach zeigen die »Alzheimer-Biografien« ein frappierend einheitliches Persönlichkeitsmuster der später als dement diagnostizierten Personen.[25] Sie werden als warmherzig, mitfühlend, nachgiebig, besänftigend und eher weich beschrieben. Dementsprechend gelten sie aber auch als wenig durchsetzungsfähig und geneigt, die strategische und pragmatische Organisation des Alltags dem Partner oder anderen ihnen Nahestehenden zu überlassen. Und solche – mindestens im historischen Rückblick durchaus als »weiblich« zu charakterisierende – Passivität erfordert offenbar einen späten Preis: Dominanz des Partners, so das Ergebnis einer in Wien an 50 Dementen durchgeführten Untersuchung[26], erhöht das Alzheimer-Risiko im Vergleich zu einer Kontrollgruppe um das 2,6-fache.

Wer wollte bestreiten, dass ein solches Beziehungsmuster das Partnerschafts-, Ehe- und Familienmodell mindestens der Kriegsgeneration, also der heute um die 80-Jährigen mehrheitlich geprägt hat? Die Rollenverteilung war relativ starr geregelt, die Frau galt dem Mann als untergeordnet und war für das Innen – Haushalt, Küche, Kinder – zuständig, während der Herr des Hauses den gesellschaftlichen Verkehr und den ökonomischen Erhalt zu regeln hatte. Auch wenn die Frauen irgendwann Hosen anzogen, behielten die Männer das Sagen, reklamierten die Definitions- und Entscheidungsmacht eindeutig für sich und waren dominierend. Insofern, das legen die skizzierten Forschungsergebnisse nahe, ist es kein Wunder, dass die Frauen in den Altersgruppen ab 75 Jahren zu einem deutlich höheren Anteil eine mittelschwere bis schwere Demenz ausbilden als die Männer, während sich die Häufigkeit im Alter von 65 bis 74 Jahren zwischen den Geschlechtern – dank eines sich langsam wandelnden Rollenverständnisses – bereits in etwa gleich verteilt.

Die deutsche Kriegsgeneration – die »Walter-Jens-Generation«, wenn man so will – stellt im Übrigen sicher noch aus einem anderem Grund einen biografischen und gesellschaftlichen Sonderfall dar. In den heute Dementen aktualisiert sich womöglich eine Vergesslichkeit, die schon für einen großen Teil ihres Lebens prägend gewesen ist. »Es gab von Anfang an eine stille Übereinkunft des Vergessens. Keine Erinnerung. Vergessen. Das ist doch unheimlich« – so hat der Schriftsteller Dieter Forte die Stunde Null im

Jahre 1945 beschrieben.[27] Nachdem die Gewehre nicht mehr ge-
laden und die Luftschutzbunker nicht mehr aufgesucht werden
mussten, haben sich viele der Überlebenden in einem Schweige-
oder Lügenbunker eingerichtet. Dieses Gebäude könnte nun im
hohen Alter rissig geworden sein, wodurch der lebenslange Zwang
zum Vergessen schließlich in der Demenz mündet.

Natürlich lässt sich sogleich einwenden: Aber die Demenz gibt
es doch nicht nur bei uns! Sind nicht Peter Falk, alias Inspektor
Columbo, und Ronald Reagan und Margaret Thatcher berühmte
Alzheimer-Opfer? Erneute Antwort: Die Demenz und ihre epidemische Verbreitung passen eben nicht nur in ein Erklärungsmuster. Wir wissen ja gar nicht, ob die Demenz des Peter Falk und
die Demenz des Walter Jens das gleiche Syndrom sind. Das Dach
Demenz wird gegenwärtig auf viele Verwirrungszustände gesetzt,
aber unter diesem Dach mögen sehr unterschiedliche Phänomene
wohnen. Es ist nicht auszuschließen, dass die Besessenheit, mit
der 1945 von vielen sofort die Vergangenheit verdrängt wurde,
ihre Spuren in den Menschen hinterlässt. Eine mögliche Folge
dieses Verhaltens kann dann auch Alzheimer sein. Die Demenz
in Deutschland mag also zum Teil eine lokale Variante sein, die
durch den Nachkriegszwang zum Vergessen genährt wird. Vermutlich aber wird jede einzelne Demenz ihre eigene Geschichte
und ihre eigenen Ursachen haben.

Die erlebte und von vielen lange verdrängte Vergangenheit
spielt eine wichtige Rolle im Alzheimer-Geschehen – davon wissen
Pflegekräfte Dutzende von Geschichten zu erzählen. Etwa vom
Ehepaar F., beide leiden an einer fortgeschrittenen Demenz, das
sich oft morgens die Rucksäcke anlegt, um »auf die Flucht vor den
Russen zu gehen«. Schwester K. folgt ihnen manchmal, um ihnen
den »richtigen« Weg zu weisen, damit sie die weitläufige Anlage
nicht verlassen: »Die Russen kommen doch von da.« Bei vielen
Kriegsteilnehmern tauchen jahrelang verschüttete Erinnerungen
an Verletzungen, sterbende Kameraden, Lazarette und Gefange-
nenlager auf. Da ist leicht nachvollziehbar, dass der Sturz in die

Demenz für manchen dieser Täter und Opfer eine geradezu barmherzige Option ist.

Merkwürdigerweise ist es jedoch viel leichter, darüber zu spekulieren, dass die Demenz etwas mit Eiweißablagerungen, mit falscher Ernährung oder mit mangelnder Bewegung zu tun haben könnte, statt die Forschungsergebnisse ernst zu nehmen, die darauf hindeuten, dass die Biografie, die Erfahrungen und Erlebnisse eines Menschen das Vergessen befördern können. Das wird schnell als Schuldzuweisung missverstanden. Da zieht man lieber eine hirnphysiologische Diagnose aus dem Drucker, die eine beruhigende Zusammenhanglosigkeit attestiert. Aber das ist falsch. Es geht nicht um Schuld, sondern um Menschlichkeit. Erst die Frage nach den Lebensgeschichten von Dementen, nach ihren Erfahrungen, ihren Verfehlungen und Leistungen, ihren Ängsten und ihrem Stolz kann die sich ins Vergessen Verlierenden aus ihrer Einsamkeit und ihrem Schweigen befreien.

Was mit der »Walter-Jens-Generation« geschehen ist, das droht nun auch der Generation der Kriegskinder: Im Umgang mit ihrer Demenz könnten ihre lebensgeschichtlichen Erfahrungen ebenfalls ausgeblendet werden. Rund ein Viertel der deutschen Bevölkerung ist heute über 60 Jahre alt. Die prägenden Erlebnisse dieser Kriegskinder, ihre Erfahrungen mit abwesenden oder gefallenen Vätern, mit Bombenkellern, Flucht und Hunger sind in der Geschichte der beiden Deutschlands fast überhaupt nicht zur Sprache gekommen. Erinnerungslosigkeit ist der wichtigste Lebensbegleiter auch dieser Generation. »Viele ehemalige Kriegskinder« – so Hans-Joachim Markowitsch, Neurowissenschaftler an der Universität Bielefeld[28] – »erkranken im Alter an den lange verdrängten Erinnerungen. (…) Pensioniert, bilanzierend, oft allein und auf sich zurückgeworfen, empfinden sie mit einem Mal Seelennot. (…) Das Gefühl, im Alter ausgeliefert und hilflos zu sein, löst die Erinnerung aus an die Machtlosigkeit im Krieg.« Viele leiden an Angst, Schlaflosigkeit, Panikattacken, Hoffnungslosigkeit und Verzweiflung, und oft sind diese Beschwerden – so

Markowitsch – eine späte Folge der schweren Dauerbelastungen im Krieg.

Es gibt viele Lebensgeschichten von Kriegskindern[29], aus denen deutlich wird, dass sie die Folgen ihrer Kriegskindheit, das Schweigen und die verdrängungsfreudige Unbußfertigkeit der Eltern mit sich herumtragen und mit Beschädigungen leben. Solche Beschädigungen führen wiederum gewiss nicht zwangsläufig in die Demenz; sie haben aber auf das psycho-sozio-biologische Geschehen, das in Alzheimer-Symptomen mündet, zweifellos einen bedeutenden Einfluss. Solche Einflüsse zu erkennen und sie im Umgang mit Dementen zu berücksichtigen, wird von großer Bedeutung sein, um dem endemischen Vergessen zu begegnen und ihm dadurch möglicherweise sogar entgegenzuwirken.

Alzheimer ist kein Ungeheuer, die »Krankheit des Vergessens« trägt vielmehr ein menschliches Antlitz. Und darin spiegelt sich, wie in jedem Gesicht, immer auch die individuelle Vergangenheit und Gegenwart. Das Leben eben, das und wie es jemand gelebt hat und lebt, schreibt sich in die innere und äußere Verfassung jedes Einzelnen ein. Insofern besteht prinzipiell durchaus Hoffnung, die Demenz nicht nur, wie bisher, zu »verwalten« und medizinisch zu versorgen, sondern ihr mindestens mäßigend entgegenzutreten. Denn Lebensweisen, gesellschaftlich-kulturelle und soziale Entwicklungen sind von »uns« gestaltet und mithin auch wandelbar.

Der soziale Faktor

Dass bestimmte soziale Tendenzen in den nachindustriellen Gesellschaften zur Sorge Anlass geben, wird ja auf Kanzeln, in Sonntagsreden und kritischen Kommentaren weithin hörbar beklagt. Solche Klagen richten sich gegen das Neue, gegen die kalte Veränderungswut der Geschichte, gegen den Untergang vertrauter Lebenswelten – ja, gegen eine Bedrohung des Humanen schlechthin, etwa durch Technisierung des menschlichen Miteinanders oder einen einseitigen Bezug auf das Geld. Es hat sie wohl in ihren je epochentypischen Ausprägungen zu allen Zeiten gegeben. Rückblickend betrachtet waren all die Ängste und interessegeleiteten Endzeit-Prophetien allerdings nur in den seltensten Fällen berechtigt. Automobil oder Fernsehen, Frauenemanzipation oder antiautoritäre Erziehung, Minirock oder Fertiggerichte, Mobiltelefone oder Globalisierung haben das Abendland nicht untergehen lassen. Sie haben das Leben, alles in allem, vielfältiger, sicher auch komplizierter, aber manchmal durchaus ein wenig besser und sogar leichter gemacht. Dennoch müssen wir auch an dieser Stelle in eine zumeist »konservativ« anmutende Klage ein wenig mit einstimmen. Der Grund dafür: In jüngerer Zeit vollziehen sich tatsächlich Veränderungen, die etwas »Altbewährtes« in Trümmer setzen, ohne dass etwas sich neu und anders Bewährendes überhaupt nur sichtbar wäre.

Eine Pfarrerin aus O. in Rheinland-Pfalz beispielsweise erzählt, dass sie in letzter Zeit immer häufiger Paare traut, die nach der Hochzeit nicht zusammenziehen, sondern weiterhin getrennt leben wollen. Jeder hat einen voll ausgestatteten Hausstand, jeder hat seine Routinen und Gewohnheiten und keiner von beiden möchte das zugunsten einer Gemeinsamkeit aufgeben, die eine gewisse Kompromissfähigkeit voraussetzt. Das mit der Heirat verbundene Bekenntnis zueinander bleibt gewissermaßen Theorie, das Verbindende und Verbindliche ohne praktische Folgen – abgesehen vielleicht von steuerlichen Einsparungen.

Im Grunde offenbart sich darin die Endphase einer sich seit über 100 Jahren vollziehenden Auflösung des alten gemeinschaftlich organisierten Zusammenhalts, vor dessen drohender Erosion schon fast ebenso lange gewarnt wird. Es gibt die ökologische Erkenntnis, dass die menschliche Gattung dabei ist, ihre natürlichen Lebensgrundlagen zu zerstören. Sie wird zunehmend begleitet von der Einsicht, dass längst auch die sozialen Grundlagen bedroht sind, dass die globale Erwärmung mit sozialer Kälte einhergeht. Während die Eisberge und Gletscher abschmelzen, hat ein Prozess der Vergletscherung die modernen Gesellschaften erfasst. Traditionelle Milieus, die natürlich auch nicht konflikt- oder repressionsfrei waren, verschwinden und weichen einer Vereinzelung. Auf die dadurch entstehende Anonymität zwischen den autonomen Einzelnen wie auch auf das unverbundene Zusammensein in der modernen Ehe, die Flucht aus festen Bindungen oder das Einzelkindschicksal wird für viele ein Alleinsein im Alter folgen.

Am Ende mag der Prozess der Individualisierung schließlich dazu führen, dass jeder in seinem halbwegs sicheren Schneckenhaus verbleibt und nur noch ausnahmsweise das Risiko eingeht, seine verletzlichen Teile zu zeigen. Man traut sich darüber hinaus offenbar aber auch immer weniger zu, die verletzlichen Teile eines anderen zu respektieren und ihn oder sie mit seinen oder ihren Ecken und Kanten tagtäglich zu ertragen. Diese quasi autistischen Züge der Bewohner des Jetzt spiegeln sich auf verblüffende Weise in der Demenz-Isolation, die dazu führen kann, dass Väter und Mütter ihre Kinder nicht mehr erkennen. Auch ein verarmender sozialer Austausch kann, wie wir gesehen haben, direkt in die Demenz münden.

Diese Warnung wird aber wohl so wenig helfen wie die Mahnungen der vielen »Werteerhalter«. Ein Zurück in die gute alte Familie wird es nicht geben. Viel dramatischer noch als die Häufung von getrennt lebenden Verheirateten ist bekanntlich die Flucht aus festen Bindungen. Die Scheidungsrate in Großbritannien ist bei den über 60-Jährigen innerhalb von drei Jahrzehnten um 20 Prozent gestiegen. In den USA haben sich 2003 2,2 Millionen über 60-Jährige scheiden lassen, auch dort ist die Tendenz steigend. Und in Deutschland liegt die gesamte Scheidungsrate seit Jahren bei deutlich über 50 Prozent. Den größten Anteil machen mit Abstand jene Ehen aus, die zuvor 25 Jahre und länger gehalten haben. Man ist zusammen alt geworden, die Kinder sind weg, der Job ist weg. Dann tauchen angesichts eines noch langen Lebens Fragen auf, die bisher so nicht gestellt wurden – und die nun immer öfter allein zu beantworten sind. Von den circa 40 Millionen Privathaushalten in Deutschland sind heute bereits gut 40 Prozent – in den Städten sogar 50 Prozent – sogenannte Einpersonenhaushalte. Und diese rund 17 Millionen »Singles« sind nicht etwa vor allem draufgängerische junge Erwachsene, die ihre Freiheit auskosten, sondern mehrheitlich ältere Menschen, die in ihrem letzten Lebensdrittel oder -viertel zunehmend vereinsamen. Die damit verbundenen Einbußen an sozialem Austausch bleiben ganz bestimmt nicht ohne Folgen auf die geistige Leistungsfähigkeit.

Die Alten heute leben sehr viel länger als ihre Vorfahren. Sie tun dies jedoch um den hohen Preis der Vereinzelung. Wenn sie sterben, geht die soziale Insel, auf der sie lebten, unter. Für ihre Beerdigung müssen immer häufiger schon die Kommunen aufkommen, weil niemand mehr da ist, der sich ansonsten verantwortlich fühlt. Selbst wenn Kinder und Enkelkinder existieren, nehmen sie oft nicht wirklich am Leben der Alten teil und ändern nichts an der Isolierstation, in der sich viele Ältere mittlerweile notgedrungen eingerichtet haben – ob sie nun auf Kreuzfahrt gehen oder nur in die Arztpraxis, ob sie im Altenheim, in der Großstadt oder in einem idyllischen Dorf leben. Das eine mag besser und anregender sein als das andere, es ändert aber nichts daran, dass das Dasein für viele kein Projekt mehr bereithält, »kein Weiterleben, sondern ein Nicht-Sterbenkönnen« – derart pessimistisch hat der italienische Philosoph Norberto Bobbio einmal den für ihn trostlosen Zustand der Hochaltrigkeit beschrieben.

Die moderne Welt hat den Alten immer mehr Jahre geschenkt, aber offenbar um den Preis, dass sie eben diese Alten sozial isoliert. Solche Isolation hinterlässt Spuren, sie erzeugt Verrücktheiten, Verwirrtheiten – und gebiert nicht selten Verzweiflung. Nur eines von vielen Beispielen: Im Mai 2002 sollte die Wohnung eines 80-jährigen, allein lebenden Rentners in Wetzlar geräumt werden. Es war zu Problemen mit der Hausverwaltung und schließlich zur Kündigung gekommen, weil der Mann angeblich seine Wohnung hatte verkommen lassen. Für die nun anberaumte Zwangsräumung rückte ein Möbelwagen mit drei Packern an. Ein

Gerichtsvollzieher und eine Mitarbeiterin der Wohnungsgesellschaft kamen ebenfalls hinzu. Der 80-Jährige verhielt sich zunächst auch durchaus kooperativ, alles schien ordentlich über die Bühne zu gehen. Dann plötzlich, ohne jede Ankündigung, hielt er zwei Revolver in der Hand und feuerte sie auf den Gerichtsvollzieher ab, ohne ihn jedoch zu treffen. Zwei der Möbelpacker und der fassungslose Gerichtsvollzieher konnten reaktionsschnell aus der Wohnung entkommen, in der der dritte Möbelpacker und die Mitarbeiterin der Wohnungsgesellschaft nun gefangen waren. Der Mieter hatte jetzt mit den zwei Waffen vor seiner Wohnungstür Stellung bezogen. Kurz darauf waren 50 Polizeibeamte vor Ort, darunter auch schwer bewaffnete und vermummte Polizisten des Sonder-Einsatzkommandos. Aufgrund der Sperrungen brach der innerstädtische Verkehr in Wetzlar komplett zusammen. Etwa zwei Stunden dauerte die Belagerung, dann, gegen 16.50 Uhr, ging der 80-Jährige in seine Wohnung zurück und erschoss sich auf der Toilette. Der alte Mann, so ein Zeuge, habe keinen besonders verwirrten oder verwahrlosten Eindruck gemacht.[30] Indem man ihm sein letztes Refugium nahm, sah er sich offenbar zugleich seiner letzten Würde beraubt, die allein ihn bis dahin am Leben erhalten hatte.

Selbstverständlich ist dies ein Einzelfall, und doch offenbart sich darin eine traurige Realität. Die Zahl der Selbsttötungen ist in keiner Gruppe so groß wie bei den Alten. Einsamkeit, Krankheit und das Empfinden, überflüssig zu sein, müssen wir als Ursachen dafür annehmen. Es gibt für die älteren Generationen keine sinnstiftenden Rollenangebote mehr. Außer als Konsumenten oder als Versorgungsfälle, bestenfalls als Leistungsempfänger, wird den meisten Alten keine Funktion mehr zugewiesen – und das über einen unvergleichlich langen Zeitraum von durchschnittlich 30 Jahren. In dieser langen Lebensphase müssen diese Menschen versuchen, eine soziale Identität aufrechtzuerhalten, ohne noch auf irgendeine gesellschaftliche Unterstützung hoffen zu können.

Es wird zwar seit Menschengedenken über das Alter geklagt,

doch haben wir es heute mit einer neuen Situation zu tun. An die Stelle des familiär eingebundenen Einzelschicksals tritt eine erst mit der Industriegesellschaft entstehende Gruppe: Die Alten werden zu einer sozialen Menge, die durch bestimmte zählbare Eigenschaften gekennzeichnet ist. Sie zeichnet sich vor allem dadurch aus, dass sie eine immer längere Zeitspanne »unproduktiv« ohne gesellschaftliche Teilhabe verbringt. Außerdem belastet sie gleichzeitig die Renten-, Kranken-, Pflege- und Sozialkassen derart, dass für die nachfolgenden Generationen praktisch nichts mehr übrig zu bleiben droht. Das provoziert »Behandlung«: Die Alten, vor allem die Hochaltrigen, werden zunehmend zum Gegenstand sozialer, ökonomischer, planerischer Überlegungen, sie werden zum »Problem« – auch für sich selbst, weil ihre soziale Situation ja unmittelbare Auswirkungen auch auf ihr »biologisches« Wohlergehen hat.

Der Vereinzelte, der Einsame und der Depressive wird sich nur noch sehr eingeschränkt mit seiner Umwelt austauschen. Damit nimmt eine sich beschleunigende Abwärtsbewegung Fahrt auf, die sich schließlich auch auf die Gehirnaktivitäten auswirkt und zum Beispiel den Untergang von Synapsen verursacht. Auf diese Weise können soziale Erfahrungen den ohnehin ablaufenden Alterungsprozess massiv verstärken – und am Ende möglicherweise irreversible dementielle Symptome hervorrufen. Diese Symptome waren beispielsweise in der beschriebenen Gemeinschaft der Nonnen ausgeblieben, obwohl auch deren Gehirne massive Alterungs- und Verfallserscheinungen aufwiesen.

Nun können und wollen wir natürlich nicht alle mit 65 oder 70 plötzlich fromm werden und ins Kloster ziehen. Wir können aber erkennen, dass die Kommunikation mit anderen sowie die Eingebundenheit in einen sozialen Verbund die beste Prophylaxe und die beste Therapie sind, um die im Alter einsetzenden Leistungsabfälle in ihrem Ausmaß zu begrenzen. Vollends zu verhindern sind solche degenerativen Alterungserscheinungen nicht. Sich den Zusammenhang zwischen der sozialen Verfasstheit einer Gesellschaft und der Häufigkeit von Alzheimer-Demenzen bewusst zu machen, wäre zugleich ein wichtiger Schritt zu einem anderen als dem biomedizinisch verkürzten Alzheimerverständnis. Ein solches Verständnis würde selbstverständlich den dringenden Wunsch beinhalten, auch gesellschaftliche Antworten auf die Demenz zu finden. Biologie, Biografie und gesellschaftliche Entwicklungen bilden unser Lebensmilieu, in dem auch die entscheidenden Weichenstellungen für unsere geistige Leistungsfähigkeit im Alter erfolgen. Auf dieses Milieu können – und sollten – wir gestaltend Einfluss nehmen. Doch dazu später mehr.

Solche Versuche sollten allerdings stets in Rechnung stellen, worauf schon Jean Amery in seinem Buch *Über das Alter* hingewiesen hat: dass nämlich der biologische und soziale Alterungsprozess eines Menschen gewissermaßen von einem kulturellen Alterungsprozess begleitet wird. Prinzipien und Wertesysteme, Gewohnheiten und Fertigkeiten werden in den Jahren zwischen der Jugend und dem reifen Erwachsenenalter verinnerlicht und sind später, wenn die Welt sich ändert, nur noch äußerst mühsam abzulegen. Das bedeutet nicht, dass man im Alter automatisch verstockt oder innovationsfeindlich wird. In diesem Verhalten zeigen sich vielmehr die Grenzen eines individuell sehr unterschiedlich weiten oder engen kulturellen Horizonts, die mit zunehmendem Alter nicht mehr beliebig verschoben werden können. Diese Begrenzungen geben den Menschen ihr Maß.

Vor diesem Hintergrund ist es ratsam, den vielen schicken, neuen Technik- und Medienprojekten, wie sie derzeit in der Alten- und Demenzpflege wie Pilze aus dem Boden schießen, mindestens mit einer gehörigen Portion Skepsis zu begegnen. Sie dürften in den seltensten Fällen, wie es neudeutsch heißt, zielgruppengerecht sein. Das Fernsehen kann allenfalls einen Mangel notdürftig kaschieren, und auch Computer oder niedliche Plüschtierroboter sind kein Ersatz für reale andere. Die Reize, die sie bieten, lösen zumeist keine Kommunikationsakte oder Handlungen mehr aus – sie bleiben damit sozusagen neuronal unwirksam. Außerdem sind gerade der

Computer und das Internetzeitalter eher Teil des Alzheimer-Problems, als dass sie in absehbarer Zeit zur Lösung beitragen könnten. Besonders die Informationstechnologie, kurz IT, hat innerhalb nur weniger Jahre einen grundstürzenden kulturellen Wandel in Gang gesetzt, der die Entwertung des Alten und des Alters noch einmal massiv beschleunigt hat. Es wird noch ein, zwei oder drei Generationen dauern, bis diese neue Technik den bis dahin alt Gewordenen lebensweltlich so vertraut ist, dass sie deren Möglichkeiten zu ihrem Vorteil sinnvoll nutzen können. Bis es so weit ist, wird das sogenannte Informationszeitalter das Vergessen wohl eher befördern – übrigens nicht nur bei den Alten; auch die Zunahme gesellschaftlicher Alzheimer-Phänomene ist frappierend.

Der kulturelle Faktor

Jedes Zeitalter, so hat es der Kulturhistoriker Egon Friedell einmal beschrieben, brütet seine typischen »Krankheiten« aus. Sie sind ebenso seine Erzeugnisse wie seine Kunst, seine Politik, seine Religion, seine Physik, seine Wirtschaft, seine Erotik und sämtliche Lebensäußerungen. Sie sind gewissermaßen seine Erfindungen und Entdeckungen auf dem Gebiet des Pathologischen.[31] In dieser Lesart wären also Krebs, Aids und Alzheimer – das ungehemmte (Zell-)Wachstum, die Immunschwäche und die Hirnschwäche – nachgerade spezifische Ausgeburten des ausgehenden 20. und beginnenden 21. Jahrhunderts. Eine beunruhigende Aussage. Aber ist sie auch plausibel? Lässt sich die epidemische Ausbreitung von Alzheimer tatsächlich als eine Art Nebenwirkung, als die dunkle Kehrseite des glitzernden Fortschritts begreifen?

So viel ist sicher: Die Zeiten statischer, in sich festgefügter Gesellschaften sind zumindest in den sogenannten hoch entwickelten Ländern unwiederbringlich vorüber. In einer Welt aber, die von Dynamik und Veränderung gekennzeichnet ist, die sich permanent beschleunigt – und im Zuge der Globalisierung auch

»entortet« –, werden die Kenntnisse und Kompetenzen der Alten zwangsläufig unbrauchbar. Das hat unter anderem zur Folge, dass sich eine allgemeine Erinnerungslosigkeit auszubreiten beginnt. Mit den Datenmengen wächst deshalb zugleich eine neue Leere. Die Informationsgesellschaft entzieht dem Erinnern den Boden, weil das sich unaufhörlich anhäufende Neue alles Alte verschüttet und die explodierenden Datenmengen in immer neue Dateien abgespeichert werden. Derart »gesichert« zieht die elektronische Abraumhalde aber zugleich einen weiteren Vorhang vor das Erinnern, das nun quasi überflüssig wird, weil man meint, alles, jederzeit und von jedem Ort aus abrufen zu können. Tatsächlich droht der Sandsturm aus Bytes und Pixeln den Blick auf alles zu vernebeln, was gewesen ist, sei es nun einfach oder kompliziert: auf Jesus und auf Kant, auf das Einlegen von Salzgurken und auf den Anbau von Flachs. Das Alte wird musealisiert, in Glasvitrinen und Massenspeicher verbannt, man kann es besichtigen und abrufen, aber es hat seinen lebendigen Ausdruck verloren, es ist leblos geworden.

Wem das nun alles zu angestrengt kritisch und fortschrittsfeindlich daherkommt, dem sei versichert, dass der Text dieses Buches weitgehend am Computer entstanden ist und dass wir, die Autoren, die Vorzüge des Internets wie der Online-Kommunikation überaus zu schätzen wissen. Wir wollen solche Vorzüge – zum Beispiel in der gemeinsamen Arbeit – durchaus nicht missen. Gerade deshalb müssen aber auch etwaige Nachteile oder mögliche »Kollateralschäden« der alles durchdringenden Informationstechnologie in den Blick genommen werden. Wem unsere Ausführungen an dieser Stelle etwas zu aufgeblasen oder abgehoben erscheinen – »Jesus und Kant« –, der wird sich vielleicht einem anderen Argument nicht ganz verschließen können. In den sich rasant verändernden Gesellschaften hat sich unter der Hand zugleich das Verhältnis zwischen Alten und Jungen, zwischen Wissenden und Nicht-Wissenden radikal umgekehrt. Der alte Mensch ist, verglichen mit dem Jüngeren, immer mehr zu dem geworden, der kein Wissen hat, dessen Wissen unbrauchbar geworden ist und der zu den neuen, ihm fremden Wissensspeichern keinen Zugang mehr findet. Das Alte und die Alten sind passé, sie können ins Vergessen abtauchen. Wer als junger Mensch jedoch über nichts wesentlich anderes verfügt als über seine Datenmengen, der wäre unseres Erachtens ebenfalls als dement oder zumindest als »prä-dement« zu beschreiben.

Eine insgesamt derart »demenzförderliche« Kultur, so könnte man sagen, bringt im deutlich Dementen also nichts anderes als den ihr zeitgemäßen Einwohner hervor. Er setzt den sinnlich-in-tellektuellen Mangel, der von allen Seiten laut- und bilderstark auf ihn hereinströmt, physisch um. Und das ist nicht nur als Metapher zu verstehen. Eine zunehmende Abstraktion der Lebensverhält-nisse wird sich auch – wie zum Beispiel in dem beschriebenen Sinne einer Synapsenbiologie – physiologisch in den Menschen niederschlagen. Schon Sigmund Freud, der nicht nur Traumdeu-ter und Interpret, sondern auch Hirnforscher war, hat diesen Zu-sammenhang einmal an einer Episode aus Schilda anschaulich gemacht. Als die Schildbürger in Zeiten der Not sich nicht nur sel-ber einschränken, sondern auch die Futterrationen ihrer Tiere re-duzieren mussten, stellten sie fest, dass es ein Pferd gab, das trotz weniger Hafer die gleiche Arbeitsleistung wie vorher erbrachte. Hier konnte man also noch mehr sparen, dachten die pfiffigen Dorfbewohner, und so kürzten sie dem Tier die Rationen von Tag zu Tag immer weiter. Als sie glaubten, das Optimum erreicht zu haben und das Pferd fortan ganz ohne Futter würde arbeiten kön-nen, fanden sie es tot in seinem Stall vor.

Allgemein gesprochen bedeutet dies: Die Bedürfnisse wie die Sinne, ein lebendiger Austausch mit der sozialen Umwelt wie der materielle Stoffwechsel können zwar eingeschränkt, unterdrückt, verdrängt und dieser Mangel zu Teilen kompensiert werden. Einem Lebewesen – oder in unserem Fall: dem Gehirn – vollends die Nah-rung zu entziehen, würde jedoch den Tod des Individuums zur Folge haben. Schon der Mangel kann zu schweren Schädigungen führen, nicht nur körperlich, auch geistig: Verschwinden Raum und Zeit als Kategorien der Wahrnehmung, wie zum Beispiel in der virtuellen Kommunikation mit einem Computer, verschwindet zugleich jede sinnlich-räumliche und historische Orientierungsmöglichkeit, und das Gedächtnis löst sich auf. Dass dieser Mechanismus – darauf hat Horst Kurnitzky hingewiesen[32] – der Ausbildung einer Demenz vom Typ Alzheimer Vorschub leisten könnte, wird inzwischen auch von medizinischer Seite bestätigt.

»Die größte Kraft im Leben des postmodernen Menschen ist die Ablenkung. 70 Mails am Tag, Telefon, und ansonsten googelt und klickt man sich so durch den Tag, scannt hier was, überfliegt da was und am Ende der Woche hat man wieder nichts erledigt.«[33] Nicolas Carr hat in der Zeitschrift *Atlantic Monthly* sein chronisch wachsendes Aufmerksamkeitsdefizit beschrieben. Er meint, dass sein Gehirn unter dem Einfluss des Internets zu einem nervösen Flipperautomaten verkommen sei. »Mehr und mehr beschleicht mich das unangenehme Gefühl, dass irgendjemand oder irgendetwas an meinem Gehirn herumgebastelt hat. Als ob der Neuronenschalter neu gepolt und die Erinnerung neu programmiert worden wäre. Ich spüre das am stärksten beim Lesen. Früher fiel es mir leicht, mich in einem Buch zu verlieren. Heute kommt das kaum noch vor. Mein Geist schweift nach zwei Seiten ab. Ich werde zappelig, verliere den Faden, schaue mich nach einer anderen Beschäftigung um.« Dieses Abschweifen, die Tatsache, dass die Aufmerksamkeitsspanne des modernen, surfenden Menschen immer kürzer wird, ist inzwischen durch zahlreiche medizinisch-psychologische Studien bestätigt worden. Es wurde als Syndrom beschrieben, für das man daraufhin tatsächlich den Terminus »Digitale Demenz« eingeführt hat.

Deshalb sei noch einmal betont: Eine erinnerungsfeindliche Kultur findet nicht nur in der digitalen, sondern auch in der Altersdemenz ihren zeitgemäßen Ausdruck. Auf die Entwertung ihrer Kenntnisse und Kompetenzen antworten die Alten mit Vergesslichkeit. Auf die Erfahrung, dass sie von niemandem mehr gebraucht werden, reagieren sie, indem sie den Verkehr mit allen abbrechen und asozial werden. Die Erinnerungslosen, die wir in geschlossenen Anstalten, Pflegeheimen und opferbereiten Familien einigermaßen unsichtbar versorgt glauben und die wir für ein randständiges Phänomen, für etwas Abweichendes halten, könnten so etwas wie die heimliche Avantgarde der Gesellschaft sein – oder bereits ihr Zentrum.

Die Alzheimer-Gesellschaft

Wer genauer hinsieht, der findet jede Menge Demenz-Symptome auch bei vielen vermeintlich Gesunden – ja, dem muss die Demenz geradezu als ein gesellschaftliches Phänomen erscheinen. Dass Zerstreutheit und Konzentrationsunfähigkeit zu einer neuen gesellschaftlichen Grundstimmung geworden sind, wird allenthalben beklagt. Dass sich Politiker unmittelbar nach einer Wahl schon nicht mehr an ihre Wahlversprechen erinnern, wird, wenn auch nur achselzuckend, immerhin noch öffentlich zur Kenntnis genommen. Dass aber – um ein frisches Beispiel zu wählen – dieselben Manager und Wissenschaftler, dieselben Banker und Ökonomen, die durch ihr Handeln, ihren Rat und ihre Forderungen maßgeblich für die 2008 ausgebrochene Finanzkrise mitverantwortlich sind, davon nur wenige Monate später nicht nur nichts mehr wissen wollen, sondern sich sogar als »Retter« aufschwingen, die doch schon immer gewarnt, es schon immer besser gewusst hätten, registriert merkwürdigerweise kaum noch jemand. Im Gegenteil.

Dazu nur ein Beispiel unter vielen: Derselbe Hans-Werner Sinn, einflussreicher Präsident des ifo Instituts für Wirtschaftsforschung, der jahrelang nicht müde wurde, den Staat auf das Schärfste zu ermahnen, sich aus der Wirtschaft rauszuhalten, der gegen den Sozialstaat, gegen den Kündigungsschutz und gegen jede Form von staatlicher Regulierung publizistisch zu Felde zog, derselbe Hans-Werner Sinn, der zu Beginn der Krise noch die Manager in Schutz zu nehmen versuchte, indem er die aufbrandende Kritik an den für die Wirtschaftsmisere Hauptverantwortlichen sogar mit der Judenverfolgung verglich, derselbe Hans-Werner Sinn legt auf dem Höhepunkt der Krise ein Buch mit dem selten klaren, aber für des Autors bisherige Positionen geradezu sensationellen Titel *Kasino-Kapitalismus* vor. Was interessieren den Herrn seine Worte von gestern? Alles vergessen. In besagtem Buch attestiert er den Managern nun seinerseits, versagt zu haben, verlangt nach mehr staatlicher Aufsicht und wirbt sogar – horribile dictu – für staatliche Beteilungen an Banken und Unternehmen. Mehr Verwirrung geht kaum.

Nun ist die Vergesslichkeit des Herrn Sinn das eine. Man kann sie empörend finden oder nur bedauerlich oder bezeichnend für all jene, die auf jeder Welle mitzuschwimmen versuchen. Noch irritierender ist jedoch die Vergesslichkeit des geneigten Publikums. Es strafte den gedächtnisschwachen, aber wendigen Autor nicht etwa mit Missachtung – im Gegenteil, zahlreiche Käufe hievten das Buch sogleich in die Bestsellerlisten. Nun gut, ließe sich einwenden, jeder Mensch kann schließlich dazulernen. Ja, die Hoffnung besteht. Aber wenn ich gelernt habe, dass das Gegenteil dessen richtig ist, wovon ich noch gestern andere zu überzeugen versuchte, dann sollten sich diese anderen schon ein wenig wundern und mindestens eine Erklärung verlangen.

Aber das passiert nur selten. Da schaut man zukunftsversessen lieber nach vorn. Zwar gibt es allerlei steingewordenes Gedächtnis – Kirchen, Museen, Mahn- und Denkmäler. Mit einer Vergegenwärtigung der Vergangenheit scheint all das jedoch wenig zu tun zu haben. Es geht dabei eher um die unmittelbare Gegenwart, etwa das Bestreben, touristische Anreize zu schaffen. Tatsächlich gehört eine öffentliche Erinnerungslosigkeit inzwischen fast schon zur gesellschaftlichen Tagesordnung. Das Ringen um die Deutungshoheit in der Finanzkrise ist ja nur ein willkürlich ausgewähltes Beispiel unter vielen anderen. Auch bei zahlreichen weiteren öffentlichen Debatten, die regelmäßig wiederkehren, als seien sie nie zuvor geführt worden, sind Zweifel angebracht. Man muss sich fragen, ob es sich dabei wirklich um ergebnisorientierte Auseinandersetzungen handelt oder nur mehr um Simulationen. Wir, die Autoren, fühlen uns jedenfalls oftmals an den schönen amerikanischen Film *Und ewig grüßt das Murmeltier* erinnert oder an den beliebten Silvester-Klassiker *Der 90. Geburtstag oder Dinner for one*: The same procedure as every year. Und wir fragen uns ratlos: Warum wird das so wenig bemerkt?

Ob es um Kinderarmut geht oder die regelmäßig ausgerufene Bildungsmisere, ob es um Integrationsfragen geht oder um die berufliche Gleichstellung der Frauen, ob es darum geht, wie sicher die Renten und wie lange die Leistungen des Gesundheitssystems noch zu schultern sind, oder – unseretwegen – darum, ob die Dreier- oder Viererkette das erfolgversprechendere System darstellt – die Déjà-vu-Erlebnisse werden immer häufiger. Das soll nicht heißen, dass all das keine wichtigen Fragen wären, die immer wieder neu zu diskutieren sind. Aber wenn man dabei stets ganz von vorn beginnt, als seien bisher noch nie Argumente ausgetauscht worden, dann kann man sich des Eindrucks einer manifesten gesellschaftlichen Demenz kaum noch erwehren. Wenn wir uns in der gesellschaftlichen Öffentlichkeit nicht einmal mehr erinnern, was noch vor kurzer Zeit gewesen oder gesagt worden ist, wie können wir uns dann anmaßen, Entscheidungen – etwa energiepolitischer Art – zu treffen, deren Konsequenzen noch viele Hundert Jahre nach uns spürbar sein werden?

Selbstverständlich ist es beispielsweise sinnvoll, unter den Vorzeichen von Erderwärmung und sich abzeichnender Klimakatastrophe alle erdenklichen Energiearten erneut auf den Prüfstand zu stellen. Man möchte sich aus der Abhängigkeit von den fossilen Brennstoffen lösen, bei deren Verbrennungen die klimaschädlichen Emissionen freigesetzt werden. Da mögen dann manche auch die Atomkraft wieder zur Diskussion und den bereits vereinbarten Ausstieg wieder infrage stellen. Die Atomenergie jedoch als

»saubere« Energie zu preisen, wie es nun wieder aus Politiker- und sogar aus Wissenschaftlermund zu hören ist – als hätte es die jahrelangen politischen und gesellschaftlichen Auseinandersetzungen um Wiederaufbereitung und Endlagerung nicht gegeben, als wüssten wir plötzlich, wie der atomare Abfall sicher zu entsorgen ist, als wäre der Unfall in Tschernobyl nie passiert, als befänden wir uns quasi im Stadium der ökologischen Unschuld – das alles zeugt schon von einem alarmierenden Gedächtnisschwund, von einer an Alzheimer leidenden Gesellschaft.

Natürlich sollten wir solche kulturell-gesellschaftlichen Verwerfungen in ihren individuellen Auswirkungen nicht überbewerten. Der hier skizzierte Zusammenhang ist nicht so zu verstehen, als sei das dem Erinnern abträgliche Informationszeitalter oder als seien bizarre Murmeltier-Debatten dafür verantwortlich zu machen, dass die Menschen buchstäblich die Orientierung verlieren und Alzheimer bekommen. Nein, gesellschaftliche Entwicklungen können die Verwirrung allenfalls befördern. Die Demenz ist und bleibt im Wesentlichen eine Begleiterscheinung des biologischen Alterns. Alzheimer bei Hochaltrigen hat es zu allen Zeiten gegeben und wird es auch künftig geben. Dass die Zahl der Vergesslichen und Verwirrten in der jüngeren Vergangenheit derart ansteigt, hängt in erster Linie damit zusammen, dass es immer mehr über 80-Jährige gibt.

Gleichwohl ist es nicht von der Hand zu weisen, dass das biologische Altern von biografischen, sozialen und kulturellen Faktoren beeinflusst wird und dass solche Einflüsse die natürlichen Leistungsminderungen im Alter massiv beschleunigen können. Wir sollten folglich das Ensemble dieser Einflüsse verstärkt in den Blick nehmen. Wir werden dadurch Alzheimer gewiss nicht aus der Welt schaffen. Aber wir werden möglicherweise auf die Demenzhäufigkeit und den Demenzverlauf einwirken können, wenn wir uns der komplexen »Evolution des Vergessens« vergewissern – und die sozialen Begleiteinflüsse, die eine Altersdemenz befördern, zu verändern beginnen. Wir werden, nicht zuletzt, sehr

viel gelassener und besser als bisher mit den von Alzheimer Ge-
plagten umzugehen lernen. Denn die Praxis der heutigen Pflege,
in der die Dementen vorwiegend als »Kranke« versorgt und behandelt werden, ist zu großen Teilen eine soziale und menschliche
Tragödie.

Vom Umgang mit Verwirrten

Alte Konzepte und neue Ratlosigkeiten

Worüber reden wir also, wenn wir von Alzheimer sprechen? Wir gehen hier von einer im Zusammenspiel zwischen biologischen, biografischen, sozialen und kulturellen Faktoren fundierten Demenz aus. Dieser Ansatz erfordert ersichtlich einen anderen Umgang mit den davon Betroffenen, als es ein biomedizinisch zentriertes Demenzmodell nahelegt – es sieht in der Verwirrung nichts weiter als eine bösartige, unaufhaltsam fortschreitende Krankheit, die es zu bekämpfen, beziehungsweise, da dies zur Zeit nicht möglich ist, pflegerisch zu begleiten gilt. Dieses letztgenannte Modell dominiert eindeutig das Denken vor allem der Ärzteschaft sowie der professionell Pflegenden. Es prägt den überwiegenden Alltag der medizinischen Pflegepraxis.

Diese vorherrschende Praxis lässt sich am anschaulichsten anhand eines Beispiels erzählen. Es ist eine Geschichte, die es uns nicht einfach macht. Wir werden mit dem Pflegeschicksal eines Ehepaares konfrontiert, das sich dem Lebensende nähert. Die Geschichte erzählt von der Demenz der Frau, von der verzehrenden Pflege durch ihren Mann und schließlich von dessen eigenem Ende. Es ist eine alte Geschichte, da Krankheit und Pflegebedürftigkeit den letzten Lebensabschnitt schon immer beschwert haben. Es ist eine moderne Geschichte, weil sie von einer neuen Alltäglichkeit spricht, die darin besteht, dass es heute Hunderttausende, ja Millionen hochaltrige, pflegebedürftige und oft von

Demenz gezeichnete Menschen gibt. An die Stelle der familialen, nachbarschaftlichen Sorge, die früher in solchen Fällen den letzten Lebensabschnitt begleitete, ist heute der neue Betreuungskosmos der Pflege getreten, ambulant oder stationär.

In einer Studienarbeit schildert der Gießener Student Enrico Schneider, der zugleich ausgebildeter Pfleger ist, in bewegenden Worten das Schicksal seiner Großeltern.[34] Was er erzählt, hat etwas von Philemon und Baucis, einer Geschichte, die wir uns gern als prototypisches Altersidyll vor Augen führen. Dabei vergessen wir zumeist, dass das Paar in Goethes Faust II ja gerade nicht glücklich altert. Es verliert vielmehr seine Lebenswelt, wird vom gierigen Frühkapitalisten Faust um seine Heimat gebracht und schließlich ermordet. Entsprechend wäre die Demenz- und Pflegephase heute als eine Lebensphase zu beschreiben, die aus der normalen Welt ganz ausgelagert ist. Sie findet stattdessen in einem hybriden Raum statt, der von Medizinern, Windeln und pharmazeutischen Produkten, von Qualitätskontrollen und überlastetem Pflegepersonal geprägt ist.

Abschied von den Großeltern[35]

»Während seiner Ehe hatte sich mein Großvater hauptsächlich für die Bereiche Technik und Handwerk zuständig gefühlt. Er beschäftigte sich mit dem Umbau der eigenen vier Wände, dem Ausbau des Innenhofs, legte einen kleinen Fischteich an, schnitzte Wanduhren und bastelte ständig an deren Uhrwerken herum. Mit ungebremster Leidenschaft widmete er sich zudem seinen Münzen und Briefmarken, wälzte Kataloge und verglich Preise, um seine Serien zu vervollständigen. Sehr spät hatte er sich sogar noch einen Computer zugelegt, um Briefe zu schreiben und um Schach spielen zu können, wenn er allein war. Der Mann, der mir dieses Spiel beigebracht hatte, wollte sich seinem Lehrling nicht kampflos ergeben.

Bis zur Erkrankung meiner Oma hatte er vielleicht zwei oder drei Mahlzeiten zu kochen gelernt, eine Fähigkeit, die er jedoch nur selten praktizierte. Die Waschmaschine hatte er bis dahin noch nie betätigt, genauso wenig die Betten bezogen oder die Fenster geputzt. Klassisch eben. Meine Großmutter schien mit dieser Rollenverteilung aber durchweg zufrieden. Sie hatte zwei Töchter großgezogen und liebte es, für die später größer werdende Familie zu backen und zu kochen. Bis zu ihrer Rente hatte sie in einer nahe gelegenen Sparkasse gearbeitet und aus dieser Zeit noch zahlreiche Freunde und Bekannte, die auch öfter vorbeikamen.

Dann, Ende 2004, begann ein langsames, trauriges Ende. Meine Großmutter, die schon einige Zeit mit einer Diabetes lebte, ihre Blutzuckerschwankungen aber nicht richtig in den Griff bekam, erlitt einen hypoglykämischen Schock – das ist eine massive Unterzuckerung, die zum Koma oder zum Tode führen kann – und wurde ins Krankenhaus eingeliefert. Dort stabilisierte sich ihr körperlicher Zustand zwar schnell, dafür zeigte sie nun erste Anzeichen einer geistigen Verwirrung. Vor allem des Nachts verhielt sie sich äußerst auffällig, war orientierungslos und hielt die Nachtschwestern auf Trab, konnte sich aber anderntags an nichts mehr erinnern. Das Pflegepersonal entschuldigte das Verhalten meiner Großmutter zunächst noch mit der für sie ungewohnten Umgebung, rief aber schon wenige Tage später meinen Großvater an mit der Bitte, eine nächtliche Fixierung seiner Frau zu genehmigen, da sie aufgrund erhöhter Mobilität verletzungsgefährdet sei. Mein Großvater willigte verunsichert ein. Er hatte keinen Zweifel daran, dass sich seine Frau von dem Zuckerschock und den folgenden Aufregungen erholen und schon bald wieder die Alte werden würde.

Doch etwas hatte sich verändert. Sie sah nicht mehr aus wie die liebe Oma, die sich noch vor wenigen Wochen an ihren Urenkeln erfreut hatte. Ihre gefärbten Haare waren herausgewachsen, ihr Lächeln war versiegt, sie hatte Probleme, uns zu erkennen, und das Sprechen fiel ihr schwer. Dennoch und obwohl uns die behandelnden Ärzte keine Hoffnung auf Besserung machten, sondern eindeutig erklärten, dass meine Großmutter ein Pflegefall sein würde, gingen wir weiterhin von einem vorübergehenden Zustand aus. Eine Überführung in ein Pflegeheim stand für uns jedenfalls nicht zur Debatte.

Als sie dann nach Hause kam, stellte sich mein Großvater, weiterhin auf Heilung hoffend, ganz in ihren Dienst. Obwohl ein Pflegedienst beauftragt wurde, ihn morgens und abends zu unterstützen, vernachlässigte er zunehmend seine eigenen Gebrechen, Bedürfnisse und Hobbys. Er erledigte jetzt alles, was er zuvor nie gemacht hatte. Er wusch und kochte, bereitete seiner Frau das Essen mundgerecht zu, führte sie geduldig auf die Toilette, wich kaum mehr von ihrer Seite. Sehr schnell entstand nun eine Spirale der Abhängigkeit. War er nur einen Moment nicht im Zimmer, schrie sie um Hilfe oder rief so lange seinen Namen, bis er wieder auftauchte. Seine Fürsorglichkeit war, so konnte man ahnen, immer noch gespeist von der Hoffnung auf Heilung.

In Wahrheit war niemand von uns bereit, sich der Endgültigkeit der Lage bewusst zu werden. Sah meine Großmutter die sprichwörtliche weiße Maus durchs Zimmer laufen, wurde versucht, ihr diesen Blödsinn auszureden. Rief sie laut nach ihrer Mama, entgegnete man ihr mit der Frage, wie alt diese jetzt wohl wäre, wenn sie noch leben würde. Sprach sie Verwandte mit falschem Namen an, war es für uns ein Anzeichen kurzer Verwirrung, der es mit Empörung beizukommen galt. Auf einer Geburtstagsfeier verabschiedete sich meine Großmutter bei ihrer Tochter mit den Worten: Auf Wiedersehen, es war sehr schön, Sie auch einmal kennen gelernt zu haben. Meine Tante konnte ihre Tränen kaum zurückhalten. Die neue Situation, die veränderte Persönlichkeit meiner Großmutter, wurde dennoch nicht als solche begriffen. Man sah nicht die Angst in ihren Augen, die sie nach Geborgenheit in Mutters Schoß suchen ließ. Ihren körperlichen Hilfebedarf konnte man schwerlich übersehen, doch mit dem Erkennen ihrer psychischen Situation taten wir uns schwer.

Die Zeit verging und der körperliche und geistige Zustand meiner Großmutter stabilisierte sich, ohne sich jedoch zu verbessern. Für meinen Großvater wurde es immer belastender. Seine Frau war nicht mehr in der Lage, auch nur einen für ihn sinnvollen Satz von sich zu geben. Zwar war sie merklich bemüht, zivilisierte Umgangsformen – etwa bei Tisch – zu wahren, doch es gelang ihr immer seltener. Zuerst wurden solche Vorfälle nur mit strafenden Blicken geahndet, später folgten lauter werdende Ermahnungen. Es gab Situationen, in denen meine Großmutter sogar verdächtigt wurde, sich auf die Hilfe derart eingestellt zu haben, dass sie bewusst jegliche Anstrengung vermied.[36]

Geliebt haben sie sich, die beiden Altgewordenen. Überschattet wird meine Erinnerung an diese Liebe jedoch von der nun gelebten Qual, von Tränen und Geschrei, von Angst, Verzweiflung und Wut. Ich sehe meinen Großvater, wie er von Tag zu Tag weniger wird, physisch und psychisch. Ich sehe sie abwesend auf den Fernseher starren. Beide hatten schließlich resigniert und warteten auf Erlösung. Die kam schließlich eines Morgens gegen neun Uhr. Beim Frühstück erlitt sie einen Herzstillstand und konnte auch vom schnell eintreffenden Notarzt nicht mehr wiederbelebt werden.

Oft höre ich von der Erleichterung, die sich einstellen soll, sobald die Trauerphase durchlaufen ist, von der wiedergewonnenen Zeit, die man endlich für sich selbst nutzen kann. Nicht so bei meinem Großvater. Seine Hüftschmerzen, die er die letzten beiden Jahre zu unterdrücken versucht hatte, wurden nun unerträglich. Es half nur eine Operation, die auch erfolgreich verlief und ihm etwas Lebensmut zurückzugeben schien. Wieder zu Hause erschlug ihn jedoch die Erinnerung, er mied fortan den Kontakt mit anderen, verschloss sich und versank in Depression. Ich wohnte 400 Kilometer entfernt und telefonierte so oft wie möglich mit ihm. Aber seine Worte klangen immer seltsamer. Bald schon nahm er keinen inhaltlichen Bezug mehr auf meine Fragen und wiederholte sich, suchte nach Worten, bemerkte sein Handicap, wurde dadurch noch aufgeregter und verlor sich schließlich in absolutem Wirrwarr.

Nun nahm der Verfall auch bei ihm seinen Lauf. Eine familiäre Krisensitzung brachte kein befriedigendes Ergebnis. Seine Wohnung zu verlassen, kam für ihn nicht infrage. Und auch seine Töchter fühlten sich nicht in der Lage, ihre Arbeit aufzugeben und sich der Pflege ihres Vaters zu widmen. Also erklärte mein Großvater sich bereit, einen Pflegedienst zu sich kommen zu lassen, um sich und seinen Kindern ein gewisses Maß an Sicherheit zu gewährleisten. Doch leider war diese Hilfeleistung alles andere als hinreichend. Oft rief er der Schwester morgens zu, es sei alles in Ordnung, er habe seine Tabletten genommen und würde jetzt frühstücken. Es gab auch Tage, an denen er die Türklingel nicht hörte und die Pflegekraft unverrichteter Dinge einfach weiterfuhr. Erfahren haben wir von dieser Fahrlässigkeit erst, als es zu spät war.

Mehr als fünfzehn Stunden hatte er nach einem Treppensturz in seiner Wohnung gelegen. In der Nacht war er gefallen und am Morgen war die Pflegerin wieder gefahren, nachdem er nicht geöffnet hatte. Am Nachmittag wurde dann die von innen verschlossene Tür aufgebrochen. Er lag neben dem Wohnzimmertisch, zitternd vor Kälte und von Urin durchnässt. Nun entschieden seine Töchter, ihn in ein Pflegeheim zu geben. Er war nicht mehr in der Lage, sich ihrer Forderung zu widersetzen.

Dort, im Heim, verfiel er zusehends. Von einer aufmerksamen Pflege konnte ohnehin nicht die Rede sein. Eine Mobilisation fand, wenn überhaupt, nur auf der Bettkante statt. Ich besuchte ihn einige Male, fuhr mit ihm durch den Park und führte ein paar Stehübungen durch. Er genoss solche Momente sichtlich, und es war schrecklich, ihn anschließend zurücklassen zu müssen. Wie fürchterlich muss es erst für ihn gewesen sein, zurückgelassen zu werden. Er wollte nach Hause. Doch seine Situation verschlechterte sich rapide, und die Ärzte machten keinerlei Hoffnung. Dennoch bestand er darauf, seinen nächsten Geburtstag gebührend zu feiern, im Heim, wenn es denn nicht anders ging. Als am Tag der Feier alle Gäste Platz genommen hatten, bat er um das Wort.

Er schaute sich um, nahm jeden Besucher in den Blick und fragte schließlich zur Verwunderung aller Anwesenden namentlich nach den nicht Erschienenen und ließ sich erklären, warum sie nicht gekommen waren. Es bleibt bis heute verblüffend, mit welcher Klarheit er die Situation an seinem Geburtstag verfolgte. Am Ende verabschiedete er sich von jedem einzeln. Möglicherweise ahnte er bereits, dass er die meisten seiner Besucher das letzte Mal zu Gesicht bekommen würde. Und tatsächlich: Wenig später wurde er aus dem Heim in ein Krankenhaus eingeliefert. Es bestand Verdacht auf eine Lungenentzündung, vermutlich ausgelöst durch erbrochene Nahrung – ein Umstand, der wohl nur mit mangelhafter Betreuung erklärt werden kann. Zwei Tage später starb er.«

Familiäre Pflege

Menschen mit Demenz, das kann diese Geschichte an vielen Stellen deutlich machen, bringen Angehörige und auch professionelle Pflegende oft an den Rand ihrer Kräfte. Nicht selten sind dann Burn-out-Syndrome – manchmal auch Gewalt – die Folgen einer nicht mehr tragbaren Belastung. Wie in unserem Beispiel werden viele Menschen nach dem Tod des bis zum Ende gepflegten dementen Angehörigen selber krank. Das geschieht nicht zuletzt, weil sie sich durch die intensiven Betreuungserfordernisse zum Teil über einen langen Zeitraum in eine fatale häusliche Isolation begeben haben, die kaum wieder aufzubrechen ist.

Was da bis heute in den Familien, vor allem von Töchtern, getragen wird, findet weitgehend im Verborgenen statt. Würde es diese oft unter großen Opfern erbrachten unbezahlten Familienleistungen nicht geben, wären die Konsequenzen nicht auszudenken – dann hätten wir einen wirklichen Pflegenotstand. Man sollte aber gar nicht erst versuchen, diese Arbeit in Geld umzurechnen. Dadurch würde dieser einst selbstverständliche, aber schon spürbar erodierende Aspekt des Lebens in einer Gemeinschaft wohl endgültig in abrechenbare Dienstleistungen umgemünzt werden. Und – noch – sind viele Angehörige ja auch gar nicht bereit, ihre Tätigkeit in Euroscheinen aufzurechnen, sondern sehen ihre Pflege als ein Stück schwieriger, kräftezehrender Selbstverständlichkeit.

Die leider dahinschwindende traditionelle Umsorgung in der Familie hat unendlich viele Facetten. Sie ist – so könnte man sagen – so bunt wie eine Blumenwiese. Wir wissen kaum etwas über diesen kulturellen Reichtum, das Improvisationsgeschick, die vielen alltagspraktischen Einfälle, mit denen die Schwierigkeiten bewältigt werden. Die mediale und wissenschaftliche Aufmerksamkeit gilt eher dem, was eigentlich noch ein Sonderfall ist: den ambulanten und stationären pflegenden Diensten. Die familiäre Pflege wird häufig durch Wohnverhältnisse erschwert, die als beengt wahrgenommen werden. Auch die zunehmende Berufstätigkeit der Frauen lässt oft keinen Raum mehr für die Pflege eines alten Angehörigen. Vor allem aber ist die von vielen Experten genährte Vorstellung, man sei den Aufgaben fachlich nicht gewachsen, ein Hemmnis für die häusliche Pflege: Das gehe alles nur mit professioneller Hilfe, mit ärztlicher Betreuung, mit Musiktherapie, Ergotherapie – und was da sonst alles im reichhaltigen und weiter wachsenden Angebot ist.

Die Pflege in Deutschland findet immer noch zu einem hohen Prozentsatz in den Familien statt – und wir wissen erschreckend wenig darüber. Ja, man könnte die heutige Pflegesituation mit der Entwicklung unserer Ernährung vergleichen: 90 Prozent der Nahrungsmittel wuchsen noch vor hundert Jahren im Schatten des (dörflichen) Kirchturms. Den Schlüssel dazu hütete jeder selbst. Man tauschte Saatgut, Pflänzchen und auch die Früchte, man hatte seine Kompetenzen. Man wusste, was, wann und wo gedieh, welche Fruchtfolge den Böden gut tut, wann gesät und geerntet und wie gelagert werden musste. Dieses praktische Wissen droht über kurz oder lang zu verschwinden. Mit rasender Geschwindigkeit werden weltweit die eigenen Vorräte und Kenntnisse der Vernichtung und dem Vergessen preisgegeben. Damit schwindet eine unendliche Vielfalt, Weisheit und Erfahrung. All das wird abgelöst durch Saatguttütchen mit genormten Einheitsmarken oder durch von Konzernen patentiertes impotentes Hybridsaatgut. Gleichzeitig verschwindet damit die Fähigkeit und Bereitschaft, überhaupt noch etwas selbst anzubauen: Der Rasen um die Häuser ist so unfruchtbar wie eine wachsende Zahl von jungen Menschen, die keine Kinder mehr kriegen können. An die Stelle tritt eine industrialisierte Ernährung, die Vielfalt vorgaukelt, aber bei genauerem Hinsehen doch aus dem immer einförmigeren Agrobusiness kommt.

Die Parallele zum Pflegesektor ist unübersehbar, wenngleich die Pflege noch längst nicht so durchmodernisiert ist wie die Nahrungsmittelindustrie. Noch werden 80 Prozent der Betreuung traditionell in den Familien absolviert – allerdings zunehmend unter den misstrauischen Augen der medizinischen und pflegenden Profis. Wo bleibt die Qualitätskontrolle? Wo bleiben die Pflegestandards? Kann das denn die Tochter überhaupt? Der Druck auf die traditionelle häusliche Pflege wächst von innen und von außen. Die Absurdität ist dabei eigentlich unübersehbar, wird aber übersehen: Die häusliche Pflege wird von allen Seiten bedrängt – und das in einer Gesellschaft, in der die Zahl der Pflegebedürftigen kontinuierlich zunimmt. Obwohl die professionelle Pflege an ihre Grenzen kommt, obwohl buchstäblich unvorstellbar ist, wie der künftige Pflegebedarf bewältigt werden soll, wenn die Familien hierfür nicht mehr zur Verfügung stehen, verschwindet die familiäre Pflege dennoch immer mehr – ganz ähnlich wie das traditionelle Saatgut aus unseren Gärten.

Selbstverständlich ist diese Pflege nicht immer nur gelungene Pflege. Auch unter Angehörigen gab und gibt es seit jeher Vernachlässigung und Gewalt. Die Menschheit ist eben nach wie vor nicht in einen wahrhaft menschlichen Zustand eingetreten, sondern siedelt immer noch hier und da am Rande der Barbarei. Die Behauptung, dass eine Gettoisierung der Pfleglinge unter Expertenaufsicht, eine weitere Professionalisierung der Pflege und ein Heraufsetzen der »Qualitätsstandards« alle Probleme lösen würden, ist jedoch nichts anderes als eine Illusion, ein Trugschluss. Das belegen zum Beispiel zahllose Pflegeheimskandale. Das zeigt allein schon die Tatsache, dass fast niemand, solange er noch selber bewusst Entscheidungen treffen kann, freiwillig die Absicht äußert, den letzten Lebensabschnitt in einem Pflegeheim zu verbringen.

Es gibt indessen einen Hoffnungsschimmer. Denken wir noch einmal an die Parallele zur Nahrungsmittelindustrie. Eine wachsende Zahl von Menschen zeigt sich nicht nur besorgt angesichts der Manipulation, der unsere Nahrung ausgesetzt ist – ein Beispiel dafür ist der Genkonzern Monsanto, dessen weltweite Patente unsere Fähigkeit bedrohen, auf eigene Nahrungsmittel zurückzugreifen. Viele Menschen sind sogar bereit, aktiv Widerstand zu leisten. Die Gartenguerilla wächst: Menschen, die auf alte Saatgutvielfalt zurückgreifen, die Gärten zurückerobern und sogar innerstädtische Brache (Rasenflächen, Blumenkübel) zu rekultivieren beginnen. Es ist durchaus möglich, dass es eines Tages auch eine Pflegeguerilla geben wird: Menschen, die sich der professionalisierten, standardisierten, qualitätskontrollierten und institutionalisierten Pflege zu entziehen beginnen und kühn behaupten, das können wir nicht nur selber, sondern auch besser.

Die häusliche Pflege der Menschen mit Demenz ist weitgehend unsichtbar Sie dürfte sich aber durch eine Fantasie und Vielfalt auszeichnen, an deren Ausprägungen sich das ganze Panorama menschlicher Fähigkeiten und menschlichen Scheiterns abbilden ließe: Liebe und Aggressivität, Sturheit und Einfallsreichtum, Sensibilität und Autorität, Versagen und Gelingen, Zuwendung und Gewalt. Diese nicht »erfasste« Pflege würde eine Forschung erfordern, die sich an die Orte des Geschehens begeben müsste – so wie die Völkerkundler sich zu einem fremden Stamm aufmachen, um dessen Sitten und Gebräuche zu erforschen. Solche Forschung können wir hier nur anregen, aber nicht selber vorlegen.

Das gilt in anderer Weise auch für die stationäre und ambulante Pflege, über die wir zwar deutlich mehr wissen, aber deren

»einfacher« Alltag ebenfalls weitgehend im Dunkeln liegt. Da die stationäre und ambulante Pflege jedoch umfassend werden will, müssen wir dieser »Zukunftsbranche« deutlich mehr Aufmerksamkeit widmen als bisher. Auch hier ist es leichter, über die Missstände und Skandale zu berichten als über die gelingende, unspektakuläre, alltägliche, professionelle Pflege. Sie lebt davon, dass Menschen etwas tun, was nicht von ihnen verlangt wird, was sie nicht bezahlt bekommen und was nicht organisierbar und lehrbar ist: menschlich und respektvoll, wärmend und schützend, zuhörend und verstehend mit Hilfsbedürftigen umgehen. Das passiert an vielen Orten, tagtäglich, allnächtlich. Aber es ist, alles in allem, tatsächlich nicht die Regel, sondern die Ausnahme.

Institutionalisierte Demenzpflege – vor allem ein Geschäft

»Sehr geehrte Frau D., ich habe Sie nicht vergessen. Bedingt durch Erkrankung komme ich erst am heutigen Tag dazu, Ihnen zu antworten: Das Pflegeheim in W. wurde am 2. 3. 2009 einer umfassenden heimgesetzlichen Prüfung durch das Hessische Amt für Versorgung und Soziales Gießen unterzogen. Die von Ihnen erhobenen Vorwürfe wurden zum großen Teil bestätigt. Die Einrichtung steht nunmehr unter engmaschiger Überwachung der Hessischen Heimaufsicht. Der Träger wurde schriftlich um Abstellung der Missstände gebeten.«

Die regionale Zeitung berichtet kurz darauf, dass der Leiter der Einrichtung, Herr M., aus persönlichen Gründen ausscheide. Der Geschäftsführer und der Gesamtpflegedienstleiter des Wohlfahrtsverbandes, der Träger des Heimes ist, geben ihr großes Bedauern über das Ausscheiden von Herrn M. zum Ausdruck. »Angehörigen der Heimbewohner, die Herrn M. sehr schätzen gelernt hatten, fiel es schwer, sich wieder von ihm verabschieden zu müssen«, schreibt die hessische Zeitung. Eine neue Leiterin ist dennoch

schnell gefunden und stellt bei der Pressekonferenz sogleich ein
»anspruchsvolles« Betreuungskonzept für Menschen mit Demenz
in Aussicht: Gerade den dementen Heimbewohners solle künftig –
so sagt sie – »noch mehr Zeit und Zuwendung geschenkt werden«.
Der Tag werde mit einer »gemütlichen Frühstücksrunde beginnen,
zu der auch das Lesen der Zeitung gehört«. Anschließend seien gemeinsame hauswirtschaftliche Aktivitäten geplant, des Weiteren
würden Spiel- und Mitmachangebote, Einzel- und Gruppenthe-
rapien oder auch ein Angehörigencafé hinzukommen. Ein Raum
mit »Angeboten zur Entspannung und angenehmer Musik« werde
eingerichtet, in den man sich zurückziehen könne. Es solle auch
die direkte Ansprache von Pflegebedürftigen mithilfe von Tieren
verbessert werden – das heißt: Eine Mitarbeiterin habe sich bereit
erklärt, ihren Hund mitzubringen, und im Außenbereich werde
ein Kaninchenstall aufgebaut.

Was war passiert? Was war geschehen, dass die Pflegebedürftigen mit Demenz nun gemeinsam frühstücken können? Man
würde doch denken, das sei eine Selbstverständlichkeit. Dass sie
»angenehme« Musik hören dürfen? Wahrscheinlich wird das die
Musik sein, die in Fahrstühlen, Kaufhäusern und öffentlichen
Toiletten gespielt wird. Dass sie Gelegenheit zum Kartoffelschälen
und zum Abwaschen bekommen, Häschen streicheln können –
und jemand sogar einen Hund mitbringt?

Die Vorgeschichte erschließt sich durch den Bericht einer Tochter, deren an Demenz leidende Mutter seit 2008 in besagter Einrichtung lebt. Das Heim in Mittelhessen hat einen Park und eine
Terrasse, die aber von den Bewohnern nur genutzt werden dürfen,
wenn sie von Angehörigen begleitet werden. Andernfalls bleibt
das Freigelände verschlossen. Ab 19 Uhr werden alle Pfleglinge
bettfertig gemacht, um 20 Uhr schließen sich sämtliche Rollos im
Haus. Es wird von zehn Stunden Schlaf ausgegangen – so die Schil-
derung der Tochter, die die Heimaufsicht später bestätigen musste.

Das Personal – viel zu wenige sind es – zieht sich oft erschöpft
in den Aufenthaltsraum zurück, der eigentlich den Bewohnern

vorbehalten ist, oder hält sich auf der Terrasse auf. Genutzt wird der Aufenthaltsraum ansonsten ohnehin nicht. An Wochenenden findet man die Alten mindestens in der Zeit vom Frühstück bis zum Mittagessen fest schlafend an ihren Essplätzen vor und in der Woche bleiben einige sogar bis zur Kaffeezeit in der engen und dunklen Küche, entweder auf dem Stuhl oder im Rollstuhl. Wenn kein Angehöriger kommt, bleiben sie da auch bis zum Abendessen sitzen. Niemand wird an die Luft gebracht, es gibt keine Spaziergänge. Dem Personalmangel wird vor allem mit der Vergabe von Beruhigungs- und Schlafmitteln begegnet. Nur so ist erklärbar, dass die Bewohner den Tag weitgehend vor sich hindämmern.

Frau S. ist noch im März 2008 weitgehend selbstständig gewesen, sie aß, sie ging Treppen, sie brauchte keine Windeln, aber sie war verwirrt – und als dement diagnostiziert. Sie geht schließlich in eine Tagespflege, was ihr sehr gefällt. In der Gruppe dort wird sie als Bereicherung angesehen, sie benötigt kaum Medikamente und nimmt regen Anteil an den gemeinsamen Aktivitäten. Im April wechselt Frau S. in das Pflegeheim, es wird zugesichert, dass sie dort in einer Abteilung für Demenzkranke unterkommen, aber weiterhin tagsüber in die Tagespflege gebracht wird. Der Vorsatz wird jedoch nicht in die Tat umgesetzt. Tatsächlich ist Frau S. von nun an weitgehend sich selbst überlassen, sie läuft weg und stürzt. Es werden immer mehr Psychopharmaka verordnet, sie trippelt nun nur noch. Sie wird immer inaktiver, sie friert trotz warmen Wetters fast ständig. Im Mai kann sie nur noch mithilfe von zwei Personen zur Toilette gehen, schläft dann bis auf eine kurze Unterbrechung zur Abendmahlzeit bis zum nächsten Tag durch.

11. Mai: Es ist Muttertag, die Tochter kommt am Morgen und bringt ihre Mutter nach draußen in die Sonne. Frau S. friert. Die mehrfach erbetene Blutdruck-Kontrolle wird jetzt gemacht, der Blutdruck ist extrem niedrig, der Blutzuckerwert liegt bei 220. Sie kollabiert, wird kurzzeitig ohnmächtig, die Unterlippe hängt herab und sie erbricht das Essen und die Zähne. Frau S. wird mithilfe der Pfleger ins Bett gebracht, der gerufene Bereitschaftsarzt

lässt lange auf sich warten. Als er eintrifft, setzt er als Erstes das Medikament Melperon ab. Das ist ein Beruhigungsmittel, das schläfrig macht und zugleich »stimmungsaufhellend« wirkt. Ein Pfleger sagt, dass Frau S. viel zu viel Melperon bekommen habe. Der Heimleiter streitet das später ab, aber die Abrechnung aus der Apotheke belegt, dass 200 Milliliter gekauft wurden, und der Medikamentenplan zeigt, dass Frau S. die Höchstdosis (2,5 morgens, 2,5 mittags, 5 Milliliter abends) bekommen hat.

Am Freitag, dem 16. Mai, holt die Tochter ihre Mutter morgens aus dem Heim ab, alle Bewohner sitzen schlafend an ihren Essplätzen, Pfleger sind nicht zu sehen. Die Tochter braucht fünf Minuten, um Frau S. zu wecken. Am Tag darauf, am 17. Mai, wird Frau S. erneut von ihrer Tochter besucht. Um 10 Uhr findet sie ihre Mutter und andere Bewohner wiederum schlafend am Tisch vor. Der Leiter der Einrichtung sagt, Frau S. habe die Tabletteneinnahme verweigert, sie hätte sich sogar mit erhobenen Armen gewehrt. Erst nachdem er sie angeschrieen habe, sei die Einnahme erreicht worden. Ein Pfleger erzählt der Tochter, dass Herr M. die Medikamente inzwischen pulverisieren und aufs Brötchen streuen lasse. Die Mutter habe auch da noch versucht, die Einnahme zu verweigern.

Am Montag, dem 19. Mai, trifft die Rechnung der Apotheke für den Monat April ein. Es befindet sich eine »Unmenge von Psychopharmaka auf der Liste und Privatrezepte über Schlafmittel« – so der Bericht der Tochter, der durch die Dokumente aus der Apotheke belegt ist. In der Praxis der zuständigen Ärztin wird bestätigt, dass diese Mittel nicht über die Krankenkasse laufen, sondern privat bezahlt werden müssen. (Mediziner müssen heute versuchen, ihr gedeckeltes Budget in Grenzen zu halten, damit sie nicht mit Einbußen bestraft werden. Deshalb der Versuch, Verschreibungen privat bezahlen zu lassen – das geht dann nicht auf das Budget.) Die Ärztin verspricht, mit dem Träger des Pflegeheims zu sprechen. Ob es je zu dem Gespräch gekommen ist, ist nicht bekannt.

In den ersten 34 Tagen, so stellt sich jedenfalls heraus, wurden folgende Schlaf- und Beruhigungsmittel bestellt:

- 90 Tabletten Zopliclon beziehungsweise Zolpidem; das sind sogenannte Tranquilizer mit insbesondere sedierend-schlafan-
stoßender Wirkung, denen darüber hinaus ein geringes Suchtpotenzial attestiert wird (am ersten Tag wurden gleich zwei
getrennte Rezepte vom Hausarzt und vom Psychiater über je 20
Tabletten eingelöst).
- 100 Tabletten Tavor 0,5, beziehungsweise Lorazepam1 als Dau-
ermedikation; beide Mittel gehören ebenfalls in die Gruppe der
Tranquilizer.
- 100 Tabletten Mirtazipin dura 15; das ist ein Antidepressivum
mit einer stimmungsaufhellenden Wirkung.
- 200 Milliliter Melperon; das ist ein sogenanntes Neurolepti-
kum, das Angst, Erregung und motorische Unruhe reduzieren
soll, daneben aber ebenfalls sedierende Wirkung hat.
- 50 Tabletten Risperidon (30 waren zudem von zu Hause mit-
gebracht worden); Risperidon gehört ebenfalls in die Gruppe
der Neuroleptika.

Inzwischen verschlechtert sich der Zustand von Frau S. kontinuierlich. Sie ist sehr gedämpft, ihre Fähigkeiten nehmen weiter ab,
sie ist fast nicht mehr ansprechbar. Sie kann kaum noch selber
essen und laufen, sie friert ständig. Der behandelnde Arzt ist nicht
erreichbar. Am Samstag, dem 24. Mai, es ist 11 Uhr, sitzt Frau S. wieder schlafend am Essplatz. Sie wird von ihren Angehörigen in die
Sonne gebracht, schläft sofort wieder ein und ist dann nicht mehr
ansprechbar. Es gelingt nicht einmal, sie ohne Hilfe des Pflege-
personals zum Essplatz zurückzubringen. Mit viel Zureden isst
sie vier Löffel von der Suppe, dann »schaffen wir sie ins Bett, wo
sie sofort weiterschläft« – notiert die Tochter. Am Sonntag, dem
25. Mai, klagt Frau S. über Atemprobleme. Der Notarzt stellt nichts
fest. Zwei Tage später leidet sie an einer akuten Bronchitis. Am
nächsten Tag, morgens um acht Uhr, ruft die Tochter im Heim an.
Ihr wird gesagt, sie möge später wieder anrufen, ihre Mutter werde
gerade gewaschen. Um halb zehn fährt sie ins Pflegeheim, das

Zimmer ist immer noch dunkel. Die Mutter steht barfuß und im Nachthemd im Schwesternzimmer. Eine Schwester kommt und versucht, ihr die Schuhe überzustülpen. Frau S. erschrickt und wehrt sich. Die Schwester sagt: »Sie haben wohl heute schlechte Laune.« Die Tochter versucht zu erklären, dass man ihre Mutter erst ansprechen müsse, bevor man sie anfasst.

Am darauffolgenden Wochenende wird Frau S. tagsüber nach Hause zur Tochter geholt. Es wird mit ihr das Gehen geübt, das eigenständige Essen mit der Gabel – es ist mühsam, aber es geht, sie verlangt sogar von sich aus, eigenständig zur Toilette zu gehen. Im Pflegeheim kommentiert jemand vom Pflegepersonal, dass mit mehr Zeit durch Mobilisierung viel erreicht werden könne. Von Montag bis Mittwoch bringt die Familie sie daraufhin nun selbst in die Tagespflege. Dort fängt sie wieder an, mit den Leuten zu sprechen, sie singt mit und unterhält sich während der Autofahrt mit ihrer Tochter.

Am 4. Juni hat Frau S. Geburtstag. Die Tochter findet sie erneut schlafend am Frühstückstisch vor. Nachdem sie sie mühsam geweckt hat und ihr gratuliert, schließt sich das Pflegepersonal erstaunt an. Sie ist wieder gedämpfter, die Tochter vermutet, dass sie wieder zu viele Medikamente bekommen hat. Sie bittet deshalb um eine Kopie des Pflegetagebuches der letzten drei Wochen. Herr M. antwortet, er könne ihr im Augenblick keine Kopie geben, würde sie aber faxen. Am nächsten Tag sagt er, er könne ihr doch keine Kopie aushändigen, da die Tochter nur eine Vertretungsvollmacht, aber keine Betreuungsvollmacht habe. Und sie, die Tochter, sei ohnehin eine hysterisch reagierende Person, die nur aus schlechtem Gewissen so handele, wie sie handelt.

Nach langem Hin und Her wird Frau S. von ihrer Familie schließlich in ein anderes Pflegeheim gebracht, wo es ihr schon bald weitaus besser geht. Sie nimmt wieder mehr am Leben teil, tauscht sich mit anderen aus und ist ansprechbar. Sie geht teilweise allein zur Toilette, sie läuft besser und bemüht sich, die Mahlzeiten eigenständig zu sich zu nehmen. Und sie dämmert nicht mehr so viel vor sich hin. Sie registriert die Besuche ihrer Angehörigen, die nun auch viel lieber kommen als zuvor.

Auf der Homepage des ersten Heims wird davon gesprochen, dass es Unternehmenspolitik des Trägers sei, eine Ausgewogenheit zwischen kooperativer Führung und wirtschaftlicher Stabilität herzustellen. Das ist etwas, was der Betrachter von außen leicht vergisst: dass Pflegeheime Wirtschaftsbetriebe sind, die sich an der Vorgabe orientieren, Verluste zu vermeiden und Gewinne zu erzielen. Und es besteht kein Zweifel, dass es in Zukunft immer weniger um Hilfe oder gar Wohltätigkeit, sondern immer mehr um ökonomische Interessen und Etatzwänge gehen wird. Das, was die Diakonissen und Gemeindeschwestern tun, das, was aus christlicher Überzeugung geschieht, war natürlich auch nicht immer ohne Schattenseiten. Aber es hätte doch nicht der Gedanke aufkommen können, der jetzt in den Vordergrund tritt: dass es sich bei der Pflege um eine primär ökonomische Veranstaltung handelt. Der Betreuungsdienst »muss sich halt rechnen«. Da fragt man sich gleich, wann man von der Deckelung ärztlicher Budgets zur einer Deckelung der Zahl der Pflegefälle übergehen möchte.

Die Geschichte, die diese Tochter über ihre Mutter im Pflegeheim erzählt, sagt uns auch noch etwas anderes. An ihr wird deutlich, dass alte Menschen heute bisweilen mit Medikamenten in den Stumpfsinn, in die Demenz oder in die Apathie getrieben werden. Dabei rührt man an ein ganzes Bündel von Schuldgefühlen und Schuldfragen und stößt auf moralische Konflikte, die zuweilen schwer entscheidbar sind. Da gibt es zum einen zu wenig Personal in den Pflegeheimen, das gerade so den Alltag bewältigen kann und irgendwie sogar froh sein muss, wenn die Pfleglinge gedopt sind. Da gibt es zum anderen die Kinder und Angehörigen, die ihre pflegebedürftigen Familienmitglieder ins Heim »abschieben« – dieses Empfinden werden jedenfalls viele haben und die entsprechenden Schuldgefühle hegen – und die sich darauf verlassen wollen, dass die »Fachleute« das Richtige tun. Eine vertrackte Situation.

Drogenabhängigkeit im Alter

Dass beruhigende Medikamente in manchen Pflegeheimen vor allem zur Entlastung der Pflegekräfte und zur Aufrechterhaltung der Pflegeroutine verabreicht werden, ist inzwischen längst ein offenes Geheimnis. Wenn sich Heimbewohner der zügigen Erledigung der physischen Behandlungspflege – zum Beispiel Waschen, Anziehen oder Toilettengang – verweigern, tun sie das vielleicht nur, weil sie glauben, es selber machen zu können. Darauf oder auf eine verstärkte Nachtaktivität der Pfleglinge wird zumeist nicht mit einer Modifizierung des Pflegeplans reagiert. Anstatt durch intensivere Betreuung die vorhandenen Ressourcen besser auszuschöpfen, wird das »Problem« häufig schlicht pharmazeutisch aus der Welt geschafft.

Medikamente werden darüber hinaus oft eingesetzt, um ein weiteres Problem zu lösen, das in letzter Zeit immer schärfer in die Kritik gerät. Bis zu 50 Prozent der Heimbewohner, so hat es Doris Bredthauer, Professorin an der Fachhochschule in Frankfurt, auf der Grundlage zahlreicher Studien ermittelt[37], erleiden Gewalt, zumeist in Form freiheitsbeschränkender Maßnahmen wie beispielsweise der physischen Fixierung. Gemeint sind damit Bettgitter, Arm- und Fußfesseln und Bauchgurte. Da solche Zwangsakte nach neueren internationalen Leitlinien in den meisten Fällen als nicht zulässig gelten – und durchaus justiziabel sind –, greift man mittlerweile zunehmend auf Medikamente zurück, die einen ähnlichen Zweck erfüllen können. Deren Einsatz kann aber nicht mehr nur als Schutzmaßnahme, sondern auch medizinisch gerechtfertigt werden.

Wohin das führt, hat wiederum Doris Bredthauer ermittelt und neueste Daten zum Medikamentenmissbrauch in der Pflege ausgewertet. In 40 Prozent aller Fälle – so stellt sie fest – sind die in Altenpflegeheimen ausgegebenen Medikamente gar nicht alterstauglich, zum Beispiel, weil sie für den alten Körper mehr Nebenwirkungen haben als für den jungen Körper. Durch die Vergabe von sedierenden Medikamenten – wie etwa Valium – werde gerade das Erscheinungsbild der Demenz negativ verstärkt und die intellektuelle Leistungsfähigkeit weiter deutlich reduziert. Zu den Nebenwirkungen solcher Medikamentengaben, die dann die Demenz verstärken, gehören ausgerechnet Stürze, die man durch Sedierung eigentlich vermeiden wollte: Psychopharmaka erhöhen die Sturzwahrscheinlichkeit um das Doppelte.

Überspitzt formuliert lassen sich die Pflegeheime inzwischen geradezu als Drogenhochburgen beschreiben:

- 50 bis 60 Prozent aller Altenpflegeheimbewohner erhalten Psychopharmaka im engeren Sinne, das heißt also vor allem Neuroleptika.
- 60 bis 80 Prozent der Bewohner gelten als dement, und vor allem sie sind es, die diese Neuroleptika bekommen.
- 40 Prozent der Bewohner nehmen ein Medikament ein bis fünf Jahre lang, ohne dass die notwendigen Überprüfungen regelmäßig durchgeführt werden.

Legt man strenge Maßstäbe für die Vergabe von Medikamenten in Altenpflegeheimen an und berücksichtigt alle Kriterien, die beispielsweise Doris Bredthauer als wesentlich für eine richtige Verschreibung ansieht, dann muss man sagen, dass die Vergabe von Medikamenten in Pflegeheimen in 93 Prozent aller Fälle als mangelhaft zu bewerten ist. Im Vordergrund der Fehlmedikation steht und stehen:

- unangemessene Dauer oder Dosis,
- falsche oder unwirksame Präparate,
- fehlende oder falsche Indikation,
- unangemessene Polypharmazie (Vergabe verschiedener Medikamente),
- nicht tolerierbare Nebenwirkungen,
- fehlerhafte Handlungsanweisungen, Dokumentation oder Lagerung.

Wenn man genau hinschaut, dann ist der Zustand vieler Hochaltriger, die als dement wahrgenommen werden, auch eine Folge problematischer Medikation. Ein Blick auf die Beipackzettel, die über Nebenwirkungen Auskunft geben, könnte schon genügen, um zu erkennen, warum es so viele Menschen mit Demenz gibt. Menschen, die nicht mehr sprechen, die vor sich hindämmern, die keinen Anteil mehr nehmen. Ist Altern eine Krankheit? Darauf ließe sich antworten: Wenn Altern eine Krankheit ist, dann kommt sie wahrscheinlich nicht zuletzt aus der Apotheke.

Nach Schätzungen der Deutschen Hauptstelle für Suchtfragen sind mehr als 800 000 Menschen über 60 Jahre in Deutschland schwer alkohol- oder medikamentenabhängig. Rund ein Drittel aller Arzneien – so schätzt die Hauptstelle – wird heute allein zur Unterhaltung der Sucht verordnet, um Patienten Entzugserscheinungen zu ersparen. Viele alte Menschen sind inzwischen gewissermaßen süchtig »auf Rezept«, denn eine illegale Beschaffung gibt es in dieser Altergruppe so gut wie nicht. Und was rezeptpflichtig ist, muss ärztlich verordnet werden.

Natürlich gibt es immer einen womöglich guten, jedenfalls vertretbaren Anfangsgrund, warum ein Medikament aus den Wirkgruppen der Neuroleptika, Antidepressiva oder Tranquilizer verschrieben wird. Die Betroffenen selber oder deren Angehörige mögen danach verlangen, weil sie sich schnelle Linderung, Hilfe, Entlastung versprechen. Kein Arzt wird solche wirkkräftigen und häufig mit nennenswerten Nebenwirkungen behafteten Mittel leichtfertig verordnen. Dennoch erfolgt die Medikation – durch Hausärzte und in Pflegeheimen – in vielen Fällen aus zu kurzfristigen Motiven, um ein akutes Problem anzugehen, das sich vielleicht, wenngleich aufwändiger, auch mit nicht-pharmazeutischen Mitteln lösen ließe. Dabei wird jedoch übersehen, dass die Einnahme solcher Substanzen zwar in der Regel unmittelbar zum gewünschten Resultat führen mag, dass dadurch aber zugleich demenzielle Symptome sowohl ausgelöst als auch verstärkt werden können. Dieser Zusammenhang ist insbesondere in den Altenpflegeheimen offenkundig.

Das heißt: In vielen Fällen wäre ein Zustand, wie wir ihn in den schwerst Dementen, den Dämmernden, Sprach-, Erinnerungs- und

Orientierungslosen vor Augen haben, wahrscheinlich vermeidbar. Nicht in allen – um das noch einmal zu betonen. Alterungsprozesse verlaufen individuell. Biografien können wir so wenig umschreiben, wie soziale und kulturelle Entwicklungen rückgängig machen. Insofern werden wir uns mit der Demenz, als einer Alterungserscheinung, arrangieren müssen. Aber viele ältere Menschen mit leichten kognitiven Einbußen werden von ihrem allzu besorgten Umfeld oder von gutmeinenden Medizinern geradezu in die Demenz getrieben. Man isoliert sie als Kranke und stellt sie pharmazeutisch ruhig, anstatt sie einzubinden, zu fordern und zu aktivieren – anstatt sie mit »geistiger Nahrung« zu versorgen, damit ihr Gehirn am Leben bleibt.

Aber der letztere Weg ist mühsam – und wenig lukrativ, möchte man als Realitätstüchtiger hinzufügen. Da greift man doch lieber zu anderen und sehr gern, weil sich das öffentlichkeitswirksam vermitteln lässt, zu moderneren Mitteln. Und tatsächlich: In dem Maße, in dem die physische und psychische Fixierung in die Kritik geraten, beginnt die manifeste oder chemische Fesselung einer digitalen Fixierung zu weichen. Das Konzept der elektronischen Pflege schickt sich an, uns eine Welt der perfekten fürsorglichen Überwachung zu bescheren: schmerzlos, nebenwirkungsfrei, sinnlich nicht wahrnehmbar, lückenlos. Beim elektronisch-überwachenden System kann man sich noch nicht einmal beschweren. Und worüber auch? Wer würde nicht lieber die elektronische Schleife an der Ausgangstür des Heims oder der Wohnung in Kauf nehmen, die das Weglaufen verhindert, als mit Stricken ans Bett gefesselt zu sein oder mit Medikamenten ruhiggestellt zu werden?

eNeighbor: Ist elektronische Pflege die Antwort auf Demenz?

»Sicherheitsfundament!«, lachte Moritz. »Hast du das wirklich gesagt? Ich dachte, selbst dir sei diese Spießerparole zuwider.

Weißt du, wann unsere Welt endlich sicher sein wird? Wenn alle Menschen in Reagenzgläsern liegen, eingebettet in Nährlösung und ohne Möglichkeit, einander zu berühren! Was soll denn das Ziel dieser Sicherheit sein? Ein Dahinvegetieren im Zeichen einer falsch verstandenen Normalität? Erst wenn eine einzige Idee über die der Sicherheit hinausgeht, erst dort, wo der Geist seine physischen Bedingungen vergisst und sich auf das Überpersönliche richtet, beginnt der allein menschenwürdige, im höheren Sinn folglich der allein normale Zustand.«

Juli Zeh beschreibt in ihrem Roman *Corpus Delicti* eine vom Gesundheitswahn zerstörte Gesellschaft, die um der Sicherheit willen jede Freiheit geopfert hat: Präventionspflicht und Gesundheitsüberwachung sind selbstverständlich und akzeptiert, aus Sicherheitsgründen ist die Liebe eine berührungslose Angelegenheit geworden, um jedes Ansteckungsrisiko zu vermeiden.

Das Thema Sicherheit und Freiheit begegnet uns im Umgang mit der Demenz auf Schritt und Tritt: Symbolisch entscheidet sich am Umgang mit den Verwirrten, ob Freiheit oder Sicherheit das Wichtigste in unserer Gesellschaft sein soll. Und das ist keine vorschnell zu entscheidende Frage. Ein Beispiel: In einem Konferenzbericht werden zwei Pflegestätten für Menschen mit Demenz vorgestellt. In der einen gibt es fast keine Oberschenkelhalsbrüche, in der anderen eine nicht unbeträchtliche Anzahl von Verletzungen durch Brüche. Also ist Heim Nr. 1 das bessere? Bei genauerem Hinsehen wird klar: In Heim Nr. 1 werden die Patienten physisch oder chemisch fixiert. Wer ans Bett gefesselt ist, kann sich nicht die Beine brechen, das stimmt. Am sichersten sind Demente natürlich dort aufgehoben, wo sie eingesperrt und festgebunden sind. Sie machen dann auch weniger Arbeit, sind kostengünstiger und stören den Tagesablauf nicht.

Noch ein weiteres Beispiel, das die moralische Ambivalenz, die aus dem Fortschritt der Medizin erwächst, sehr deutlich macht: Eine immer wieder auftauchende, unter Umständen schwierige Situation in der Betreuung Dementer ist die Nahrungsaufnahme.

Hat ein von den Demenz erfasster Mensch, der nichts mehr isst, vergessen zu essen? Will er nicht mehr? Ist nicht genügend Zeit vorhanden, um ihn Löffel für Löffel zu füttern? Eine Hausärztin sagt: Keine Ernährungssonde bei Menschen mit Demenz, nie. Ist das eine verschleierte Form der Euthanasie oder ist es Humanität? Eine wachsende Zahl von Pflegeheimen macht gerade die sogenannte PEG-Sonde zur Voraussetzung für die Aufnahme. Da gilt der Ernährungsschlauch bei Dementen als pflegerisch zwingend. Er ist darüber hinaus ein betriebswirtschaftlich gebotener Akt: Weil nicht genügend Personal bezahlt werden kann, muss die Sonde gelegt werden. Wir könnten uns das Thema Demenz – volkswirtschaftlich betrachtet – vom Hals schaffen, wenn wir die künstliche Ernährung bei Demenz weglassen. Aber wäre das dann eine modernisierte Nazimethode oder ein Beitrag zur Würde der Betroffenen? Tatsächlich besteht das moralische Dilemma darin, dass die Sache nicht entscheidbar ist. Wie verhält man sich, wenn ein Mensch in seiner Patientenverfügung bestimmt: »Ich will nicht künstlich ernährt werden. Das gilt auch, wenn ich als Dementer etwas anderes sage«?

Unter der Prämisse »safety first« sind Fixierung und Ernährungssonde in jedem Fall vernünftig. Aber wir ahnen immerhin noch, dass das keine ganz so saubere Lösung sein kann, weil auch ein an Alzheimer Leidender nicht sämtlicher Freiheitsrechte entledigt ist. Ein naheliegender Ausweg aus dem Ziel-Dilemma zwischen Freiheit und Sicherheit wird heute deshalb vor allem in technischen Lösungen gesucht. Die Überwachungskamera im öffentlichen Raum zur Abwehr von Kriminalität und Terrorismus ist uns ja schon ganz geläufig. In Großbritannien sind schon circa 4,5 Millionen Kameras auf die Bürgerinnen und Bürger gerichtet. Das britische Königreich hat damit das weltweit dichteste Netz an Überwachungskameras zu bieten. Von der Polizei, von Behörden und Kommunen werden geschlossene Kabelnetze mit Videokameras betrieben. »Closed Circuit TeleVision« (CCTV) heißt das, und die neueste Generation kann auch auffällige – kriminelle, terroristische – Verhaltensmuster erkennen. Die Verlockung liegt nahe, CCTV als ein Instrument zu nutzen, mit dem auch verwirrte Menschen, die sich verlaufen haben, identifiziert und wiedergefunden werden können.

Jeffrey Kaye, der am Alzheimerzentrum in Oregon arbeitet, geht in Kooperation mit Intel noch einen Schritt weiter: Er versucht, mit Überwachungskameras im häuslichen Bereich oder in Pflegeheimen Bewegungsmuster von Menschen zu erfassen und auszuwerten, die eine Frühdiagnose von Demenz erlauben. Auch Forscher an der Universität von South Florida haben ein drahtloses Netzwerk entwickelt, das die Bewegungsmuster von Senioren analysiert, um Demenz frühzeitig erkennen zu können. Heute – so kritisieren die Forscher – stellen Ärzte den Patienten in der Regel eine Anzahl von Fragen, um herauszufinden, ob eine ältere Person an Alzheimer oder anderen Demenzerkrankungen leidet. Dann ist aber die Krankheit schon ein Stück weit vorgedrungen. Bisher können Medikamente vielleicht den Verlauf der Krankheit verlangsamen, sie aber nicht heilen. Daraus folgt: Je früher die Demenz erkannt wird, desto besser sind die Chancen für eine Behandlung, die den Krankheitsverlauf verzögern.

Was von solchen Argumenten zu halten ist, haben wir schon ausführlich besprochen. Doch in diesem Fall dient die medizinisch nicht wirklich belegbare Logik ja dem technischen Fortschritt. Die Floridaforscher jedenfalls haben schon einmal ein RFID-System entwickelt, das es erlaubt »Bewegungsmuster von Patienten in ihrer natürlichen Umgebung zu erfassen«. RFID ist die Abkürzung für »Radio Frequency Identification«. RFID-Tags sind elektronisch identifizierbare Etiketten, die inzwischen nur noch die Größe von Reiskörnern haben. Solche Tags wurden bei Haustieren schon unter der Haut implantiert, um sie orten zu können. Auf einer Kundenkarte angebracht, würde es die RFID-Technologie zum Beispiel auch erlauben, bei Eintritt des Kunden in ein Geschäft gleich auf dem Monitor zu erkennen, wann er das letzte Mal da war, was er gekauft und wie viel er ausgeben hat.

Zu Testzwecken versahen die Forscher bereits die Handgelenke von Bewohnern zweier Einrichtungen in Florida mit RFID-Tags, deren Signale von Empfängern im gesamten Gebäude aufgezeichnet wurden. Die Bewegungen der Bewohner ließen sich so dreidimensional mit einer Genauigkeit von 25 Zentimetern verfolgen. Die Forscher analysierten dann die Bewegungsmuster und versuchten Zeichen kognitiver Probleme zu diagnostizieren – etwa eine Tendenz zum Umherschweifen, zum schnellen Richtungswechsel oder zu wiederholten Pausen. Bald wird eine Software zur Verfügung stehen, die es erlaubt, solche »Warnzeichen« ganz automatisch zu erkennen. Keine Tests, kein Gerede, keine interpretationsbedürftige Anamnese mehr: Man braucht »Verdächtige« nur noch mit RFID-Tags auszustatten und bekommt seine Diagnose quasi frei Haus. RFID erlaubt gewissermaßen eine Rasterfahndung nach Demenzkranken. Theoretisch könnten in Großbritannien mit seinen 4,5 Millionen Videokameras schon bald Demenzgefährdete identifiziert und herausgepickt werden, die selber noch gar keine Ahnung davon haben, dass Alzheimer an ihre Tür klopft.

Das Anwendungsspektrum von RFID-Tags ist im Bereich Demenz aber breiter und umfasst mehr als die beschriebene präventive Diagnose: So können Tags, an Medikamentendöschen angebracht, überprüfen, ob ein Patient seine Pillen ordnungsgemäß eingenommen hat. Wer sich an den Film *Einer flog über das Kuckucksnest* erinnert, weiß, dass die Kontrolle der Medikamenteneinnahme bei unwilligen Patienten ein Problem darstellt. Bei vergesslichen Patienten muss die RFID-Technologie noch nicht einmal ethische Bedenken hervorrufen, sie dient ja wirklich nur dem Besten der Verwirrten. Die Tochter, die vielleicht einmal am Tag kommt, um die demente Mutter zu besuchen, kann sich mithilfe von RFID vergewissern, dass die Medikamente pünktlich eingenommen worden sind – und sollte sie einmal keine Zeit für einen Besuch haben, wird sie das bald auch von zu Hause aus elektronisch überprüfen können.

Wir treten damit in ein neues Stadium des Umgangs mit Pflegebedürftigkeit und speziell mit der Demenz ein. Seit den 1970er Jahren haben wir ein schubartiges Wachstum der sozialen Berufe erlebt. Altenhilfe, Jugendheime, psychosoziale Dienste – es entstand eine Sozialindustrie, die für alle da ist, die aber vor keinem mehr halt macht. Wir sind damit in eine Phase der Industrialisierung des Gemeinschaftslebens eingetreten. Vieles, was bis dahin in quasi-handwerklicher Zusammenarbeit zwischen Familie, Schule und Betrieb, zwischen Hausarzt, Pfarrer und Gemeindeschwester erledigt wurde, hat man immer mehr in die Hände von anonymen Spezialisten übergeben. Schulen und Krankenhäuser bekommen Fabrikcharakter, und die altenspezifischen Versorgungseinrichtungen können der rasant steigenden Nachfrage kaum standhalten: Keine Caritas- oder Diakonieeinrichtung kommt mehr ohne Altenreferenten aus, und die Pflegestätten der Kirchen und anderer Wohlfahrtsverbände werden zu bedeutenden Zweigen der Sozialindustrie.

Ferdinand Tönnies hatte im 19. Jahrhundert die Ersetzung der Gemeinschaft durch die Gesellschaft beschrieben, Max Weber zu Beginn des 20. Jahrhunderts den Funktionsverlust der Hausgemeinschaft und Ivan Illich am Ende des 20. Jahrhunderts die Verdrängung der autonomen (subsistenten) Arbeitsweisen durch heteronome Lohnarbeit. Die Geschichte der »Modernisierung« der Sozialarbeit ist natürlich auch eine Geschichte der Entfaltung der »Altenhilfe«. Heute stehen wir vermutlich erneut an einem tiefen Einschnitt, an der Schwelle einer neuen Epoche sogar, die im Pflegebereich und speziell in der Demenzpflege eine radikal veränderte Versorgungsform entstehen lässt, mit der zugleich eine neue Gesellschaftsform die Bühne betritt. Nennen wir sie die Elektronifizierung der medizinischen und pflegerischen Versorgung – wobei »Elektronifizierung« eine seltsam blasse Vokabel ist. Immerhin handelt es sich um nichts weniger als die Zurückdrängung des Körperlich-Persönlichen zugunsten digitaler Kontakte. Telemedizin, Telepflege, Telekontrolle, Telediagnose werden aus Kostengründen, aus demographischen Gründen, aus Sicherheitsgründen sowie aufgrund der kaum noch zu bewältigenden pflegerischen Anforderungen die industrielle Altform der Pflege ablösen.

Und wir sind auf dem Weg dahin bereits ein gutes Stück vorangekommen: Eine junge Sozialarbeiterin aus dem flämischen Teil Belgiens steht im Februar 2009 am Rednerpult und erzählt von technischen Neuerungen in ihrem Pflegeheim, das den poetischen Namen »Wingert« – also Weinberg – trägt. In den Fußboden der Türbereiche des Heimes sind elektronische Schleifen eingelassen. Die »Gäste« tragen am Handgelenk (oder sonst irgendwo an ihrer Kleidung) einen Chip, der sie mit der elektronischen Schleife im Fußboden verbindet. Die Türen, durch die die Patienten gehen wollen, öffnen sich oder öffnen sich nicht – je nach dem mentalen Zustand des Chipträgers. Handelt es sich um einen schweren Fall von Verwirrung, dann bleibt der Gast auf seinen Wohnbereich beschränkt, in dem die kleine Gruppe, zu der er gehört, lebt: auf das eigene Zimmer, den Wohn- und Essbereich. Der Chip verhindert auch, dass die Zimmer der anderen Bewohner ohne weiteres betreten werden können, damit diese – zum Beispiel nachts – »ungestört« bleiben.

Wer noch besser drauf ist, dessen Chip ist so codiert, dass sich die Tür des Wohnbereichs öffnen lässt. Eine weitere Tür eröffnet ihm oder ihr dann auch den Zugang zum gesamten Areal des Pflegeheims. Und wer sich in einem noch milden Demenzzustand befindet, der darf schließlich sogar den umfriedeten Bereich des Heims verlassen und in die benachbarte Siedlung gehen. Es gibt also neben dem eigenen Wohnbereich noch drei »Lebenszirkel«, die sich den Gästen des Heims – je nach der ihnen zugesprochenen Kompetenz – öffnen oder eben nicht öffnen.

Die Anwohner der benachbarten Eigenheimsiedlung sind zu Informationsveranstaltungen über die 120 Pfleglinge des Heims eingeladen worden, sodass sie wissen, wer da in ihren Gassen spazieren geht. Auch mit Polizei und Feuerwehr wurde gesprochen, und es gibt eine zentrale Nummer für den Fall, dass die Fähigkeiten eines Pfleglings überschätzt worden sind und jemand nicht mehr nach Hause zurück findet. Für einige Heimbewohner sei das eine ganz neue Erfahrung – berichtet die Sozialarbeiterin –, dass sie sich im Altenpflegeheim frei bewegen oder sogar das Gelände des Heims verlassen können.

Man kann ja kaum bezweifeln, dass solche technischen Errungenschaften die Situation der Betroffenen, der Pflegenden sowie auch der Angehörigen im häuslichen Bereich verbessern können. Aber, das müssen wir uns eingestehen, ein wenig unheimlich muten solche Big-Brother-Maßnahmen schon an. Man darf sich erinnern: An der Türschwelle treffen traditionell das Außen und das Innen aufeinander, und wer diese Schwelle übertreten darf, ist Gast und unverletzlich. Es wird sogar vermutet, dass die Türschwelle, die den Gast vom dominus, dem Hausherrn, trennt, die Vorform des Altars gewesen ist. Nun haben wir es also mit einer elektronische Einrichtung zu tun, die von der geradezu heiligen Bedeutung, welche die Tür und die Türschwelle als Grenze zwischen draußen und drinnen einmal hatten, nichts mehr übrig lässt. Stattdessen: fürsorgliche Belagerung, damit wir, dement geworden, auf das Freundlichste, zu unserem Wohle, lautlos, gewaltlos, ohne fremden Zwang an unsinnigen, gefährlichen Aktionen gehindert werden.

Es ist wieder ein Beispiel dafür, wie die Menschen mit Demenz zu Wegweisern werden können, zu Wächtern – bewachten Wächtern freilich, die uns deutlich machen, was auf uns zukommt. Wir sehen an ihnen, wie fragil unsere Freiheit ist und wie wenig die Einschließung künftig noch gespürt werden kann und daher auch nicht erlitten werden muss. Denn warum sollte ein so gut funktionierendes, ein derart effektives und »sauberes« System auf den »vorsorgenden« und »fürsorglichen« Umgang mit Dementen beschränkt bleiben? Eine solche Technik nicht »upzugraden« und anderen Einsatzbereichen zugänglich zu machen, wäre doch ökonomisch und sozialplanerisch unvernünftig. Nikotin-, Alkohol- und Cholesterinwerte, Kalorien- und Flüssigkeitszufuhr wie überhaupt alles gesundheitsschädliche oder gesetzeswidrige Verhalten lassen sich schließlich ebenso »objektiv« ermitteln wie die Bewegungsmuster von Pflegeheimbewohnern.

Angesichts überlasteter Familien, angesichts steigender Kosten, angesichts einer alternden Gesellschaft ist dieser Weg in eine technisch, elektronisch, pharmakologisch und bald wohl auch biomedizinisch kontrollierte Betreuung der Demenzkranken bereits deutlich vorgezeichnet. Das Pflegezentrum S. in Schottland hat da Pioniercharakter: In jedem Zimmer sind die Wände mit Kameras ausgestattet, alle zwei Meter ein Kameraauge. Ein Bewegungsmelder sendet zudem eine Mitteilung an die Zentrale, wenn ein Bewohner das Bett in der Nacht verlässt. In dieser Zentrale werden alle Zimmer und Bewohner ständig überwacht. So sind sie gesichert gegen den ansonsten vielleicht unbemerkt bleibenden Sturz, gegen ein nächtliches Umherirren und andere Fährnisse des Schicksals.

Viele Menschen gehen bereits ganz selbstverständlich damit um. Wo Nachbarschaft und Familie ihre sozialen Funktionen einbüßen, kann die Technik kompensatorisch einspringen. Bertha Branch beispielsweise ist 78 Jahre, lebt in Philadelphia und hat die Vorteile ihres elektronischen Nachbarn (»eNeighbor«) schnell schätzen gelernt. Unter ihrem Bett ist ein drahtloser Sender angebracht, der registriert, wenn sie aufsteht. Bewegungsmelder im Schlafraum und im Bad stellen fest, wie lange sie sich dort aufhält oder ob sie diese Bereiche zu unüblicher Zeit verlässt, damit in einem solchen Fall eine Meldung an eine zentrale Überwachungsanlage erfolgt. Diese Meldung löst dann einen Telefonanruf aus, mit dem nachgefragt wird, ob alles in Ordnung ist. Wenn Bertha Branch darauf nicht antwortet, werden der Manager der Wohnanlage und schließlich die Notrufzentrale unterrichtet.[38]

Diese neuen Technologien in der Pflege – von großen Konzernen wie Intel und General Electric vorangetrieben – versprechen bessere Betreuung bei niedrigeren Kosten. Dazu gehören auch Sensoren in Medikamentenpackungen, die die Einnahme kontrollieren, sowie Sensoren, die den Blutdruck, das Gewicht, den Sauerstoffgehalt des Blutes- und den Zuckerspiegel messen und die Messergebnisse im Falle der Überschreitung eines Grenzwertes an eine zuvor festgelegte Kontaktstelle weiterleiten.

Bertha Branch würde ohne die Sensoren von der Firma Healthsense nicht mehr leben, sagt sie. Da sie an Diabetes und an Herzbeschwerden leide und in den vergangenen zwei Jahren schon dreimal gestürzt sei – »einmal in die Badewanne« –, meint sie, dass sie ohne die Überwachung schon längst tot wäre. Die ist ihr deshalb lieb – und gar nicht so teuer. Sie bezahlt für ihren elektronischen Nachbarn 100 Dollar im Monat, während sie ein Pflegeheim 200 Dollar am Tag kosten würde. Aber was im Einzelfall sinnvoll und hilfreich erscheint, lässt aufs Ganze betrachtet eine soziale Wüste entstehen.

Wo die Technik in die Pflege Einzug hält, da werden die Pflegenden entlastet, die Gepflegten bekommen mehr Sicherheit – und ein Automat hat auch keine Launen. Der freundliche Big Brother, der nun elektronischer Nachbar heißt, kann mir anhand meiner Bewegungsmuster sogar sagen, ob sich bei mir vielleicht eine Demenz vorankündigt. Einmal unterstellt, dass solche Bewegungsanalysen überhaupt eine Aussagekraft haben, wäre jedoch zu fragen, wem aus dieser Prognose irgendein medizinischer Vorteil erwächst, solange es weder Medikamente noch Therapien gibt, die geeignet sind, das Alzheimer-Schicksal abzuwenden.

Im Kern ist es natürlich fast immer der Sicherheitsgedanke, über den sich neue Formen der Selbstkontrolle, Überwachung und Prävention durchsetzen. Da werden heute Kinder und Hunde mit Chips ausgestattet, damit man weiß, wo sie sich jeweils aufhalten. Da lassen wir auf unserer elektronischen Gesundheitskarte – fürsorglich, mittelsparend – unsere persönlichsten Daten speichern, damit sie den unterschiedlichsten medizinischen Experten und natürlich den Krankenkassen jederzeit zugänglich sind. Die japanische Bahngesellschaft Tokyu in Tokio bietet neuerdings einen Fahrausweis mit Mikrochip an, mit dessen Hilfe man kontrollieren kann, ob die Kinder in der Schule angekommen sind. Sobald ein Schüler den Bahnhof verlässt, werden die Eltern per SMS benachrichtigt, in der Schule wird die Ankunft eingelesen. Wie gut wird es sein, wenn man jeden Menschen mit Demenz künftig orten kann! Wie gut wird es sein, wenn künftig ein Alzheimer-Patient, eingeliefert in ein Akutkrankenhaus, sogleich über seine Gesundheitskarte als Diabetiker erkennbar wird! Eine schöne neue Welt tut sich da vor uns auf.

Silver Summit

Die einflussreiche US-amerikanische Elektronikmesse CES hat im Jahr 2009 zum ersten Mal die Zielgruppe der Älteren entdeckt – die Sonderschau hieß »Silver Summit« – übersetzt etwa »Gipfel der Alten«. Die Angebote reichten von seniorengerechten Handys bis zu GPS-Navigationsgeräten für Alzheimer-Patienten. Das Angebot umfasste auch ein »Pill-Phone«, das ist ein Handy, das automatisch an die Einnahme von Tabletten erinnert. In Deutschland gibt es da – technisch gesehen – schon etwas Besseres: eine funkgesteuerte elektronische Medikamentenbox.

Wie das *Deutsche Ärzteblatt* im Februar 2009 berichtet[39], ist längst ein weltweites Wettrennen um die Entwicklung lebensunterstützender intelligenter Assistenzsysteme (AAL, Ambient Assisted Living) ausgebrochen. AAL-Technologien sollen dazu beitragen, das Gesundheitssystem zu retten und den demografischen Wandel zu bewältigen. »Intelligente Assistenzsysteme sollen ältere Menschen in ihrem Alltagsleben unterstützen, damit sie möglichst lange ein selbstständiges und unabhängiges Leben zu Hause führen können,« schreibt Heike E. Krüger-Brand im *Deutschen Ärzteblatt*. Das wird dann auch die Kosten erheblich senken: Drei Milliarden Euro würde man – pro Jahr – sparen, wenn ein Zehntel der älteren Menschen mithilfe von Assistenzsystemen ein Jahr länger als bisher in den eigenen vier Wänden wohnen bleiben könnte. Das hat irgendjemand, wie auch immer, errechnet. Hightech für ein besseres und sparsameres Leben im Alter! Für telemedizinische Systeme – also die Ferndiagnose und Fernkontrolle von insbesondere älterer Patienten – wird der globale Markt, vorsichtigen Schätzungen zufolge, von 4,8 Milliarden US-Dollar im Jahr 2006 bis zum Jahr 2012 auf 13,9 Milliarden US-Dollar steigen.

Auch das Bundesforschungsministerium ist ganz vorne mit dabei. Gezielte Fördermaßnahmen sollen einen Prozess in Gang setzen, in dessen Verlauf ein übergreifendes Netz aus Technik, Politik, Sozialwissenschaft und Pflege entsteht. Der parlamentarische Staatssekretär im Bundesforschungsministerium, Thomas Rachel, glaubt, dass die hierfür erforderliche »gesellschaftliche Akzeptanz« der AAL-Systeme bereits auf breiter Front vorhanden ist: Das sogenannte »Smart Home« beispielsweise trifft schon bei 58 Prozent der Seniorinnen und 37 Prozent der Senioren auf Zustimmung. Dazu gehören die automatische Sicherung der Wohnung, Telemonitoring für Herz-Kreislauf-Kranke sowie die »mobile Gesundheitsassistenz«, etwa in Form eines T-Shirts mit EKG-Funktion. Ganz selbstverständlich wird also für viele künftig die hochgerüstete Armbanduhr sein, die nicht mehr nur die Zeit, sondern gleichzeitig auch Temperatur, Herzfrequenz und Position einer Person ermittelt und die Daten dann per Funk an die Servicestation weitersendet. Die Zentrale fordert bei Bedarf auch Hilfe für eine in Not geratene Person an.

Arne Manzeschke, Theologe und Ethiker aus Bayreuth, und mit ihm einige andere Skeptiker fordern schon im Vorfeld Mäßigung und rufen zu einem vorsichtigen Umgang mit AAL auf: Die betroffene Person dürfe technisch nicht überfordert werden, es dürfe keine Zwangsanwendung von AAL – »zum eigenen Besten« – geben, außerdem dürfe Robotik nicht auf Kosten der sozialen Nähe gehen. Entscheiden müsse ein Arzt oder Pfleger, nicht etwa irgendein Rechner. Alles richtig. Aber so sinnvoll diese Forderungen sind, so schnell könnten sie von der Wirklichkeit überrollt werden.

Was wird aber sein, wenn eine wachsende Zahl von Alten in BAN eingespeist ist? BAN ist ein Kürzel für Body Area Networks, das die Umrisse der künftigen elektronischen Kontrolle bereits deutlich sichtbar macht. Es sind die Umrisse einer totalen Überwachung, die – das hat immerhin der Berliner Datenschutzbeauftragte Alexander Dix zu bedenken gegeben – auch lebensbedrohlich werden können, zum Beispiel wenn sie missbraucht werden oder wenn es etwa zu kriminell oder terroristisch motivierten Angriffe auf AAL-Systeme kommt.

Im Jahre 2050 wird es in Europa 70 Millionen Menschen geben, die älter als 80 Jahre sind. Davon dürfte dann ein beträchtlicher Teil an AAL-Systemen hängen, und unter ihnen wiederum werden viele dement sein. Man muss ja gar nicht an einen terroristischen Angriff denken, der diese Menschen zu identifizieren erlaubt, sie versorgungsmäßig lahm legt und sie medizinisch in die Irre führt (ihnen zum Beispiel elektronisch eine Überdosis verschreibt). Es könnte auch eine Überlastung der Gesundheitsetats sein, eine radikale Krise der Gesundheitswirtschaft, die es nahelegt, Millionen Menschen mit Demenz, die an AAL hängen, unmerklich aus dem Leben zu führen – zum Beispiel, indem man die Versorgungsqualität schleichend absinken lässt und einen allmählichen Dämmerschlaf einleitet. Wer hätte gedacht, dass Big Brother die Weißhaarigen zuerst fest im Griff haben würde?

Die Evolution von AAL hat erst begonnen, aber die Umrisse einer elektronischen Sicherheits- und Versorgungsgesellschaft sind längst absehbar. Die Meyer-Werft in Papenburg möchte zum Beispiel im Kampf um Kunden in der Kreuzfahrtbranche punkten. Für die Luxusliner, die ja gern von der älteren Kundschaft gebucht werden, wird gerade ein »sensitiver Bodenbelag« entwickelt, der durch integrierte Sturzdetektoren und Bewegungsmelder Alarm auslöst, sobald ein Passagier über längere Zeit reglos in seiner Kabine verharrt.

Vor allem im Bereich Demenz wird die Technotür gerade weit geöffnet – im Interesse der Kunden, aber natürlich auch im Interesse derer, die auf Gewinne hoffen. Da gibt es zum Beispiel das Projekt »inBad«, das die Fraunhofer-Gesellschaft betreibt: Mithilfe neuer Technologien werden Erinnerungshilfen zur täglichen Körperpflege beispielweise für Senioren oder auch für behinderte Menschen bereitgestellt. Auf diese Weise soll ihre Autonomie erhöht und ihnen ein längeres Leben in ihrer heimischen Umgebung ermöglicht werden. Die Bewohner zu beobachten und zu unterstützen, ohne sie zu stören, das ist das Ziel des Projekts »inBad – Assistive Badumgebung«. Das liest sich in einer Mitteilung des Fraunhofer-Instituts dann so: »Das elektronisch ausgestattete Badezimmer wird von der ganzen Familie gern benutzt: Es ist barrierefrei und hat eine Toilette, die die Bewohner erkennt und sich automatisch auf die passende Höhe einstellt. Das Licht geht automatisch an und aus und der Wasserhahn schaltet sich von selbst ab, um Wasser zu sparen. Besonders hilfreich ist das Bad beispielsweise für den Opa, der nach einem Schlaganfall etwas desorientiert ist und Alltägliches durcheinander bringt. Er vergisst, sich zu rasieren und seine Medikamente regelmäßig einzunehmen. Mithilfe von beleuchteten Piktogrammen zeigt der Spiegel an, was als Nächstes ansteht: waschen, Zähne putzen, rasieren, kämmen. Auch Duschtage sind eingespeichert und werden angezeigt. Wenn die Zeit für die Einnahme von Pillen gekommen ist, erinnert eine Stimme aus einem kleinen Lautsprecher daran. Wahlweise kann auch der Medizinschrank ›sprechen‹. Dieser wird dezent illuminiert, wenn die Medikamenteneinnahme ansteht. »Diese maßgeschneiderte Assistenz ist kombiniert mit der Dokumentation der Vorgänge, die im Bad ablaufen«, sagt Dr. Gudrun Stockmanns, Gruppenleiterin Health&Care-Solutions am IMS (Institut für mikroelektronische Schaltungen im Fraunhofer-Institut). »Sensoren an Tür, Toilette, Wasserhahn, Lichtschalter und Teppich erfassen jede Aktivität und zeichnen sie elektronisch auf. Dies ist wichtig, wenn Bewohner eines Tages professionelle Pflege benötigen. Arzt oder Pflegepersonal lesen am Computer ab, welche Pflegefunktionen ausgeführt wurden, wie oft das Badezimmer betreten oder die Toilette benutzt wurde oder ob jemand gestürzt ist.«

»Während der Einzelne vor dem Apparat verschwindet, den er bedient, wird er von diesem besser als je versorgt«, haben sehr weitsichtig Max Horkheimer und Theodor W. Adorno schon 1944 in der *Dialektik der Aufklärung* geschrieben – oder anders gesagt: Die Menschen bezahlen die Vermehrung ihrer Macht mit der Entfremdung von dem, worüber sie Macht ausüben. An dieser Diagnose kann in der Tat kein Zweifel bestehen. Aber wenn man heute gegen die allzu freudige Begrüßung der technischen Möglichkeiten im Bereich Demenz zaghafte Einwürfe vorbringt, erntet man entweder Spott oder wird als »ewiggestriger Romantiker« mehr oder weniger gereizt abgefertigt. (So geschehen jüngst bei einem Symposium.) Die angeblich guten alten Zeiten seien nun einmal vorbei. Ja, ein Zurück in die Vergangenheit soll und wird es nicht geben. Aber gerade deshalb ist ein Blick in die Zukunft notwendig. Und wer uns das nicht zubilligen mag, dem wird vielleicht zu denken geben, was Hannah Arendt dort gesehen hat: »dass eines Tages ein bis ins letzte durchorganisiertes, mechanisiertes Menschengeschlecht auf höchst demokratische Weise, nämlich durch Majoritätsbeschluss entscheidet, dass es für die Menschheit im ganzen besser ist, gewisse Teile derselben zu liquidieren.«[40]

Die Elektronifizierung der Pflege von Demenzkranken mag kostensparend sein, sie mag neue Sicherheiten schaffen, aber sie geht ohne Frage das Risiko ein, dass die Persönlichkeit des Einzelnen verloren geht. Wird der Mensch mit Demenz vom geliebten, ärgerlichen, herausfordernden Wesen zum Kunden einer elektronischen Betreuung, dann verschwindet sein Gesicht. Von dort aus ist es nur noch ein kleiner Schritt, diese »Menschen ohne Zukunft« nur noch als eine kostspielige, gesichtslose Masse wahrzunehmen, die der Allgemeinheit zur Last fällt. Die »fürsorgliche Überwachung« – von der erst einmal naiv-optimistisch die Rede ist –, kann dann zur fürsorglichen Abschaltung herausfordern. Man stelle sich die Kommune vor, die ihre Menschen mit Demenz im Wesentlichen elektronisch versorgt – sei es zu Hause, sei es in Einrichtungen: Auf den Monitoren ist jederzeit abrufbar, was das ganze Elend kostet. Das allein wird schon, so viel ist gewiss, Gedankenspiele provozieren, die die »Menschen mit Zukunft« dann irgendwann auch umgesetzt sehen wollen.

Denn eine Folge wird bislang ignoriert – weil die Demenz unverstanden ist. Elektronische Pflege wird sich gewissermaßen ihre eigenen Alzheimer-Klienten schaffen. Gerätschaften können unsere Körperfunktionen überwachen, sie können uns in Sicherheit wiegen, sie können aber nicht ersetzen, woran es unserem sensitiven, kommunikativen, sozialen Leben möglicherweise mangelt. Ganz im Gegenteil: Insgesamt betrachtet, wird ein vermehrter Einsatz von Technik im körper- und geistnahen Bereich die schon heute evidenten Tendenzen zur Isolation, zur Asozialität, zur Sprach- und Erinnerungslosigkeit eher verstärken. Diese Entwicklung würde also beispielsweise auch der Demenz immer neue und immer mehr Opfer zuführen.

Aber machen wir uns nichts vor: Die Weichenstellungen zur Elektronifizierung der Pflege sind im Grunde schon vollzogen. Dennoch ist der Kurs mindestens korrigierbar. Der Blick auf eine Alternative mag daher Anlass geben, noch einmal innezuhalten und zu bedenken, in welcher Richtung wir da unterwegs sind – bevor wir im nächsten Kapitel dazu übergehen, die erforderlichen Kurskorrekturen, wie sie in Ansätzen bereits vorgenommen werden, zu beschreiben.

Alls-timers

Im Jahre 2005 war eine kleine afroamerikanische Gemeinde Gegenstand einer Untersuchung zum Umgang dieser Kommune mit dem Phänomen »Demenz«.[41] Zunächst einmal ist auffällig, dass den Menschen, mit denen im Rahmen der Studie über »Demenz« in ihrer »community« gesprochen wurde, die Fachbegrifflichkeit – Demenz oder Alzheimer – völlig fremd war. Sie nannten diejenigen, die wir als Demenzkranke bezeichnen, schlicht Menschen, die ihr Gedächtnis (»mind«) verloren haben, denen ihr Gedächtnis »entglitten« ist. »Es ist etwas, das nun einmal passieren kann. Das ist nach unserer Auffassung keine große Sache«, sagte ein Interviewter.

Der Verlust der Erinnerung, des wachen Bewusstseins, ist nach Auffassung der meisten in dieser Untersuchung befragten Menschen einfach ein Teil des Alterns. Manche sehen in dem Phänomen auch eine Folge von Krankheiten, andere betrachten es als erblich oder stellen eine Verbindung mit Gefühlen und Verhaltensweisen her: »Diese Leute essen nicht richtig und man muss sein Hirn richtig ernähren.« Wieder andere halten Einsamkeit oder mangelnde Anregung für die Ursachen des Verlusts, und für einige ist die Verwirrung einfach eine Strafe Gottes oder die Folge eines Fluchs. Kurz, das biomedizinische Diagnose- und Deutungsmuster von Demenz konnte sich im Kontext dieser Gemeinde offenbar nicht durchsetzen.

Keiner der Gesprächspartner hat den Verlust des Gedächtnisses als einen Anlass gesehen, professionelle Gesundheitsexperten aufzusuchen. »Ich habe noch nie jemanden kennen gelernt, der ins Krankenhaus gegangen wäre, um dort zu sagen: ›Ich kann mich nicht mehr erinnern und ich bin ins Krankenhaus gekommen, um zu hören, was ich habe‹. Die Leute sagen einfach: ›O. k., ich werde alt und das ist nun einmal das, was passiert, wenn man alt wird.‹« Eine andere Frau berichtet, dass sie mit ihrem Ehemann wegen seines Blutdrucks beim Arzt war. Als sie sich bei der Gelegenheit dann auch gleich über die Sprachausfälle ihres Partners beschwerte, »hat der Arzt so Sachen gefragt wie ›wie heißt der Präsident?‹« Der Ehemann beantwortete alles richtig, aber der Arzt war trotzdem der Meinung, ihr Gatte habe vielleicht »Alls-timers«. »Aber ich habe nicht verstanden, was das ist: Alls-timers.«

Ein anderer Befragter berichtet von einem Test, der in einer Arztpraxis an einem von ihm begleiteten Freund durchgeführt wurde. In dessen Verlauf zeigte der weiße Arzt dem schwarzen Demenzverdächtigen eine Henkersschlinge – diese Schlinge gehört tatsächlich zum sogenannten Boston Naming Test für Alzheimer-Erkrankungen. »Haben Sie eine Vorstellung davon, was es bedeutet, wenn ein Weißer einem Schwarzen eine Henkersschlinge zeigt?« Ein Rassismus-Verdacht begleitet viele Begegnungen der afroamerikanischen Gemeindemitglieder mit Gesundheitsfachleuten: »Die wollten ihm einen Schlauch ins Gehirn stecken.«

Die Gespräche fanden in einer kleinen Siedlung an der Ostküste Floridas statt, die sich durch ein lebendiges Nachbarschaftsnetz auszeichnet. Schulen und Kirchen, kleine Geschäfte und Einfamilienhäuser kennzeichnen den Ort. Der Nachbarschaftskontakt ist so intensiv, dass »man« weiß, ob jemand krank ist. Wenn jemand länger nicht gesehen worden ist, dann klopft man und fragt: »Ich hab' dich länger nicht gesehen, ist alles in Ordnung?« Es gibt hier noch so etwas wie eine Kultur der spontanen Pflege. »Damit kann man umgehen, weil wir gelernt haben, zu tun, was erforderlich ist. Wir bemühen uns nicht um Tagespflege. Das brauchen wir nicht. Wir unterstützen uns gegenseitig. Es ist eben ein Dorf. Ein Dorfkonzept. Ich sehe: Du kannst das nicht, dann komme ich und mache das für dich. Ob sich das nun um Babysitting handelt oder darum, auf die Mutter aufzupassen.«

Frau Brown beispielsweise zeigte Symptome des Gedächtnisschwundes. Sie verirrte sich, wenn sie im Auto herumfuhr, sie wurde misstrauisch, nachts hatte sie Angst davor, allein zu sein. Sie hatte keine näheren Verwandten mehr, aber eine entfernte Verwandte lebte mit ihrer Mutter auf der gegenüberliegenden Straßenseite und diese Frau stellte nun eben sicher, dass beide – ihre Mutter und Frau Brown – gut zu essen bekamen. Sie sorgte auch dafür, dass der Briefkasten nicht überquoll. Eine andere Nachbarin schlief bei Frau Brown im Haus, sie sollte eigentlich 10 Dollar in der Woche dafür bekommen, aber niemand konnte sich daran erinnern, dass der Lohn jemals ausbezahlt worden wäre.

Eine weitere Nachbarin gewährte gelegentliche Chauffeurdienste und wieder eine andere jätete das Unkraut im Garten.

Auch Frau Simmons wird gemeinschaftlich umsorgt. Sie ist 75 Jahre alt und ihr Gedächtnis nicht mehr das beste. Sie lebt in einem kleinen Haus mit einem festen Zaun, fünf Hunde bewachen das Gelände. Der Sohn kommt dreimal am Tag, um Essen zu bringen: vor der Arbeit, in der Mittagspause und nach der Arbeit. Einer der Enkel ist meistens da, um nachts bei der Großmutter zu schlafen – was als eine ganz normale Sache gilt. Die Hunde ihrerseits sorgen dafür, dass keine ungebetenen Besucher ins Haus kommen. Nachbarn haben ein Auge auf die alte Dame und rufen den Sohn bei der Arbeit an, wenn irgendetwas Ungewöhnliches passiert.

Familie und Nachbarschaft kümmern sich in dieser Community um die Alten und Gedächtnisschwachen. Man zollt dem Sohn von Frau Simmons Respekt dafür, dass er tut, was in seine Verantwortung fällt. Wenn die Pflege und Umsorgung aufwändiger wird, dann geschieht es bisweilen, dass ein Familienmitglied den Job aufgibt, um bei dem Betroffenen einzuziehen. Sollte es notwendig sein, bezahlen ihn die anderen Familienmitglieder dafür. Die Familie und die Gemeinschaft sehen sich in der Pflicht, Pflege ist eine kommunale Angelegenheit gemäß dem Motto einer Befragten: »Dein Leben ist auch mein Leben und ich bin in dich verstrickt.« In diesem Lebenszusammenhang kommt es fast nicht vor, dass Hilfe von außen angefragt wird oder ein Mitglied der Kommune gar in ein Pflegeheim umzieht. Jemanden in ein Pflegeheim zu bringen, ist verpönt und gilt hier geradezu als ein Akt des Wegwerfens: »Throwing them away«. Eine Frau, die es dennoch tat, wurde als selbstsüchtig angesehen und war – so heißt es – ein Rätsel für die um sie herum.

Die Geschichte ist ein Blick zurück in eine nachbarschaftlich und familial eng verstrickte Gemeinschaft, wie man sie heute wohl überwiegend nur noch in der sogenannten Dritten Welt vorfindet – und in einigen abgelegenen ländlichen Regionen, etwa an der Ostküste Floridas. Die kleine afroamerikanische Gemeinde sollte deshalb keineswegs als »unsere Vision« missverstanden werden, als Lebensglück, in das wir nostalgisch zurückstreben. Nein, uns ist die Weite und Freiheit der »Gesellschaft« lieber als die enge, von Abhängigkeiten und sozialer Kontrolle geprägte »Gemeinschaft«. Gleichwohl lohnt der Blick zurück, denn er kann uns zweierlei lehren:

1. Die moderne Kommune mit ihrer Isolation der Menschen voneinander gebiert »Demenz«. Zugleich braucht sie dieses Etikett »Demenz«, um mit den verwirrten Alten überhaupt umgehen zu können. Die moderne Kommune skandalisiert Alzheimer, richtet ambulante und stationäre Dienste ein und wirft ein verzweigtes professionalisiertes Betreuungsnetz aus. In der afroamerikanischen Kommune, von der die Rede war, gibt es auch das Phänomen des Gedächtnisschwundes, aber es bleibt gewissermaßen sozial unauffällig, es wird kommunal verarbeitet – in den Familien und Nachbarschaften. Sichtbar wird das Phänomen erst, wenn die alten kommunalen Auffangnetze verschwunden sind.

2. Wir dürfen und können uns nicht mit einer Kommune abfinden, die gar keine mehr ist, sondern eine Ansammlung von isolierten Individuen darstellt. Tatsächlich können wir nicht ohne weiteres in nachbarschaftliche Lebenslagen zurück. Aber wir müssen voranschreiten in eine neue, andere Nachbarschaftlichkeit, in eine neue, andere Gemeinschaftlichkeit, die das Phänomen »Demenz« humanitär einbindet und so in Teilen zum Verschwinden bringt.

So machen uns die Menschen mit Demenz auf die Defizite unserer Lebenswelt aufmerksam. Für die von Alzheimer Verwirrten verschärft sich ihr Leiden dadurch, dass sie mehr und mehr nur noch als schiere Objekte der Versorgung erscheinen. Und ein solcher Mensch, der von anderen – und damit am Ende auch von sich selbst – nur noch als belastendes Betreuungsobjekt wahrgenommen wird, muss früher oder später verkümmern, selbst wenn die Fürsorge perfekt sein sollte.

Der medizinische Fortschritt lässt massenhaft neue Gruppen von Hilfsbedürftigen entstehen – die Pflegebedürftigen und Dementen, die chronisch Kranken und die Neo-Psychisch-Kranken mit leichteren Befindlichkeits- und Persönlichkeitsstörungen. Sie können das Gesundheitssystem an den Rand des Zusammenbruchs bringen. Fast alle leiden darunter, als Menschen betrachtet zu werden (und sich folglich selbst als solche zu empfinden), die durch den Mangel an Bedeutung für andere gezeichnet sind. Sie sind Empfänger mehr oder weniger schlechter Dienstleistungen, sie sind Kostenfaktoren und sie tragen zur Blüte der Leistungsgesellschaft nichts bei. Aus dieser Verzweiflungslage wächst dann – wen kann es wundern – der Satz, den man in Pflegeheimen täglich hören kann:»Ich will niemandem zur Last fallen«.

»Positive Personenarbeit«

Eine solche Entwertung und deren zusätzlich belastende Folgen für die ohnehin Leidenden werden selbstverständlich wahrgenommen. Neben der fortschreitenden Elektronifizierung der Pflege und zum Teil dezidiert gegen sie ist deshalb in jüngerer Zeit ein ganzer Strauß neuer Handlungsmöglichkeiten entwickelt worden: die personzentrierte Pflege in Anlehnung an Carl Rogers, die Validation nach Naomi Feil, das Dementia Care Mapping nach Tom Kitwood, das Snoezelen, die Milieutherapie, die Basale Stimulation oder HILDE, das Heidelberger Evaluationsinstrument zur Erfassung der Lebensqualität dementer Menschen, und einiges andere mehr. Auf all dies können wir hier nur beispielhaft eingehen. Insgesamt wecken solche neuen Ansätze jedoch die Hoffnung, dass es mit der Pflegesteinzeit –»satt und sauber« – bald vorbei sein könnte. Denn dass die Gefühle und Antriebe der Menschen mit Demenz überhaupt wahrgenommen werden sollen, dass man ihnen»validierend« im Sinne von»wertschätzend« zu begegnen versucht, das ist ein bedeutender humanisierender Schritt.

Matthias Wirtz berichtet aus einer Wohngemeinschaft für Menschen mit Demenz[42]: Frau Schuster weint fast immer, wenn sie aufwacht. Neben ihrer Demenz leidet sie an der Parkinsonkrankheit. Sobald sie wach wird, erfährt sie Schmerz und Ohnmacht, ihr Körper gehorcht nicht ihrem Willen. Das Pflegepersonal empfindet dieses Weinen als Belastung. Frau Schuster fordert damit auch Pflegeleistungen ein, die sie gar nicht unbedingt brauchte. Sie könnte an Tagen, an denen es ihr gut geht, selbst zur Toilette gehen. Und manchmal stellt sie sich den Pflegenden, die sich anderen Klienten zuwenden wollen, einfach in den Weg.

Ein Gespräch mit der Tochter von Frau Schuster macht biografische Hintergründe für das Verhalten ihrer Mutter deutlich. Ihr Sohn wurde ermordet, ihr Mann starb in ihrem Beisein einen plötzlichen Herztod – Verluste und Traumata spielen eine große Rolle in ihrem Leben. Sie hat Gefühle und Stimmungen, die sie überfallen und denen sie ausgeliefert ist. Und sie kann angesichts ihrer zunehmenden Demenz das Erlebte und Gefühlte nicht richtig verarbeiten, in Worte fassen und ihrer Umwelt mitteilen.

In einer Fallbesprechung mit all jenen, die am Umgang mit Frau Schuster beteiligt sind, werden die neu gewonnenen Erkenntnisse diskutiert. Das Verhalten der alten Dame wird neu gedeutet: Es wird nun nicht mehr als eine Störung des Pflegeablaufs angesehen, sondern als ein Kommunikationsversuch. Auch die gesteigerte Aufmerksamkeit, die die Klientin normalerweise ihrem Gesundheitszustand widmet, kann anders aufgenommen werden: nicht als enervierende Ängstlichkeit, sondern als eine Ressource, die auch den Pflegekräften nutzt. Frau Schuster muss sieben Mal am Tag zu genau festgelegten Zeiten Medikamente einnehmen. Wenn die Klientin fortwährend auf die Vergabe der Medikamente hinweist, können die Zeiten kaum vergessen werden. So hilft Frau Schuster durch ihr herausforderndes Verhalten auf ihre Art den Pflegekräften. Kurz, das entnervende Verhalten von Frau Schuster bekommt einen anderen Akzent. Das führt zu einem neuen Umgang mit ihr. Frau Schuster reagiert eindeutig positiv auf die

»wertschätzenden« Versuche, sie in das Leben der Gruppe einzubeziehen, mit ihr in ein Gespräch einzutreten. Es geht ihr bald sichtlich besser, auch das Weinen wird nun seltener.

»Personzentriertes« Arbeiten will vor allem eine Haltung fördern, die den Menschen mit Demenz nicht von seinen kognitiven Defiziten her betrachtet, sondern danach fragt, was die Person kennzeichnet und auszeichnet. Personzentriertes Arbeiten will nicht die kognitiven Einbußen kompensieren, sondern sich an den Möglichkeiten und Fähigkeiten einer Person orientieren. Es geht, mit einem Wort, nicht um ein Mehr, sondern um ein Anders in der Realisierung von Pflege und Betreuung.

Das ist auch die Grundlage eines von Tom Kitwood entwickelten Konzeptes, das »Dementia Care Mapping« heißt. In Deutschland hat sich vor allem Christian Müller-Hergl für die Umsetzung des Konzeptes engagiert. Danach soll ein Mensch, der unter Demenz leidet, in seiner Gesamtheit wahrgenommen werden. Seine Persönlichkeit und seine Biografie, die physische Gesundheit und die Sinnesfunktionen, das sozialpsychologische Umfeld, die Beziehungsmuster und Interaktionen werden in die Betrachtung einbezogen.

Kitwood spricht von psychischen Grundbedürfnissen einer Person mit Demenz und macht diese »Grundbedürfnisse« zum Ausgangspunkt seines Konzepts einer »positiven Personarbeit«: Einbeziehung in Gruppen, Bindung, Trost, Identität, Tätigkeit und Arbeit sowie, als zentrales Element, Liebe. Die »Personarbeit« besteht zunächst einmal darin, Fragen zu stellen, die in der traditionellen Betreuungssituation zumeist nicht gestellt werden. Diese Fragen kreisen im Wesentlichen um zwei Bereiche: um die Persönlichkeit einerseits und um die sozialpsychologische Situation des Klienten andererseits:

- Persönlichkeit: Worauf legt die Person Wert? Was sind ihre Leidenschaften und Ängste? Welche Rituale sind wichtig? Was bringt die Person zum Lachen? Was stört sie, was regt sie auf? Welche Situationen sind schwierig?

- Sozialpsychologische Situation: Wie teilt sich die Person mit – Gesten, Bewegungen, Mimik, Jammern, Weinen, Schreien? Zu wem hat die Person gern Kontakt? Mag sie gern in der Gruppe sein oder ist sie lieber allein? Worüber spricht die Person gern? Bevorzugt sie verbale oder nonverbale Zuwendung? Wo hält sich die Person überwiegend auf, wo fühlt sie sich wohl und wo nicht?

Eine derart akzeptierende Grundhaltung fördert positive Empfindungen und kann sich dadurch auch auf das Hirnorganische auswirken. Das kann kaum bestritten werden. Insofern stellt das personzentrierte Arbeiten gegenüber der routinisierten Funktionspflege ganz eindeutig eine Verbesserung dar. Dennoch handelt es sich auch beim Dementia Care Mapping (das Konzept ist urheberrechtlich geschützt) um eine Form der Professionalisierung, die ihrerseits Fragen aufwirft. So zu tun, als seien alle Beteiligten ihrer Gefühle mächtig, sofern sie denn besprochen und reflektiert werden, ist ein heikler Schritt.

Solange die Pflege sich auf die Versorgung des Körpers beschränkte, war ziemlich klar, was gute und was schlechte Pflege ist. Mit der Hinwendung zur »Seele«, zu den Emotionen und Befindlichkeiten wird alles sehr viel ambivalenter. Der zu Pflegende droht zum alleinigen Maßstab der gesamten Betreuungssituation zu werden. Dadurch kann eine Kunstwelt, ein hybrider Raum entstehen, der die menschliche Normalität – zu der auch Zorn, Ungeduld und Vernachlässigung gehören – zum Verschwinden bringt. Der Empfänger auch einer personzentrierten Pflege nimmt sich zwangsläufig als in jeder Hinsicht anspruchsberechtigt wahr – in einer auf Sicherheit und Versorgung ausgerichteten Welt, in der selbst noch die alltägliche Begegnung zwischen Patient und Pflegendem von Ausbildungselementen überformt ist.

Wohin sind wir im Umgang mit kranken, hilfsbedürftigen, dementen Menschen gekommen, wenn wir uns ihnen mit urheberrechtlich geschützten Bewertungs- und Behandlungskonzepten nähern? Welches fragwürdige Menschenbild offenbart sich in dem Versuch, aus der Liebe und dem Trost – die doch nur im Gegenüber und im gleichberechtigten Miteinander von Menschen lebendig sein können – einen Katalog von Grundbedürfnissen zu machen, die Betreuende oder Pflegende nun befriedigen sollen? An die Stelle eines direkt-naiven zwischenmenschlichen Umgangs, der natürlich seine Fallstricke und Risiken hat, tritt eine Technologie der Menschenbehandlung, die die guten Absichten der Vertreter solcher neuen Ansätze zu konterkarieren droht.

Der ganze Korb voller neuer Konzepte bezeugt einerseits in schöner Weise das berechtigte Anliegen, dass die Menschen mit Demenz nicht länger als Versorgungsobjekte wahrgenommen werden sollen, sondern als Menschen, denen man sich zuwenden möchte. Das ist wichtig und richtig. Andererseits aber macht beispielsweise das DCM-Konzept den humanen Gedanken unweigerlich zur Ware und erklärt den Pflegenden zu einem Experten der Humanität. Was als Kritik am bestehenden Unwesen der Pflege auf den Weg kommt, kann auch in die falsche Richtung deuten. Ein solches Konzept läuft Gefahr, Teil einer Menschentechnologie zu werden, die auf »höherem« Niveau angesiedelt ist und sich damit zugleich praktisch unangreifbar macht.

So wie aus Krankenhäusern allmählich Medizinfabriken geworden sind, so droht nun eine Umwandlung der Pflegeheime in automatisierte Pflegefabriken, in denen dann die personzentrierte Pflege – gegen die Intention ihrer Erfinder und Förderer – zu einem Bestandteil der Human Relations wird. Sie sollen im Grunde vor allem dazu beitragen, die Fabrikabläufe fluide zu halten und die Gewinnerwartungen der Betreiber zu bedienen. Das entspräche sicher nicht zufällig den modernsten Managementtheorien, wonach eine selbstverpflichtende Mitwirkungsbereitschaft der Angestellten – ihre Compliance – die wichtigste Ressource für den effizienten Betriebsablauf ist: eine Art Mobilisierung der Innerlichkeit zum Zwecke der Motivation und der Personalführung.

In dieser Lesart kann DCM auch als Versuch angesehen werden, die Demenz institutionell besser beherrschbar zu machen und die privat-verrückte Regung unter gesellschaftliche Kontrolle zu bringen. Das Verweigernde, das Irrationale, das Träumerische der Demenz wird durch moderne, flexible, anpassungsfähige »Verstehensmuster« neutralisiert. Wenn man so weit gehen wollte, die bestehenden ambulanten und stationären Einrichtungen als krank zu bezeichnen, dann wäre DCM sogar als Instrument zu verdächtigen, das eben diese Krankheit verbergen soll.

Aber so weit wollen wir selbstverständlich nicht gehen – sondern uns stattdessen selbst den schwierigen Fragen stellen: Was ist gute Pflege? Was ist eine menschenwürdige Versorgung unter den Bedingungen der Demenz? Der Versuch, darauf überwiegend mit mehr Technik, mit mehr Ausbildung und mit mehr humanem Raffinement zu antworten, ist aus unserer Sicht – das sollte deutlich geworden sein – bei Weitem nicht ausreichend. Ein solcher Versuch führt möglicherweise sogar in die Irre, weil er gerade für die Menschen mit Demenz die falschen Antworten parat hält. Nach allen Erkenntnissen und Indizien, die wir über das komplexe Entstehungsmilieu von Alzheimer zusammengetragen haben, ist die Demenz eben nicht nur individuell – biologisch, biografisch – geprägt, sondern zugleich immer auch sozial und kulturell durchwirkt. Sich auf das Einzelschicksal zu konzentrieren, greift zu kurz.

Eine rein personzentrierte Pflege müsste deshalb durch eine »gesellschaftszentrierte« Pflege abgelöst werden, in deren Rahmen etwa die »Biografiearbeit« nicht nur den je individuellen Menschen in den Blick nimmt und dadurch sein Leiden notwendig als Einzelfall betrachtet. Nein, vielmehr müsste das Schicksal der Menschen in einer sich radikal veränderten sozialen Umwelt stets mit bedacht werden. Und nicht nur bedacht: Auf diese Umwelt müssen wir einwirken, wir müssen sie künftig sowohl in der Demenzforschung als auch im Umgang mit Dementen entschieden mit einbeziehen. Ein solcherart »integrierter« Ansatz erforderte im Bereich der Pflege nichts weniger als einen Paradigmenwechsel.

Akzeptanz, Einfachheit und Liebe

Auswege aus dem Demenzdilemma

Klaus Dörner, einer der renommiertesten Vertreter der deutschen Sozialpsychiatrie, plädiert seit längerem dafür, dass die Lasten, die in der Pflege und Betreuung von Menschen mit Demenz zu tragen sind, auf mehrere Schultern verteilt werden müssen. Die Angehörigen sind oftmals emotional sehr verstrickt, deswegen eignen sie sich vielleicht am wenigsten dafür, aktiv zu helfen. Sie bedürfen jedoch mindestens der Unterstützung. Die professionell Pflegenden sind – institutionell, medizinisch, hygienisch, juristisch – vielen Aufgaben, Zwängen und Vorgaben unterworfen. Sie wären mit einem integrierten Pflegeansatz, der den Einzelnen in seiner Individualität wahrnimmt und ihn zugleich als lebendigen Resonanzboden der gesellschaftlichen Verhältnisse begreift, zweifellos überfordert.

Gebraucht wird deshalb ein Bürger-Profi-Mix des Helfens, der den profizentrischen Ansatz der Pflege zu einem bürgerzentrischen Konzept erweitert. Klaus Dörner spricht von einem »dritten Sozialraum der Nachbarschaft«, der neben den privaten und den öffentlichen treten müsse und schon hier und dort tatsächlich bereits sichtbar wird. Man denke nur an die steigende Zahl der freiwilligen Helfer gerade im sozialen und gesundheitlichen Bereich, man denke an die rund 80 000 Helferinnen und Helfer in der Hospizarbeit. Die Chance einer solchen neuen nachbarschaftlichen Lebendigkeit liegt zweifellos auch darin begründet, dass es den Menschen sicherlich schwer fällt, sich für das Elend der ganzen Welt zu engagieren, dass sie sehr wohl aber bereit sind, für den Menschen, den sie kennen und für ihren eigenen begrenzten Sozialraum einzutreten.

Das moderne Individuum hat sich der Eierschalen entledigt, die den Einzelnen in Gemeinschaften beengt und geschützt haben. Es steht nun mit sich, seiner Freiheit und seiner Identität zunächst einmal prinzipiell allein da. Wenn dieses Alleinsein, das haben wir gesehen, nicht durch neue Gemeinschaftsformen überwunden wird, kann es in die Demenz münden. Es kann also einer der Gründe dafür werden, warum das Gehirn, das eben nicht alles nur aus sich selbst schöpfen kann, seinen Dienst quittiert. Aus dem Alleinsein entspringen dann am Ende die Depression und die Demenz – das »erschöpfte Selbst«, wie der französische Soziologe Alain Ehrenberg sein Buch über die Mühen der Selbstverwirklichung in der Gesellschaft der Gegenwart genannt hat. Die Demenz – wie die Depression – ist immer auch Ausdruck vergangener Lebenserfahrungen und aktueller Lebenslagen. Sie zeigt nicht zuletzt die Krankheit einer Gesellschaft, die kaum noch etwas anderes zusammenhält als ihr pragmatischer Betrieb, einer gleichsam »monadischen« Gesellschaft, die unverbindlich geworden ist und in der alles einst Verbindende sich in die Eigenverantwortung der vielen Einzelnen zerstreut.

Aber das Alleinsein ist kein unabwendbares Schicksal. Das erleben wir glücklicherweise immer wieder, nicht nur im Privaten. Tatsächlich sind die Anfänge einer neuen Solidaritätsbewegung mittlerweile unverkennbar – auch im Bereich der Demenzforschung und Demenzversorgung. Gegen eine zunehmende Pathologisierung von Alterserscheinungen, gegen die geschilderte Elektronifizierung wie auch gegen eine humantechnologische Professionalisierung der Pflege regt sich inzwischen ein Widerstand, der einen anderen, einen zivilgesellschaftlichen Weg einzuschlagen fordert. Diese Gegenbewegung lässt in Konturen durchaus erkennen, was Klaus Dörner jenen »dritten Sozialraum der Nachbarschaft« genannt hat – und was man ebenso gut eine Re-Vergesellschaftung der Verantwortung nennen könnte.

Die Botschaft der Demenz

»Ich bin ein törichter, einfältiger, alter Mann, achtzig und mehr; nein, keine Stunde mehr, und auch nicht weniger! Offen gesagt, ich fürchte, ich bin gar nicht ganz bei Trost. Ich glaub, ich sollt Euch kennen und den Mann da, doch ich bezweifle es, denn ich weiß gar nicht, wo ich hier bin und kann bei aller Müh mich nicht erinnern an die Kleider; und ich weiß auch gar nicht, wo ich in der Nacht war. Lacht mich nicht aus.«

In Shakespeares Tragödie *König Lear* verliert der König allmählich den Verstand. Verwirrt, verwahrlost und verlassen stolpert er schließlich durch eine öde Landschaft. Ganz sicher würde er heute als dement diagnostiziert werden. Zur Erinnerung: König Lear verlangt zu Beginn des Stückes eine Liebeserklärung von seinen Töchtern. Zwei heucheln ihm ihre Zuneigung vor, eine, Cordelia, die Jüngste, sagt die Wahrheit – und wird daraufhin enterbt und verjagt. Der alte König will sich nun zur Ruhe setzen und übergibt sein Reich in die Hände der beiden Schmeicheltöchter, die ihn umgehend seiner verbliebenen Güter und Privilegien berauben, ihn misshandeln und schließlich verstoßen. Verzweifelt fragt Lear zuvor nach den Ursachen seiner Verwirrtheit, woraufhin die ältere der habgierigen Töchter antwortet: »O sir, you are old.« Der König selber aber ist überzeugt, dass ihn die Undankbarkeit der eigenen Töchter (»filial ingratitude«) in den Wahnsinn getrieben habe.

Niemand würde wohl heute zu behaupten wagen, dass es die Lieblosigkeit der Kinder sei, die alte Menschen in die Demenz treibt. Es ist undenkbar, geradezu ein Tabu, die Demenz individuell als Schuld zuzurechnen: Du, Tochter, du, Sohn, bist Schuld, dass deine Mutter in den Wahn versinkt. Mancher Angehörige wird sich solche Fragen wahrscheinlich dennoch stellen, aber sollte er darin auch nur einen Funken Wahrheit entdecken, dann wäre das im wahrsten Sinne des Wortes eine Privatangelegenheit. Unverkennbar ist die Demenz hingegen ein öffentliches, ein weithin sichtbares Fanal: Die Menschen mit Demenz deuten uns, so könnte man sagen, unsere Gesellschaft.

Vieles spricht dafür, dass wir King Lears Selbsterklärung aus dem familiären Kontext in unsere soziale Situation übersetzen können. Danach wäre die Demenz Ausdruck einer vom Vergessen besessenen, haltlos gewordenen Gesellschaft, die auf ihrer Rückseite desorientierte Individuen produziert. In diesem Sinne lassen sich die Menschen mit Demenz als Leuchttürme begreifen, sie leuchten uns den Weg – vielleicht können sie uns sogar erleuchten. Sie machen uns die Verwahrlosung unserer Nachbarschaft, unserer sozialen Milieus deutlich: Familien, die einfach nicht mehr imstande sind, Menschen mit Demenz zu beherbergen; Nachbarschaften, die sich nicht kümmern können, weil niemand Zeit hat; Gemeinschaften, die von Konkurrenz, Vereinzelung und Egoismus geprägt sind und deshalb für Schwache keinen Schutz mehr bieten. Das ist schließlich – so denken sicherlich viele – Sache des Staates, der organisierten Daseinsvorsorge.

»Hearing the voice of the people with Dementia«: Auf die Stimme der Menschen mit Demenz hören – das ist eine Mahnruf, der aus Großbritannien zu uns herübertönt. Er schließt eben nicht nur die Bereitschaft ein, auf die Stimme einzelner Verwirrter zu hören. Es geht auch um die Bereitschaft, ein offenes Ohr dafür zu haben, was uns die Menschen mit Demenz insgesamt über uns, die angeblich Gesunden, mitteilen: dass wir in eine soziale Verwüstung geraten sind, dass wir wie die Trümmerfrauen in der Nachkriegszeit auf zusammengestürzten Häusern herumstolpern und versuchen müssen, daraus eine neue Lebenswelt aufzubauen. Nicht mehr und nicht weniger können wir hören, wenn wir die Stimme der Menschen mit Demenz vernehmen. Im Grunde rufen sie uns in Erinnerung, was in afrikanischen Gesellschaften offenbar besser bewahrt ist als bei uns. Die Zulus sagen: Umuntu ukumuntu ngibanye abantu: »Ein Mensch wird ein Mensch nur durch andere Menschen.« Und der Friedensnobelpreisträger Bischof Tutu verweist auf das südafrikanische Ubuntu – das heißt übersetzt: essen von einer gemeinsamen Mahlzeit. Diese Aussage ist von der Botschaft getragen, »dass jeder von uns wichtig ist und wir uns gegenseitig brauchen«. Wir sind Menschen nur in der Beziehung zu anderen Menschen.

Mary Marshall hat im schottischen Stirling einen ganz neuen Umgang mit Demenz ins Leben gerufen. Sie spricht davon, dass ein Teil der Behinderung, die Menschen mit Demenz erleiden, von der Art und Weise verursacht wird, in der wir mit ihnen als »Kranken« umgehen. Die Beeinträchtigung durch Demenz wird zur Behinderung, weil das soziale Umfeld – mitsamt den baulichen Voraussetzungen – weder auf irgendeine Beeinträchtigung vorbereitet ist, noch damit umzugehen versteht. »Was können Menschen mit Demenz uns geben?«, möchte Mary Marshall wissen, statt sich von der Frage leiten zu lassen: »Was können wir für die Menschen mit Demenz tun?«[43]

In Stirling gibt es das Iris-Murdoch-Institut. Iris Murdoch ist eine bedeutende britische Schriftstellerin gewesen, die vor ihrem Tod in die Demenz versunken war. Der Film *Iris* schildert ergreifend ihre letzten Jahre und die Versuche ihres Mannes, mit der zunehmenden Verwirrtheit zurechtzukommen, die schließlich in einer gemeinsamen Verwahrlosung enden. Mit dem Vermögen der beiden, das sie hinterlassen haben, wurde das Institut einst gegründet. Es ist »demenzgerecht« gebaut worden. Das fängt damit an, dass der Trittschall allenthalben gut gedämpft ist und dass die Räume nicht hallen – für Menschen mit Demenz, deren Sinneskräfte sich verschlechtern, ist das sehr wichtig; man kann sich gut verstehen. Außerdem sind die Räume hell und gut beleuchtet, man kann sich gut sehen, stolpert nicht über Treppen, die schlecht erkennbar sind. Die Küchenschränke haben Glastüren, sodass man gleich sehen kann, wo was steht. Das Bett ist so ausgerichtet, dass der Blick beim Wachwerden gleich in das Bad fällt, sodass derjenige, der vergesslich geworden ist, sofort wieder weiß, weshalb er aufgewacht ist und wohin die Schritte zu lenken sind.

Eine solche Perspektive auf die Demenz führt ganz von selbst dazu, dass sich die Pflege von Dementen nicht zuerst an den Pflegeaufgaben orientiert, die abzuarbeiten sind, sondern an der Person, um die es geht. Ein schwieriger Balanceakt, keine Frage. Denn auch die kleinen Pflegeaspekte des Alltags, daran erinnert Mary Marshall zusammen mit Margaret-Anne Tibbs zu Recht, können große Bedeutung haben: Wenn Fußnägel geschnitten werden, die zu lang sind, kann das einen erstaunlichen Unterschied für die Moral und die Mobilität einer Person ausmachen. Eine Verstopfung zu behandeln, kann eine immense Veränderung für die intellektuelle Präsenz und das Wohlbefinden nach sich ziehen. Schlechtes Sehen und Schwerhörigkeit werden oft zum Anlass, einen Menschen für dementer zu halten als er ist: Falsche Reaktionen werden dann der Verwirrtheit und nicht der Schwerhörigkeit zugerechnet. Und eine schlechte oder gute Ernährung kann sich deutlich auf den Demenzzustand einer Person auswirken. Oft kann ein Mensch mit Demenz eben nicht mehr ausdrücken, was er mag, was er wünscht, was ihm fehlt, wo ihn Schmerzen plagen oder weswegen er sich unwohl fühlt.

Im Grunde ist von Pflegenden – Profis wie Angehörigen – ein Stück Detektivarbeit gefordert. So ist zum Beispiel Schlaflosigkeit ein häufiges Phänomen bei Demenz. Aber manchmal schafft ein kluges Einfühlungsvermögen Abhilfe: Frau Green beispielsweise läuft im Pflegeheim die ganze Nacht herum. Schließlich hat ein Pflegeassistent den Einfall, eine große Uhr auf ihr Betttischchen zu stellen. Danach steht Frau Green nur noch zu den üblichen Zeiten auf. Frau O'Shea wiederum wurde von einem Tag auf den anderen nachts sehr unruhig und lief ebenfalls umher. Bis ein Pflegeassistent bemerkte, dass vor ihrem Fenster ein großes neues Straßenlicht angebracht worden war. Frau O'Shea dachte nun offenbar in der Nacht, dass der Tag angebrochen sei. Dickere Vorhänge wurden aufgehängt und ihr Schlaf war wieder regelmäßig.

Schlaflosigkeit wird oft als eine Folge der Demenz angesehen, aber sie verlangt manchmal einfach nur praktische Lösungen.

Bis in die späten 1980er Jahre wurde allgemein angenommen – und viele behaupten das ja bis heute –, dass Menschen mit Demenz infolge ihrer Hirnschädigung nur Unsinn reden. Mary Marshall unterstreicht hingegen, dass es durchaus möglich sei, mit den meisten Dementen zu kommunizieren. Man muss allerdings auch daran denken, dass sie, wie wir alle, gute und schlechte Tage haben können. Wer dies berücksichtigt, wird im Gespräch mit einem Menschen, der an Alzheimer leidet, nicht gleich mit einer Frage ins Haus fallen – was in Alltagssituationen sonst ja das Normale ist:»Wie geht es dir?«,»Wie heißen Sie?«,»Wie hast du geschlafen?«,»Was haben Sie gestern gemacht?« Ein vergesslicher Mensch wird von einer Frage, die er vielleicht nicht spontan beantworten kann, sogleich frustriert sein. Ein Gespräch könnte beispielsweise eher so beginnen und dann einen besseren Verlauf nehmen:»Guten Tag, Mrs. Dawson. Mein Name ist Mary Marshall. Als wir uns das letzte Mal gesehen haben, saßen wir gemeinsam im Wohnzimmer. Sie haben mir von Ihren Gedächtnisproblemen erzählt.«

Menschen mit Demenz kommunizieren oft mehr ihre starken Emotionen, als dass sie Worte und Sätze formulieren. Doch während uns das bei kleinen Kindern vertraut ist, stürzt es uns bei älteren Menschen in Ratlosigkeit. Aber hier wie dort bedarf es lediglich einer sensiblen Einfühlung sowie ein wenig Zeit und Übung, um auf die Spur dessen zu kommen, was mitgeteilt werden soll. Es gibt Forschungen, die sich mit dem letzten Stadium der Demenz beschäftigt haben und mit der Frage, welche Kommunikationsmöglichkeiten es dann noch gibt. Was kann man tun, wenn jemand kaum noch sprechen kann, vollständig verwirrt zu sein scheint und sich selbst vergessen hat? Einer der Vorschläge, der aus solchen Forschungsprojekten hervorgegangen ist, zielt auf mimische Nachahmung. Das mag auf den ersten Blick albern anmuten und könnte wie eine Beleidigung aussehen. Tatsächlich eröffnet es die Möglichkeit, die Situation umzukehren: Die betroffene Person gewinnt auf diese Weise die Kontrolle über das Geschehen zurück, sie kann quasi bestimmen, was ihr Gegenüber machen soll. Eine Musiktherapeutin hat zum Beispiel die Töne, die auf Instrumenten gespielt wurden, nachgesungen: Daraus ist dann ein lebendiger Austausch erwachsen, ein musikalisch-mimetisches Hin und Her zwischen Patient und Therapeut.

Es bedarf also des sensiblen, detektivischen Hinhörens und Hinsehens, um Situationen zu verstehen, und natürlich verläuft da nicht immer alles harmonisch oder voller Übereinstimmung. Mary Marshall beschreibt das Beispiel von Herrn Allan, der manchmal lustlos in seinem Essen herumstochert und das meiste auf dem Teller liegen lässt. Bei seiner Frau, und das weiß er, löst das Angst und Besorgnis aus. An anderen Tagen isst er alles auf. Wenn man Herrn Allan beobachtet, dann kann man erkennen, dass er, wenn er aus irgendeinem Grunde aufgeregt oder missgestimmt ist, nicht essen kann. Er benutzt das auch, um Ärger über seine Frau zum Ausdruck zu bringen. Er kann diesen Ärger nicht einfach aussprechen, weil er nur zu genau weiß, dass er vollständig abhängig ist von ihr. Wenn man mit ihr spricht, dann bemerkt man eine spiegelbildliche Entsprechung: Durch ihr Kochen bringt sie sowohl ihre Liebe und Fürsorge als auch ihre Macht zum Ausdruck; und sie spürt, dass sein Verhalten ein Affront gegen sie ist. Das Essen – so kann man sagen – ist in dieser Konstellation eine Art Sprach-, aber auch Schlachtfeld.

Neue Wege im Umgang mit Demenz? Rezepte gibt es da überhaupt nicht, und alles, was Rezeptcharakter hat, muss im besten Fall scheitern. Im schlechten Fall verschärfen Rezepte das Elend der Betroffenen, ihrer Angehörigen und auch ihrer Pfleger. Das nicht organisierbare, nicht mit Ausbildungsprogrammen herstellbare Einfühlungsvermögen, die Erfahrung und die Liebe sind Wege aus der schwierigen Situation. Viele familiäre und institutionelle Pflegesituationen sind vor allem dann und nur deshalb human und hilfreich, weil sie vom Einfallsreichtum der Menschen, von der

Fähigkeit zur überraschenden Reaktion geprägt sind. Eben daraus gewinnen sie ihre Menschlichkeit.

In Ruhe verrückt werden können

Jan Wojnar hat in Hamburg viele Jahre Menschen mit Demenz psychiatrisch betreut – und er steckt voller Geschichten, die vom Ausbruch aus der Pflegeroutine erzählen[44]: »Bei der Begrüßung zweier demenzkranker Damen, die bequem auf einem Sofa sitzen, beuge ich mich tief vor, um nicht ›von oben herab‹ auf sie herunter zu blicken, und reiche ihnen die Hand. In diesem Moment verspüre ich einen heftigen Tritt in den Hintern und falle mit Wucht auf die beiden. Vor Wut entbrannt springe ich hoch und sehe hinter mir eine kleine, 94-jährige, demenzkranke Frau, die ruft: ›Den habe ich mitten in den Arsch getreten!‹ Dabei lacht sie laut auf und versucht mit Mühe, das Gleichgewicht zu halten. Die Frage: ›Warum tun Sie so was?‹, scheint sie zu überraschen. ›Ja, was denn? Ich habe doch nichts getan!‹, antwortet sie und der Blick ihrer großen Augen drückt völlige Unschuld aus. Die Betreuenden berichten, dass sie sich häufiger so verhält und schlagen eine Behandlung mit ›aggressionsdämpfenden Medikamenten‹ vor. Daraufhin beuge ich mich vor, strecke ihnen meinen Hintern entgegen und sage: ›Stellen Sie sich vor, Sie gehen jetzt vorbei. Was würden Sie gerne tun, wenn Sie ganz sicher sein könnten, dass niemand Sie sieht und ich nie erfahren würde, dass Sie es getan haben?‹ Alle lachen und murmeln: ›Demenz hat auch gute Seiten.‹«

»In Ruhe verrückt werden können« – das ist und bleibt wahrscheinlich eine unerträgliche Provokation für die Gesunden, die immer und meist vergeblich versuchen werden, den Verwirrten aus seiner Verwirrung herauszuholen. Das heißt: Die treibende Kraft in der Betreuung, die zu fast zwangsläufigen Frustrationserlebnissen seitens der Betreuer führt, ist eigentlich der Schreck der »Gesunden« beim Anblick der Demenz. Die Betroffenen selbst scheinen ja manchmal ganz zufrieden zu sein in ihrem Zustand. Warum sollte man sie also nicht in Ruhe verrückt werden lassen?

Schon Meister Eckhart, der mittelalterliche christliche Mystiker, hatte unser Problem mit der Gelassenheit, dem »Lassen können«, hellsichtig erkannt: »Es kam einmal ein Mensch zu mir – es ist noch nicht lange her – und sagte, er habe große Dinge hinweggegeben an Grundbesitz, an Habe, um dessentwillen, dass er seine Seele rettete. Da dachte ich: Ach, wenig und Unbedeutendes hast du doch gelassen! Es ist eine Blindheit und eine Torheit, solange du irgendwie auf das schaust, was du gelassen hast. Hast du aber dich selbst gelassen, so hast du wirklich gelassen. Der Mensch, der sich selbst gelassen hat, der ist so lauter, dass die Welt ihn nicht leiden mag.«[45]

Die Sätze des Meister Eckhart sollen natürlich nicht das Elend und den Schrecken derjenigen schönreden, die ihren Verstand verloren haben – allein schon deshalb nicht, weil sie ihn ja, soweit wir wissen, nicht gelassen haben, sondern weil er ihnen unfreiwillig abhanden gekommen ist. Der Schritt in die Demenz ist ganz sicher kein willentlicher Akt, auch wenn der Weg in die Verwirrung manchmal wie die unbewusste Flucht aus einer unerträglich gewordenen Realität wirkt. Auch das ist ja ein Grund, warum das Versinken der Person in ein Verstandes-Dämmerlicht von uns heute mit so besonderer Angst registriert wird: weil wir das »Individuum« so ziseliert ausgearbeitet haben, es so wichtig nehmen und zugleich seine Fragilität ahnen. Diese Ahnung scheint die Menschen extrem zu verunsichern, sodass sogar ein philosophisches Buch mit dem bezeichnenden Titel: *Wer bin ich – und wenn ja wie viele?* zum Bestseller werden kann. Hermann Hesse hat im *Steppenwolf* von der »Fiktion des Ich« gesprochen. Im Buddhismus habe man – so Hesse – stets daran gearbeitet, »den Wahn der Persönlichkeit zu entlarven«, während der Okzident sich stets um die Stärkung und Stützung dieser »Persönlichkeit« bemüht habe. »Der Mensch ist eine aus hundert Schalen bestehende Zwiebel, ein aus vielen Fäden bestehendes Gewebe«, ein Bündel von vielen Ichs.

Dazu noch ein Beispiel von Jan Wojnar: »Eine schwerst demenz-kranke, bettlägerige Frau reagierte seit Monaten auf keine äuße-ren Reize mehr. Sie lag fast bewegungslos im Bett, blickte durch alle hindurch und fixierte mit ihren Augen die Unendlichkeit. Während eines Besuchs ihres Neffen erfuhren wir, dass sie zwar als Schneiderin ausgebildet worden sei, aber lange unter dem Pseudonym ›Frau Renate‹ in einer Illustrierten Leserbriefe be-antwortet habe. Während der nächsten Visite sprach ich sie mit dem Nachnamen und Vornamen (Gisela) an, jedoch ohne jegliche Reaktion ihrerseits. Als ich dann ›Frau Renate!‹ sagte, drehte sie sich zu mir um und fragte: ›Ja...?‹ Schon diese Reaktion war für alle verblüffend. Darauf antwortete ich: ›Ich habe ein Problem! Ich habe mir ein Auto gekauft und habe jetzt kein Geld, um es zu bezahlen. Was soll ich tun?‹ Ohne nachzudenken, antwortete diese schwerst demenzkranke Frau: ›Junger Mann. Sie haben finanzielle Schwierigkeiten, aber lassen Sie den Kopf nicht hängen, sondern krempeln Sie die Ärmel hoch und arbeiten Sie! Dann wird wieder alles gut und Ihr Mann kommt zurück.‹ Sie hat nicht nur das Pro-blem erkannt, sie hat mir auch den richtigen Rat erteilt! (Lediglich die letzten tröstlichen Worte entsprachen nur der jahrelangen Routine.)«

Dass es ihnen, den als dement Diagnostizierten, schlecht geht und uns gut, ist die heimliche Voraussetzung unseres Tuns. Nur selten schleicht sich der Gedanke in unsere Herzen und Köpfe, dass das »Sterben der Seele« vielleicht gar nicht unbedingt zuerst die Verwirrten trifft. Auch der gerade schon bemühte Hermann Hesse redet von jenen Tagen »des Seelensterbens, jene argen Tage der inneren Leere und Verzweiflung, an denen uns, inmitten der zerstörten und von Aktiengesellschaften ausgesogenen Erde, die Menschenwelt und sogenannte Kultur in ihrem verlogenen und gemeinen blechernen Jahrmarktsglanz auf Schritt und Tritt wie ein Brechmittel entgegengrinst«.

Warum fällt es uns, den (noch) Gesunden, so schwer, die con-ditio humana, das Ensemble der Bedingungen, unter denen Menschen mit Demenz nun einmal Leben, zu respektieren? Die Wut des Machens, das Herumgezerre an den Dementen, der Versuch, in ihr Inneres vorzudringen, ist ebenso sinnlos wie der ganze Demenz-experten-Apparat. Dieser hat inzwischen Hunderttausende von Jobs geschaffen, ersinnt immer neue Projekte, die das Demenz-problem zu minimieren versprechen, und hat damit Milliarden von Euro umgewälzt – ohne dass dadurch irgendetwas besser ge-worden wäre. Man erinnere sich: 66 Millionen Euro pro Jahr hat die Bundesregierung wieder ausgelobt, um das Exzellenzzentrum Demenz in Bonn zu eröffnen und zu betreiben – eine in erster Linie biomedizinische Forschungsstätte natürlich, in der soziale Aspekte der Demenz gar nicht oder nur am äußersten Rande vor-kommen. Die Wissenschaftler, die da tätig sind und nach Medi-kamenten gegen Alzheimer forschen wollen, suchen in Wahrheit wie mittelalterliche Quacksalber nach dem Jungbrunnen. An den Betroffenen geht das alles auf rätselhafte Weise irgendwie vorbei – sofern sie dabei nicht auch noch in den für die Marktzulassung erforderlichen klinischen Studien zu Menschenversuchen miss-braucht werden, was zu befürchten ist.

Vom Ende des Subjekts hat die moderne Soziologie und Phi-losophie gesprochen – und dieses Ende ist schneller gekommen, als viele Gesellschaftsbeobachter gedacht haben, wenn auch auf andere Weise. Das Ende des Subjekts präsentiert sich uns in der Demenz, in der sich wiederum nichts anderes spiegelt als die unübersehbare Asozialität aktueller gesellschaftlicher Tendenzen. Die Menschen sind immer noch beherrscht von der Idee, mit wissenschaftlichen Instrumenten endgültig die Weltherrschaft durchsetzen zu kön-nen. Doch inmitten dieser so fortgeschrittenen Wissensgesell-schaften sprießen überraschend plötzlich zahllose Individuen aus dem Boden, die nichts mehr wissen. Während die Geburt zum kon-trollierten Prozess geworden ist, während wir Bilder vom Saturn übertragen und das Genom entschlüsseln, wendet sich irgendetwas gegen diesen Homo modernissimus und zerstört sein Wertvollstes: Das Selbst verwandelt sich in bloße Natur zurück.

Adorno und Horkheimer haben die Entstehung dieses modernen Ich am Mythos des Odysseus beschrieben: Odysseus möchte den Gesang der Sirenen hören, weiß aber, dass dieser Gesang im Verderben mündet, dass er tödlich ist. Die Lockung der Sirenen symbolisiert das sich Verlieren im Vergangenen. An der Küste, an der die Sirenen singen, schaukeln die Leichen im Wasser und die Skelette liegen im Sand. Odysseus lässt sich deshalb zur Sicherheit an den Mast seines Schiffes fesseln und befiehlt, dass die Ruderer ihre Ohren verstopfen, damit er – Odysseus – hören könne, ohne sich selbst zu riskieren. Das kulturfähige Ich entsteht aus einem Akt der Fesselung – und die Angst, sein Selbst zu verlieren, begleitet hinfort den abendländischen Menschen. Die Dementen hingegen hören die Sirenen ungeschützt, sie haben sich von den Fesseln befreit und verlieren sich nun im Vergangenen.

Die Demenzapparate hingegen – von der Medizin bis zur Sozialarbeit – sind unablässig damit beschäftigt, einen Weg zu finden, wie man die Demenz »bekämpfen«, wie man dieses beängstigende Verlieren rückgängig machen kann. Zugleich kann man sich des Verdachts nicht erwehren, dass in der Demenz der Wahn einer radikalisierten Individualität ebenso zu seinem Ende kommt, wie die Prophezeiungen über das »Ende des Subjekts« ihre Erfüllung finden.

Neue Wege im Umgang mit Demenz? Das begänne damit, dass wir uns das Nachdenken über Demenz nicht ersparen. Der schnelle Akt, in dem das, was einmal als Senilität bezeichnet wurde, ein biomedizinisches Label bekommen hat, soll uns entlasten. Der Schmerz des Altwerdens wurde dadurch in ein medizinisch-pflegerisches Projekt verwandelt, das nun mithilfe von Pharmazeutika, neuen Therapien, Selbsthilfegruppen und Wohngruppenprojekten irgendwie bearbeitbar erscheint. Dadurch wird jedoch nachhaltig verschleiert, dass die Demenz auch infolge von Fehlentwicklungen unserer Gemeinschaft zunimmt. Tatsächlich – so könnte man zugespitzt sagen – sind nicht die Menschen mit Demenz das Problem, sondern die Gesunden und ihre kranken Einrichtungen.

Ein Aufbruch ist angesagt, bei dem die sogenannten Gesunden ihre egomanen Milieus verlassen, um den Menschen mit Demenz entgegenzugehen, und zugleich das Versprechen formulieren, man werde zusammen ein neues Leben beginnen. Das ist für den Moment vielleicht etwas viel verlangt, Für den Augenblick könnte deshalb der erste Schritt darin bestehen: Wir sollten Demenz als etwas akzeptieren, das heute nun einmal zur auch medizinisch hergestellten Hochaltrigkeit gehört. Den großen Koffer mit Demenzbearbeitungsinstrumenten sollten wir geschlossen lassen und uns der Akzeptanz, der Sensibilität des Hinhörens und dem Hinsehen, das aus der Liebe kommt, verschreiben. Gemeint sind hier allerdings Liebe und Freundschaft, die nicht als Grundbedürfnisse in Erscheinung treten, sondern als das Versprechen, Geduld und Zuwendung aufzubringen.

Warum wir eine neue Kommune brauchen

Im Grunde geht es darum, die Gastfreundschaft zu reanimieren. Wir leben in einer Gesellschaft, die ihre hinfälligen Alten zunehmend in professionell organisierten Institutionen unterbringt, weil die Familien für die Alten keinen Platz und immer weniger Zeit haben. Alle Beteiligten sind gezwungen, ihren Geschäften nachzugehen – in der Schule, in der Universität, am regulären Arbeitsplatz oder als Ein- Euro-Jobber. In einer solchen Gesellschaft ist die Gastfreundschaft erst einmal auf das gemeinsame Grillen am Samstag reduziert, um nicht zu sagen: heruntergekommen. Selbstverständlich lässt sich nicht einfach ein Schalter umlegen und die »alte« Gemeinsamkeit wieder herbeizaubern. Wir müssen ganz neue Wege gehen.

»Es ist nicht notwendig, die Welt zu erobern. Es reicht, sie neu zu schaffen«, sagt John Holloway, wobei es seiner Ansicht nach darum geht, »die Welt zu verändern, ohne die Macht zu übernehmen«[46]. Ein weiser Gedanke, der auch auf den Demenzkomplex zutrifft.

Die Antwort auf diese Herausforderung liegt im sozialen Aufbruch, der die Menschen mit Demenz in unsere Nachbarschaft, in unsere Gemeinschaft zurückholt. Wir müssen uns einfach eingestehen, dass unsere Nachbarschaften und Gemeinschaften defizitär sind. Es wird nicht ausreichen, die Kommunen ein bisschen »demenzgerechter« zu machen. Wir müssen es uns zum Ziel setzen, den kommunalen Alltag neu zu erfinden.

Die Antwort auf das Thema Demenz wird natürlich auch wachsende finanzielle Ressourcen erfordern. Man muss sich aber darüber klar sein, dass Geld allein nicht als Problemlösung taugt, weil die Menschen mit Demenz eben nicht nur bessere medizinische und pflegerische Versorgung brauchen. Menschen mit Demenz leiden beispielsweise häufig unter Angstzuständen. Kein Geld der Welt wird reichen, um dafür eine würdige, diese Menschen schützende Lösung zu finden. Wenn etwas gegen die Angst hilft, dann wird es die verständige, einfühlsame Nähe anderer Menschen sein.

Aber die Entwicklung nimmt zurzeit noch eine andere Richtung. Eines ist jetzt schon klar. Das, was sowohl in der institutionellen als auch in der häuslichen Pflege wirklich wichtig ist, wird zukünftig immer weniger möglich sein: Da sein für den anderen, sich um den anderen sorgen, das sind schnell verschwindende Nischen geworden, die, gerade weil sie nicht messbar sind, ohne Chance bleiben. Kein Modul der Kranken- und Pflegeversicherung sieht »Da-sein« als abrechenbare Leistung vor. So wird die Pflege von Dementen immer mehr zu einer Art Notfallversorgung.

Die gesamtgesellschaftlichen Kosten pro Demenzpatient werden im Jahr 2009 auf 44 000 Euro geschätzt. Das sind gut 3 700 Euro pro Patient und Monat. Davon tragen Berechnungen zufolge die Sozialsysteme 32 Prozent und die betroffenen Familien die verbleibenden 68 Prozent. Wie soll das gehen, wenn im Jahre 2050 die Zahl der Demenzfälle auf zwei Millionen angestiegen ist und zugleich 40 Prozent der Bevölkerung älter als 60 Jahre sein werden? In den Leistungskatalog gehören heute solche Tätigkeiten, die ein sichtbares Ergebnis zeigen und kontrollierbar sind: Ernährung, Wundversorgung, Medikamentengabe, Hilfe bei der Ausscheidung. Das ist eine körperorientierte Minimalversorgung, die auf eine professionalisierte und medikalisierte Gesellschaft zugeschnitten ist. Der Mensch, der am Bett sitzt und mit dem Schwachen leidet, ihn tröstet, mit ihm spricht, mit ihm schweigt, mit ihm weint, mit ihm lacht, ist abgelöst von einem Monitor, der Körperfunktionen kontrolliert. Der Automat reduziert das Da-sein auf die Krise, die vielleicht eintreten kann und dann mit einem Alarmsignal die Profis herbeiruft. Aus den Aufgabenbeschreibungen von Krankenschwestern und Altenpflegern ist das Da-sein für die Kranken oder Verwirrten getilgt. Es kann den Dienstplänen heute nur gegen den Trend und gegen die Routine abgerungen werden.

Eine Krankenschwester in der ambulanten Pflege berichtet über ihre Arbeit bei sterbenden Patienten: »Und wie sieht das dann aus mit der seelsorgerischen Betreuung? Die machen wir, indem wir eigentlich jeden Tag ein bis zwei Stunden mehr arbeiten, natürlich unbezahlt, und uns kümmern um die Leute. Viele, sehr viele Menschen leben allein, die haben niemanden mehr. Für die sind wir Familie, für die sind wir alles.« Niemanden kann es wundern, dass es zunehmend Burn-out-Phänomene im Pflegebereich gibt. Offenbar leiden auch die Betreuenden zunehmend an einer Pflege, die als leistungsorientiertes Produkt verstanden werden will, und bei der die Betroffenen zu Kunden gemacht oder zu End-Abnehmern gestempelt werden.

Auch der Ruf nach dem Ehrenamt und dem zivilgesellschaftlichen Engagement, der heute immer lauter ertönt, signalisiert, dass die »kalte« Pflege als defizitär erlebt wird. Nun sollen die Freiwilligen retten, was zu retten ist. Aber freiwillige Helfer sozusagen als letztes Aufgebot in die Versorgungsschlacht zu werfen und ansonsten weiter zu machen wie bisher, kann und darf keine Lösung sein. Es erweist sich dennoch als heimliche Strategie. Die Pflegereform aus dem Frühjahr 2009 gab vor, die »Minutenpflege« abzulösen und führte eine fünfte Pflegestufe ein. Aber auch sie ist letztlich so konstruiert, dass die Sortierung der Menschen nach ihren Bedürfnissen noch kleinteiliger, minutiöser, technischer stattfinden wird: Der Zertifizierung der Heime folgt nun eine Sequenz, bei der zwangsläufig Versorgungspunkte für den Einzelnen – scheinbar individuell – vergeben werden müssen. Dadurch aber steuert die kalte Versorgungspflege in Wahrheit ihrer Vollendung entgegen. Jeder Handgriff muss gerechtfertigt und dokumentiert werden.

Der Blick derjenigen, die sich im täglichen Umgang mit Kranken, Dementen und Sterbenden befinden, lässt sich glücklicherweise nicht vollständig jener »Versorgungslogik« unterwerfen, die das Gleichförmige, das Flächendeckende suchen muss und nach Geldeinheiten, Zeiteinheiten und Personeneinheiten sortiert. Diejenigen, die in Familien und Einrichtungen den Alltag bewältigen, können nach wie vor die Verschiedenheiten, die Abweichungen wahrnehmen – vorausgesetzt sie lassen sich nicht blenden von den Modularisierern, den Standardisierern, den Zertifizierern und Dokumentierern. Thile Kerkovius, Leiter eines Hospizes im Schwarzwald, sagt über seine Erfahrungen, die für Sterbende ebenso wie für Menschen mit Demenz gelten dürften: »Wir kommen als Betreuer mit leeren Händen und sitzen da oft am Bett und haben eigentlich nichts: weder tolle Techniken noch tolle Kenntnisse noch sonst was. Wenn man sich wirklich auf die Betreuung von sterbenden Menschen einlässt, dann wird man, wenn man ehrlich ist, irgendwann Momente allergrößter Hilflosigkeit erleben und das sind die kostbarsten Momente, weil da Begegnung mit dem sterbenden Menschen auf Augenhöhe, auf gleicher Ebene stattfindet und mein ganzes Expertentum ›beim Teufel‹ ist. Sterben konfrontiert uns mit Fragen, auf die es keine (Experten)Antworten gibt.«[47]

Das Unerhörte, das Unerwartete und Überraschende geschieht eben nur ungeplant. Der helfende Begleiter des Menschen mit Demenz kann dadurch beglückt oder überfordert werden, er kann das Richtige oder das Falsche tun – diese Offenheit in der Begegnung ist die Essenz menschlichen Daseins. Hospizleiter Kerkovius nennt ein Beispiel, Josef, 45 Jahre, von Aids gezeichnet: »Ich wünschte mir Menschen, die einfach mal so ins Zimmer kommen, ohne eine Auftrag erfüllen zu müssen, absichtslos, nur wegen mir.« Das Hospiz oder die ambulante Hospizarbeit wie auch die Demenzpflege sind wohl tatsächlich in dieser Hinsicht Wegweiser zu einem ganz anderen Ort: einem Ort der persönlichen, der unentgeltlichen und nicht professionalisierten Begegnung zwischen Menschen. Das ist etwas, das so selten geworden ist wie Glühwürmchen, und was sich in einer von Geld, Professionalität und Kontrollzwängen verwüsteten Welt vielleicht nur noch am Rande, in den Arealen der Demenz, des Sterbens und des Todes halten kann.

Umsorgt, versorgt, entsorgt – wie wird Qualität gemessen?

Ein Hospiz der Arbeiterwohlfahrt in Niedersachsen wurde im Januar dieses Jahres nach DIN ISO 9001 zertifiziert. Es habe damit ein Gütesiegel erhalten, mit dem »die Qualität einer Einrichtung messbar wird«, heißt es in der entsprechenden Pressemitteilung. Qualitätskontrolliertes Sterben – sind wir da angekommen? Wie muss man sich das zertifizierte Hospiz vorstellen? Auf seiner Homepage wirbt die Einrichtung mit ihrem »Wohlfühlambiente«. »Jedes Zimmer hat eine eigene große und behindertenfreundliche Nasszelle mit modernsten Ausstattungsmerkmalen. (...) qualitativ hochwertige und ansprechende Möbel, (...) farbliches und architektonisches Gesamtkonzept.« Vermutlich unbemerkt ist diese Selbstdarstellung bereits in die qualitätsgerichtete Nomenklatur gerutscht, die das äußerlich Messbare in den Fokus der Aufmerksamkeit stellt.

Die DIN ISO 9001, nach der das Hospiz in Bad Münder geprüft wurde, stammt, das darf man nicht vergessen, aus der Geschichte der Industrienormen. Ziel der industriellen Normierung war die zeitliche und kostenmäßige Optimierung von Arbeitsabläufen. Prozesse müssen wiederholbar, verlässlich und sicher sein. Das angestrebte Ergebnis war die Gleichheit der Produkte. Seit dem Beginn der 1990er Jahre wurde die vormalige Produktnorm auch in den Dienstleistungsbereich eingeführt. Trotz skeptischer Stimmen trat die Normierung nach und nach als »Qualitätsmanagement« oder »Qualitätssicherung« ihren Siegeszug in der Welt des Sozialen an. Sie legte offen, dass auch die Hilfe von Mensch zu Mensch einer Industrialisierung unterworfen werden soll. »Normen legen schließlich fest, was normal ist. Normen sehen immer ab vom Besonderen. Ihre Befolgung bedeutet das Ende einer offenen Beziehung zum anderen, auf die das Da sein und Sorgen in der Begleitung Kranker und Sterbender zutiefst angewiesen ist«, schreibt Charlotte Jurk, die als Mitinitiatorin des Gießener Projekts »Demenzfreundliche Kommune« gerade das Nicht-Normierte in den Vordergrund stellt.[48] Das Leben ist nicht normal.

Im Umgang mit Demenz stehen wir mithin an einer Wegscheide. Wollen wir weiterhin eine Versorgung befürworten, die in eine deutliche Nähe zur industriellen Produktion gerät und das »Problem Demenz« technisch, medizinisch, pflegerisch, standardisiert abarbeitet? Oder können wir uns eine Umwandlung unseres Alltags vorstellen, in dem Menschen mit Demenz professionell versorgt werden, sie aber zugleich auch eine liebevolle Umsorgung erfahren? Wollen wir sie uns in einer Lebenswelt vorstellen, die ihnen freundlich gesonnen ist? Das würde einen Aufbruch erforderlich machen.

Der Weg in die reine »Versorgung« würde von einer allmählichen Verschlechterung der Lebensbedingungen für Demente gekennzeichnet sein. In einem Bericht über eine Tagung zum Thema »Ökonomisierung des Gesundheitswesens«, die 2009 in Frankfurt am Main stattfand, waren sich die Teilnehmerinnen und Teilnehmer darüber einig, dass eine Gegenoffensive gebraucht wird. Die Absurditäten nehmen erkennbar zu: eine Krankenschwester weniger, dafür eine Dokumentationsassistentin mehr. Die nächste

Pflegende, die geht, wird ersetzt durch eine Entlassungsmanage-
rin, die dritte durch einen Standardexperten, und die Patienten
werden künftig von den Auszubildenden gewaschen. Solche Dinge
berichtet Hildegard Schwering von der Debatte.[49] »Für die Be-
schäftigten nehmen Zeitdruck und Arbeitsdichte immer weiter
zu. Auch die Patienten bekommen verkürzte Liegezeiten und Personalmangel zu spüren.«

Wie sollen bei zunehmendem Kosten- und Zeitdruck die zugleich wachsenden Anforderungen gemeistert werden? Die Einführung der Fallpauschalenregelung vor fünf Jahren (»Diagnosis
Related Groups«, abgekürzt DRG) zwingt immer mehr Krankenhäuser in ein Defizit. Die Krankenhäuser sind in eine von der
Bundesregierung verordnete Konkurrenz getrieben worden, die
viele Kliniken nicht überleben können. Die Häuser, die im Grunde
zu Medizinfabriken werden, müssen ihre Einnahmen bei festgelegten Preisen steigern. Kranke Menschen aber – so Hildegard
Schwering – gibt es nun mal nicht auf Bestellung und Krankheiten sind nicht immer steuerbar. Die Patienten bleiben nicht mehr
so lange im Krankenhaus, wie es für sie nötig wäre, sondern sie
müssen normgerecht nach der mittleren Verweildauer entlassen
werden. Andernfalls droht dem Krankenhaus ein Abschlag. Wollen sie betriebswirtschaftlich erfolgreich sein, dann müssen sie
die Patienten normieren. Nicht das ärztliche Tun steht im Mittelpunkt, sondern das Betriebsergebnis.

Man erinnere sich: In den Nürnberger Prozessen gegen Nazi-
Ärzte ist ein bemerkenswertes Urteil gesprochen worden. Wenn
im ärztlichen Handeln das ökonomische oder wissenschaftliche
Interesse Vorrang vor der Heilungsaufgabe bekommt, so entschieden die damaligen Richter, dann ist das strafbar. Die heute
verordneten Veränderungen des Gesundheitswesens werden also
in diesem Sinne unvermeidlich kriminelle Züge annehmen. Denn
was kann man tun, um dem wachsenden Konkurrenz- und Geld-
druck zu entsprechen? Man sucht lukrative Patienten, umwirbt
Scheichs, bevorzugt planbare Fälle und vermeidet, so gut es geht,

die Aufnahme von Notfällen. Die Ökonomisierung des Gesundheitswesens, die Privatisierung von Krankenhäusern, der Kalkulationsdruck in Pflegeeinrichtungen werden weiter zunehmen. Den durchsetzungskräftigen Eigentümern wird es besser gehen – die Gewinne werden steigen, nachdem die kleineren Konkurrenten beseitigt worden sind. Den »Kunden« hingegen, die nicht gut zahlen können, wird es schlechter gehen.

In diesem System werden Menschen mit Demenz untergehen, sie rechnen sich nicht, denn sie sind »chronisch krank«, Besserung und damit finanzielle Entlastung ist nicht in Aussicht. Eine kurze Zeit lang kann die Diagnose Demenz noch attraktiv sein, weil nun die Pflegeversicherung zuständig wird: »Wir müssen Frau B. in die Demenz kriegen«, kann man dann hören, weil für die Demenz von der Pflegekasse im Pflegeheim etwas mehr gezahlt wird. Frau B. ist eigentlich nicht dement, aber sie und natürlich die Einrichtung – Pflegedienst oder Heim – haben eben einen Anfangsvorteil davon, wenn sie diesen Stempel erhält. Also wird sie entsprechend gelabelt – und sagt dann zu ihrem Neffen: »Du, ich bin jetzt dement. Ich weiß nicht warum, aber es hat wohl was mit den Kosten im Heim zu tun. Da musste ich doch mitmachen.«

Eine neue Architektur des Sozialen

Der Weg in eine reine Versorgungszivilisation ist ein Weg bergab, eine deutliche Verschlechterung. Darum wird ein Aufbruch, eine Gegenbewegung, eine Alternative gebraucht. Eine Belebung der Bürgergesellschaft könnte ein Ausweg sein. Diese zivilgesellschaftliche Antwort darf allerdings nicht nur als eine Notlösung verstanden werden, zu der man greift, weil das Geld nicht mehr reicht. Wir müssen hoffen, dass in Zukunft und im Blick auf die Demenz eine völlige Umkehrung des Trends zur Versorgungsgesellschaft möglich sein wird. Dazu müsste sich eine wachsende Zahl von Menschen finden, die sich »kümmern«, die da sind, wenn

Ängste oder Aggressionen auftauchen, wenn »Sorgeengpässe« auftreten. Die Hospizbewegung mit ihren inzwischen 80 000 Freiwilligen in Deutschland hat gezeigt, dass so etwas möglich ist.

Es ist ein fundamentaler, aber natürlich zeitgemäßer Irrtum zu glauben, die schwarzen Löcher im Netz unserer sozialen Beziehungen seien durch bezahlte Experten zu stopfen. Die mögen eine gute Arbeit tun, aber wahrscheinlich ist, dass die Löcher, die das Netz bereits aufweist, auf diese Weise nur noch größer werden. Geld ist keine »nachhaltige« Antwort auf die soziale Frage, die unsere Mitbürger mit Demenz uns stellen. Das professionelle Angebot schwächt eben auch das eigene Engagement, das bisher unter günstigen Umständen aus Familie, Nachbarschaft und Kommune kam.

Der Verdacht wurde oft genug ausgesprochen: Der Sozialstaat schrumpft und seine ratlosen Funktionäre rufen nun eilig die Zivilgesellschaft aus, um die klaffenden Löcher zu flicken. Beliebt ist das ehrenamtliche Engagement vor allem deshalb, weil es nichts kostet. Aber eben dieses Argument kann das wichtige Thema Zivilgesellschaft mit guten Gründen abwürgen, bevor es überhaupt auf den Weg gekommen ist. Der Verdacht enthält ja tatsächlich viel Wahrheit. Das Misstrauen, wonach die Zivilgesellschaft vor allem deswegen angerufen wird, weil sich so Sparpolitik besser abfedern lässt, sollte stets aktiv bleiben. Es ist berechtigt.

Dennoch gibt es ja tatsächlich keine Alternative. Ob der Rückzug des Sozialstaates ökonomisch notwendig ist oder nicht – er findet nun einmal statt. Und die Bürgergesellschaft muss darauf reagieren, will sie Menschen mit Demenz, die ja ihre gesellschaftlichen »Angehörigen« sind, nicht einfach der Vernachlässigung preisgeben. Freuen wir uns also über den kränkelnden Sozialstaat. Tun wir es gemäß dem Ratschlag eines Salzburger Landarztes, den dieser einem verängstigten Bauern gab. Dieser litt an einem verspäteten Fall von Masern und fragte den Arzt, was um Himmels willen er tun solle: »Freu dich«, antwortete der Landarzt, »denn, wenn du dich nicht freust, so hast du trotzdem Masern.« Die Demenz wird zukünftig mehr und mehr ein Thema der Zivilgesellschaft werden, ob wir nun jammern oder uns freuen.

Wer das umsetzen soll, ist dann auch schnell ausgemacht: Entweder die Menschen ohne Arbeit, also diejenigen, die in der modernen Hightech-Gesellschaft nicht gebraucht werden. Die haben ja Zeit und widmen sich sogar einer sinnvollen Tätigkeit, wenn sie sich zivilgesellschaftlich engagieren. Oder die jungen Rentner und Pensionäre, die erstens ebenfalls Zeit haben und zweitens ja wissen, dass ihnen das Schicksal der Demenz jederzeit selber blühen kann.

Dass diese konkreten zivilgesellschaftlichen »Ressourcen« kräftig sprudeln werden, ist allerdings zu bezweifeln. Beide Gruppen scheinen gegenwärtig mehr mit sich selbst befasst zu sein – aus unterschiedlichen Gründen. Ob Sozialstaatsfunktionäre daraufhin versuchen werden, diese Gruppen mit mehr oder weniger sanftem Druck in die zivilgesellschaftliche Tätigkeit zu zwingen, wenn die Engpässe spürbarer werden, ist noch nicht absehbar. Eine erzwungene zivilgesellschaftliche Tätigkeit dürfte die Betroffenen aber eher an eine sozialstaatliche Wehrpflicht erinnern als an die Bürgergesellschaft der Mündigen – und steht auch zur Zeit sicher nicht zur Debatte. Bleiben also nur diejenigen, die auf die eine oder andere Weise schon in das Thema Demenz involviert sind und die sich in ihrer Freizeit vielleicht zusätzlich engagieren wollen. Für diese ohnehin aktiven Menschen ist dann die Zivilgesellschaft ein weiteres, manchmal strapazierendes Tätigkeitsfeld. Man denkt da fast zwangsläufig an die Müllerstochter aus dem Märchen *Rumpelstilzchen*, die ein leichtfertiges Versprechen ihres Vaters einlösen muss, das dieser dem König gegeben hat: Nacht für Nacht muss sie aus Stroh Gold spinnen, sonst ist sie des Todes.

Wo die Aufforderung zur Zivilgesellschaft nichts anderes ist als die Maskerade eines neoliberalen Imperativs, der nach dem Muster »Hilf dir erst einmal selbst, dann können wir über sozialstaatliche Zusatzstützen reden« formuliert ist, da grenzt das zivilgesellschaftliche Postulat ebenfalls an die plumpe Aufforderung, aus

Stroh Gold zu spinnen. Eine solche Forderung muss stattdessen von dem Aufbau neuer sozialer Milieus sprechen, in denen dann auch ein neues soziales Leben möglich wird.

Mit dem Plädoyer für einen zivilgesellschaftlichen Aufbruch im Umgang mit der Demenz formulieren wir ein Ziel, das noch in weiter Ferne liegt. Es gibt Ansätze, Beispiele, Experimente in dieser Richtung, aber im Grunde betreten wir Neuland. Der Aufbruch in eine neue Bürgergesellschaft ist schwierig, aber absolut notwendig. Der nun schütter werdende Sozialstaat hat Denkstrukturen hervorgebracht, die auf Zentralität und Großflächigkeit hin angelegt sind. Renten für alle, Krankenversicherung für alle, Pflegeversicherung für alle, Sozialhilfe für alle – das sind Errungenschaften, an denen wir unbedingt festhalten müssen. Jetzt aber muss darüber hinaus von den Mikrostrukturen geredet werden, wie sie sich in Kommunen, Gemeinden, Dörfern und Stadtteilen finden. Thomas Klie, der Präsident der Deutschen Gesellschaft für Gerontologie und Geriatrie und einer der besten Kenner des gesamten Pflegebereichs, spricht in diesem Zusammenhang von der Notwendigkeit einer neuen Architektur des Sozialen.

Aufbruch, das meint jedoch keinesfalls hektische Aktivität, ohne nachzudenken. Das neue Haus braucht eine gute Statik. Demenz und Zivilgesellschaft wollen in ihrer Bezogenheit aufeinander bedacht sein. Nicht technokratisch, das reicht nicht. Wenn wir die soziale Bedingtheit von Demenz nicht berücksichtigen, dann würde jener »dritte Sozialraum der Nachbarschaft« allenfalls als Implantat empfunden werden, das schnell wieder abgestoßen werden könnte und wirkungslos bliebe. Nur wenn wir uns die Beziehung von Demenz und Zivilgesellschaft bewusst machen und die Zusammenhänge zwischen der gesellschaftlichen Orientierungsschwäche und einer individuellen Verwirrtheit aufklären, kann etwas in Gang kommen.

Immer deutlicher jedenfalls wird, dass die soziale Architektur, wie sie sich in den letzten Jahrzehnten entwickelt hat, eine bislang nicht gekannte Verödung nach sich zieht. Hinzu kommt, dass die

Sozialsysteme parallel dazu finanziell ausgeblutet sind, weil nachbarschaftliches, freiwilliges, freundschaftliches Handeln immer mehr durch die Ökonomisierung von Beziehungen verdrängt worden ist. »Sozialsysteme werden ausgehöhlt, wenn ihre Funktion allein darin gesehen wird, der Vermehrung der Warenproduktion zu dienen. Denn die soziale Dimension von Nachhaltigkeit erschließt sich auch in der Bereitstellung von marktfreien Gütern – von selbstbestimmter Entfaltung und guter, gesunder Lebensführung; von menschlicher Zuwendung und sozialer Eingebundenheit, von Unabhängigkeit und Sicherheit; von gemeinschaftsbezogenem Handeln und gemeinnützigem Einsatz für Angelegenheiten der Öffentlichkeit, der Regionen, Kommunen, Schulen und sozialen Gruppen, für Chancen- und Verteilungsgerechtigkeit in der eigenen Gesellschaft und gegenüber anderen Gesellschaften. Ohne die marktfreie Produktion und Reproduktion von Gütern und Dienstleistungen stünden die soziale Kohärenz und die nachhaltige Funktionsfähigkeit von Gesellschaften in Frage. Solche Güter und Dienstleistungen sind nicht zu kaufen, sie werden in Sozialsystemen – in Familie, Freundeskreis und Haushalt, Verein und Initiative, Nachbarschaft und Kommune – vom selbsttätigen Handeln der Menschen hervorgebracht.«[50]

Die Selbstversorgung mit marktfreien Gütern wird – angesichts einer wachsenden Isolation des Einzelnen sowie angesichts einer zunehmenden Zahl von Menschen, die »armutsnah« leben – immer wichtiger. Nur selbstbestimmte Formen der sozialen Eigenarbeit werden dafür sorgen können, dass sich die Lebensbedingungen von Schwachen (Behinderten, Pflegebedürftigen, Arbeitslosen, Alten, Dementen) nicht fortschreitend verschlechtern.

Im Bereich der Alten- und Demenzpflege bedeutet dies, die Heime in die Kommunen zurückzuholen (wenn es schon nicht gelingt, sie abzuschaffen). Jetzt sind die Altenpflegeheime oft wie abgeschlossene Burgen, wie Inseln in das städtische Gefüge eingelagert, Verbindungen zur »Gesellschaft« gibt es kaum. Der Vergleich mag anstößig sein, aber er ist unvermeidlich: Vor jedem

Tierheim finden sich am Wochenende zahlreiche Menschen ein, die einen Hund ausführen möchten. Die Zahl derer aber, die Pflegeheimbewohner sonntags spazieren fahren, führen oder schieben, ist eher gering.

Das potenzielle Engagement von Ehrenamtlichen mag stören, den routinisierten Ablauf erschweren, aber hier steht die demenzfreundliche Kommune vielleicht vor ihrer größten Aufgabe: Sie muss die Brücken zwischen Kommune und Altenpflegeheim wieder herstellen. Es reicht nicht, wenn von Zeit zu Zeit der Arzt kommt, der Pfarrer oder ein Kinderchor. Die Einsamkeit und die Langeweile der Bewohner scheinen zu den Schrecken einer Institution zu gehören, auf die wir – gegenwärtig jedenfalls – nicht verzichten können. Eines ist auf jeden Fall klar: Die Verschlimmerung von Demenz in Heimen verdankt sich der Tatsache, dass die Bewohner sich langweilen und entsprechend immer mehr abstumpfen.

Aus der stumpfen Untätigkeit können sie dann vielleicht nur noch mithilfe eines Rückzugs in die Innerlichkeit entfliehen, in die Welt der Vergangenheit oder der Fantasie. Auch darüber weiß Jan Wojnar eine schöne Geschichte zu erzählen: »Eine mittelschwer demenzkranke Frau lebt seit einigen Jahren im Pflegeheim. Auf die Fragen eines Journalisten nach ihrem Alltag und Befinden schildert sie ausführlich viele (imaginäre) Aktivitäten. Sie gehe täglich einkaufen, halte die Wohnung sauber, spreche häufiger mit den Nachbarn, besuche sonntags die Kirche und lese gern Zeitschriften. Sie fühle sich sehr wohl und könne sich kein schöneres Leben vorstellen. Gefragt, ob sie besondere Wünsche hätte, denkt sie kurz nach und antwortet: ›Nur eins! Nie in ein Heim gehen zu müssen!‹ ›Aber Sie leben doch in einem Heim!‹, stellte darauf der verdutzte Journalist fest. ›Da haben Sie recht!‹ – sagt sie – ›ich möchte aber nie ins Heim!‹«

Manche mögen die Frau »verwirrt« nennen, einige werden sie vielleicht sogar als verrückt bezeichnen. Wir bevorzugen es, der Dame eine würdig gelebte Gebrechlichkeit zu attestieren und ihr weiterhin guten Mut und Standfestigkeit zu wünschen. Sie hält ihre Vorstellungen und ihre Würde gegen die erfahrene Realität aufrecht. Sie führt buchstäblich ein selbstbestimmtes Leben – auch in dem Heim, in das sie nicht will, das aber für sie und viele andere auch künftig sicher eine Notwendigkeit bleiben wird. Alten- und Pflegeeinrichtungen werden wir nach menschlichem Ermessen auch in den nächsten Jahrzehnten weiterhin brauchen. Aber alle ahnen, dass die 3500 Euro für eine wachsende Zahl von schwer Pflegebedürftigen nicht mehr aufgebracht werden können und dass sich deshalb die Standards der institutionellen Versorgung verschlechtern dürften. Auch deshalb müssen sich die Heime für ihr Umfeld öffnen.

Der Weg in die »demenzfreundliche Kommune«

Für einen anderen sorgen – das ist ja fast schon verboten. Da kann man Fehler machen, die Sicherheit anderer gefährden, jemanden verletzen. Aus solchen und weiteren guten Gründen ist sukzessive eine professionalisierte ambulante oder stationäre Versorgung von Menschen an die Stelle der persönlichen Sorge getreten. Allmählich jedoch beginnen wir einzusehen, dass diese »Versorgung« unbezahlbar wird und dass sie, selbst wenn sie technisch perfekt wäre, die Menschen als Personen im Stich lässt. Das Leben kann nie risikofrei sein, und wenn es risikofrei wäre, wäre es ein erstarrtes Leben – im Grunde der Tod selbst. Ein risikofreies Leben für Menschen mit Demenz ist nur in der physischen oder psychischen Fixierung erreichbar.

Weil die Familie im Alter immer weniger der Ort sein wird, an dem man aufgehoben ist, werden wir neue soziale Milieus erfinden müssen. Der Weg in diese neuen Milieus ist steinig, und manchmal scheint es sogar, als sei dieser Weg ganz verbaut. Lesen Sie doch einmal die einschlägigen Texte, in denen die staatliche Sicht auf solche Selbsthilfe formuliert ist, zum Beispiel auf die wichtigen, ehrenamtlich organisierten Selbsthilfegruppen im Bereich der Demenz. Da muss man den Eindruck gewinnen, dass es sich hierbei weniger um die »Sorge« als vielmehr um Finanzierungsfragen handelt. Ein Beispiel, das einer Stellungnahme aus dem Landtag von Baden-Württemberg entnommen ist; dort hatte es eine große Anfrage zur »Situation demenziell Erkrankter in Baden-Württemberg« gegeben, die am 25. September 2008 von der Landesregierung beantwortet wurde: »In einer Bundesratsinitiative des Landes Baden-Württemberg im Jahr 2006 zur Änderung des Elften Buchs Sozialgesetzbuch (SGB XI) wurde zur Stärkung des bürgerschaftlichen Engagements in der Pflege (Bundesrats-Drucksache 150/06) eine zusätzliche Förderschiene im SGB XI gefordert, mit der insbesondere Aufwandsentschädigungen für die ehrenamtlich Engagierten (Betreuung/Begleitung) sowie notwendige Personal- und Sachkosten, die mit der Koordination und Organisation der Hilfen und der fachlichen Anleitung und Schulung der Betreuenden und Begleitenden durch Fachkräfte entstehen, finanziert werden können.«

Wenn man so etwas liest, wenn man sieht, wie das ehrenamtliche Engagement sogleich in die Zwangsjacke der fachlichen Anleitung und Schulung gesteckt wird, mag einem schnell der Mut sinken. Auch die Vergeldlichung des Ehrenamtes (»Aufwandsentschädigungen für die ehrenamtlich Engagierten«) erklärt die Ehrenamtlichen letztlich zu billigen und gering professionalisierten Arbeitskräften. Ein so verstandenes Ehrenamt droht zu einem staatlich verwalteten Billigsektor zu werden, das macht ein weiterer Absatz aus dem schon zitierten Dokument deutlich: »Der Bundesgesetzgeber hat im am 1. Juli 2008 in Kraft getretenen Pflege-Weiterentwicklungsgesetz dieser Forderung Rechnung getragen. Nach § 45 d SGB XI sollen Gruppen von ehrenamtlichen sowie sonstigen zum bürgerschaftlichen Engagement bereiten Personen sowie der Selbsthilfe in den Kreis der förderungsfähigen Versorgungsstrukturen nach § 45 c SGB XI (niedrigschwellige Betreuungsangebote für Demenzkranke) einbezogen werden. Dies

umfasst sowohl Menschen mit erheblichem allgemeinen Betreu-
ungsbedarf (Demenzkranke) als auch Pflegebedürftige mit körperlichen Erkrankungen und deren Angehörige.«

Eine so verstaatlichte ehrenamtliche Tätigkeit rückt deutlich
in die Nähe einer bürgerschaftlichen Wehrpflicht. Die Chance
zur Sensibilisierung von Bürgerinnen und Bürgern und zur Aufklärung der Öffentlichkeit wie auch die Lust am Aufbruch sind
schon zugrunde gerichtet, bevor überhaupt etwas Zivilgesell-
schaftliches begonnen hat. Da entsteht eigentlich stattdessen ein
schlecht bezahlter beamtenähnlicher Nebensektor, der sich kaum
vom Ein-Euro-Job-Sektor unterscheidet und in den Bereich gehört,
der früher einmal »Arbeitsamt« hieß. In eine ähnliche Richtung
zielen die ernst gemeinten Initiativen, einige Tausend Langzeitar-
beitslose zu Demenzhelfern umzuschulen und für die Ausbildung
zur Altenpflegerin oder Krankenschwester künftig auch junge
Leute mit Hauptschulabschluss zuzulassen. Darunter mögen ja
viele sein, die durchaus geeignet wären. Und doch droht der sys-
tematische Ansatz, die »schwer Vermittelbaren« in die Pflege um-
zulenken, die dort erforderlichen Kompetenzen zu entwerten. Am
Ende traute man sich dann kaum mehr, für das »Ehrenamt« einzutreten.

Und dennoch gibt es Anlass, daran zu glauben und darauf zu
hoffen, dass die Hilfsbereitschaft in den Menschen nicht aus-
gestorben ist. Oftmals fehlt einfach nur die Gelegenheit, oder es
mangelt an Aufmerksamkeit und Initiative. Wenn alle schwer
an Demenz leidenden Menschen morgen auf die Straße gesetzt
würden, weil die Pflegeheime über Nacht geschlossen wurden,
dann würde man sich wahrscheinlich wundern, wie viel Hilfsbereitschaft schlagartig zutage treten würde. Und solche Hilfsbereitschaft wird ja in Wahrheit schon heute von vielen gelebt,
zum Beispiel von den Freiwilligen, die sich in der Deutschen Alzheimer-Gesellschaft engagieren und die für zahlreiche Betroffene
und deren Angehörige ein großer Rückhalt sind.

Dass ein solches Umdenken gelingen kann, hat in Ansätzen bereits die Antipsychiatriebewegung der 1960er Jahre unter Beweis gestellt, deren Vertreter die Ausgrenzung und bloße Verwahrung psychisch Kranker an den Pranger stellten. Radikalsten Ausdruck fand diese Bewegung Ende der 1970er Jahre in Italien, wo die psychiatrischen Anstalten dann tatsächlich per Gesetz aufgelöst und durch eine Vielzahl ambulanter, dezentraler, regionaler Hilfsangebote ersetzt wurden.

Vielleicht sollten wir uns – als Erinnerung an unsere guten Möglichkeiten – einen schönen Satz von Antoine de Saint-Exupéry an den Spiegel heften, den dieser in seinem Tagebuch notierte, als er mit seinem Kopiloten in der Wüste abgestürzt war und tagelang auf der Suche nach Wasser und Leben umherirrte: »Nichts, was einem selbst geschieht, ist unerträglich. Ich glaube nur halb an die Wirklichkeit des Leidens. (...) Manches liebe Mal war ich davon überzeugt, dass es mit mir gleich aus sein würde. Aber nie erschien mir das als ein bedeutendes Ereignis. (...) Etwas ganz anderes als unser Schicksal war unerträglich. Jedes Mal wenn ich die wartenden Augen sah, brannte es mir im Herz, packte mich der rasende Wunsch, aufzustehen und geradewegs loszustürzen. Dort drüben schreien sie ja um Hilfe, dort drüben leiden sie Schiffbruch! (...) dieses Andere war unerträglich. (...) die Schreie von dort drüben! Diese entsetzlichen Ausbrüche der Verzweiflung, die kann ich nicht ertragen. Vor solchem Unglück kann ich nicht mit verschränkten Armen stehen.«[51]

Vermutlich fließt der Quell der Nächstenliebe und der humanitären Wärme viel stärker, als wir meinen – nur dass dieser Quell durch Bürokratie und Verwaltung immer aufs Neue verschüttet wird. Das staatlich geförderte Ehrenamt, mit Aufwandsentschädigung und Fortbildungspunkten, ist wahrscheinlich für viele so unattraktiv, weil die unmittelbare Leidenschaft erstickt ist, bevor man überhaupt angefangen hat, etwas zu tun. Brauchen wir wirklich Kurse, Supervisionen, Entgeltregelungen und staatlich geordnete Bahnen, in denen die Hilfsbereitschaft dann, zwar schön ordentlich kanalisiert, aber träge dahindümpelt?

Nein, man braucht das alles nicht, wie das schöne Beispiel einer Demenzinitiative aus Schottland zeigt, die von der dortigen Alzheimer-Gesellschaft auf den Weg gebracht worden ist – wiederum ist die schon erwähnte Mary Marshall mit ihrem Wirken allenthalben spürbar. »Creating dementia-friendly communities« – vom Schaffen demenzfreundlicher Kommunen ist da die Rede, nicht von »Planung«. Um einen »Schaffensakt« muss es sich tatsächlich handeln, sonst gelingt es nicht. Und warum sollten wir unsere Kommunen demenzfreundlich machen? »Weil die Menschen mit Demenz sich nach wie vor von der Gesellschaft ausgeschlossen fühlen. Sie und diejenigen, die für sie sorgen, fühlen sich isoliert«, sagt Mary Marshall.[52]

Wir müssten deshalb lernen, Menschen mit Demenz und ihrem merkwürdigen Betragen so zu akzeptieren, dass sie sich zu Hause fühlen. Der Polizist, der Briefträger, der Busschaffner, der Hausarzt, die Verkäuferin im Supermarkt: Wenn sie alle etwas über Demenz wüssten und lernen würden, liebevoll und verständig mit den Verrücktheiten umzugehen, dann würde die Welt der Normalen und die Welt der Dementen schon ganz anders aussehen. Einkaufen, Freizeitaktivitäten, Reisen und sogar die Teilnahme am Gottesdienst können schwierig werden, weil die »normalen« Menschen mit der Demenz nicht umgehen können. Die ambulanten und stationären Dienste sind zur Unterstützung in der Versorgung hilfreich, aber sie können natürlich Freundschaft und Nachbarschaft nicht ersetzen. Der Besuch in der Gastwirtschaft, der Gang zum Friseur, das Gespräch mit dem Angestellten in der Postfiliale oder der Bank, das sind die ganz normalen Aktivitäten. Sie sind wichtig für die Teilnahme am Alltagsleben. Wenn die Menschen jedoch nicht auf die Begegnung mit Verwirrten vorbereitet werden, sind solche Aktivitäten gefährdet.

Aus diesen Gründen hat »Alzheimer Schottland« das Motto eines an Demenz Leidenden aufgegriffen, der sagte: »Dementia? Doesn't stop me living!« – übersetzt heißt das in etwa: »Demenz? Das Leben geht trotzdem weiter!« Menschen mit Demenz können

durchaus Freude am Leben haben und an Alltagsaktivitäten teilnehmen. Es zeigt sich immer wieder, dass sie alte Fähigkeiten be-
halten und neue erlernen können, ja, dass sie sogar kreative Kompetenzen entfalten können – Gedichte schreiben, Musik machen,
malen, Theater spielen.

»Alzheimer Schottland« fordert deshalb konsequenterweise
etwas ein, was irgendwie selbstverständlich klingt, aber alles andere als trivial ist:

- Respekt, Achtung der Menschenwürde und Schutz der Privat-
  sphäre – all das, was im normalen Alltag für jeden gefordert
  wird.
- Öffentliche Dienstleistungen in der gleichen Qualität, wie sie
  auch anderen Bürgerinnen und Bürgern zur Verfügung stehen – bei Menschen mit Demenz allerdings mit besonderer
  Sensibilität für ihre Wünsche.
- Ein unabhängiges Leben, so lange die Betroffenen es wünschen,
  und ein Verbleib in familiärer Umgebung so lange wie möglich.
- Möglichkeiten, Fähigkeiten zu verbessern.
- Möglichkeiten, an Aktivitäten der Kommune teilzuhaben.
- Teilnahme der Betroffenen – so weit als möglich – an Entscheidungen, die das tägliche Leben und die künftige Versorgung be-
  treffen.

Zwei vergleichsweise junge Menschen, die an Demenz leiden – sie
sind beide in den Vierzigern –, berichten in einem Text der schottischen Alzheimer-Gesellschaft vom Tabu, das ihrer Erfahrung nach
die Demenz umgibt. Man könne, so sagen sie, über alle möglichen
sexuellen Angelegenheiten öffentlich reden, aber nicht über Demenz: Die werde oft genug in den Familien versteckt. Mit Demenz
stehe man am Pranger. Selbst Menschen, die an Lepra oder Epi-
lepsie leiden und früher aus der Gesellschaft oft ausgeschlossen
wurden, könnten heute mit mehr öffentlicher Akzeptanz rechnen
als Menschen mit Demenz. Das ominöse Hirnleiden löse fast aber-
gläubische Furcht aus.

Dabei kommt alles darauf an, die Menschen mit Demenz nicht unmündiger zu machen, sondern sie in dem, was sie können, zu unterstützen. Paul Batson, der in Großbritannien als Therapeut tätig ist, macht die Notwendigkeit eines fördernden Umgangs an einer selbst erlebten Geschichte deutlich. Sie handelt von Gordon, einem Mitsechziger, der seit zehn Jahren mit der Diagnose Alzheimer lebte. Gordon war groß und immer noch kräftig. Er lebte in einer Pflegeabteilung für Patienten mit stark vorangeschrittener Demenz, wo er tagein, tagaus mit einem zur Maske erstarrten Gesicht meistens untätig herumsaß. Sein Gesichtsausdruck war stets abweisend, fast drohend, aber er hat – so Paul Batson – »mir eine wichtige Lehre erteilt«.[53]

Gordon sprach schon lange nicht mehr. Seine Frau kam täglich und kümmerte sich rührend um ihn, aber sie hatte selbst den Eindruck, dass sie ihn nicht mehr erreichte. Er konnte nichts mehr für sich selbst tun. Er war meistens kooperativ, wenn die Pflegenden kamen, um ihn zu waschen, anzuziehen oder zu füttern. Aber sein Gesichtsausdruck änderte sich nie. Die einzige Aktivität, die Gordon bisweilen entfaltete, waren Spaziergänge. Und so begann Paul Batson seine Kontaktaufnahme mit Gordon damit, dass er ihn zu einem Spaziergang abholte. Als eine Schwester seinen Mantel, Handschuhe und einen Schal brachte, stand er sogleich auf und zog die Sachen an – ohne eine Miene zu verziehen. Es war Februar und kalt. Paul Batson versuchte seine Aufmerksamkeit auf Vögel in den Bäumen oder auf Passanten zu lenken und sprach ganz normal mit ihm. Manchmal konnte man den Eindruck haben, dass er sich auf das Gezeigte konzentrierte – aber sein Gesichtsausdruck änderte sich nicht. Sie gingen los, Hand in Hand, blieben so in Verbindung und das Risiko, dass er auf eigene Faust entschwand, war auf diese Weise geringer. Auf dem Weg zwischen zwei Krankenhausgebäuden passierten die beiden eine Stelle, an der ein Metallpfosten stand, etwa 120 Zentimeter hoch. Sie gingen auf verschiedenen Seiten an dem Pfosten vorbei, und deshalb hob Paul Batson mit seiner eigenen Hand Gordons Hand über den Pfosten. Nach einigen Schritten hielt der Therapeut plötzlich inne, um sich zu fragen, warum er das getan habe. »Warum habe ich das für Gordon getan, was er vielleicht selbst hätte tun können? Natürlich sollte er nicht mit seiner Hand gegen den Pfosten schlagen. Aber ich hatte den klassischen Fehler gemacht: Ich hatte etwas für ihn getan, was er vielleicht durchaus selbst hätte tun können. Ich hatte ihm die Initiative genommen.«

Auf dem Rückweg hielt er wiederum Gordons Hand, diesmal aber hob er sie nicht über den Pfosten. Wie selbstverständlich hob nun Gordon die Hand seines Weggenossen über den Pfosten. Paul Batson bedankte sich bei Gordon, der seinen Weg aber, wiederum ohne eine Miene zu verziehen, fortsetzte. Gordons Zustand verschlechterte sich im Laufe der Zeit und sein Tod war eine Erlösung für ihn und seine Familie. Aber die Spaziergänge mit ihm hatten Paul Batson deutlich gemacht, dass etwas in Gordon vorging. Er hatte die Fähigkeit, die Pfostensituation zu erkennen und auf sie zu reagieren. »Gordon hat mich gelehrt, niemals Annahmen über Menschen mit Demenz zu machen. Er hat vielmehr meine Vermutung gestärkt, dass wir achtsam sein müssen und empfindsam Möglichkeiten für die Interaktion herausfinden – und dass wir dann durchaus in Kontakt treten können mit Menschen, die mit Demenz leben – auch wenn ihr Zustand schon sehr fortgeschritten ist. Insofern hat mir Gordon eine helfende Hand gereicht – deutlicher als er es selbst je bemerkt hat.«

Es liegt nahe, den Menschen mit Demenz alles abzunehmen. Auf diese Weise entzieht man ihnen jedoch die Möglichkeit, so lange und so oft es geht, eigenständig zu agieren. Solche fürsorgliche Bevormundung beeinträchtigt das Selbstbewusstsein der Betroffenen und gibt neuerlichen Anlass, sich weiter zurückzuziehen – mit den beschriebenen, auch hirnphysiologischen Konsequenzen einer kognitiven Abwärtsspirale. Die Demenz, betrachten wir sie einmal bloß medizinisch, ist mit anderen Worten zu nicht unerheblichen Teilen so etwas wie eine »Self-fulfilling Prophecy«. Die ärztliche Diagnose und die darauf automatisch folgenden medizinischen Therapie- und Betreuungsapparate zei-

tigen ein paradoxes Ergebnis: Sie beschleunigen den Verfallsprozess, gegen den dann buchstäblich kein Heilkraut gewachsen ist.
Und je mehr Opfer daraus hervorgehen, desto energischer werden
dann die medizinischen Forschungsanstrengungen, mit den entsprechenden Finanzmitteln ausgestattet, weiter forciert und desto
gerechtfertigter erscheinen solche Anstrengungen ja auch.

Damit ist ein Teufelskreis in Gang gesetzt worden, den die Ge-
sundheitsindustrie im Verbund mit den Medien immer weiter
schürt. Sie reproduziert permanent das selbst gemalte Bild eines
aussichtslosen Elends, das mit der Demenz verbunden ist und zur
Resignation verleitet. Das geschieht schlimmstenfalls interessege-
leitet, es ist schließlich eine Menge Geld im Spiel, und erfolgt bestenfalls aus Mangel an Kenntnissen.

Dass verschiedene Gruppen ihre Interessen verfolgen und sie
möglichst durchzusetzen versuchen, ist schwerlich aus unserer
Welt zu verbannen. Der Mangel an Wissen aber muss und kann in
einer ihrem Selbstverständnis nach aufgeklärten und vernünfti-
gen Gesellschaft behoben werden. Wie falsch das vorherrschende
Alzheimer-Bild ist und welche verheerenden Auswirkungen es
hat, haben wir hoffentlich ausreichend deutlich gemacht. Dabei
beanspruchen wir keineswegs die Urheberschaft dieser Erkenntnis. Vielen unmittelbar und mittelbar Betroffenen sind die hier
skizzierten Zusammenhänge längst klar. Und einige haben sich,
ähnlich wie in den geschilderten Beispielen aus Schottland, inzwischen auf den Weg gemacht, ihre Belange nicht länger ausschließlich an die vermeintlichen Experten abzugeben, sondern
sie wieder in die eigenen Hände zu nehmen.

Aufbrüche

Die hessische Stadt Gießen hat 74 000 Einwohner. Laut Statistik
leben im Landkreis Gießen 3 391 Menschen – Stand 2007 –, die an
Demenz leiden. Die meisten von ihnen leben in ihren Familien,

manche wohnen allein und einige sind in Pflegeheimen untergebracht. Sowohl mit seiner Demenzhäufigkeit als auch hinsichtlich
der Betreuungsverteilung liegt der Ort etwa im Bundesdurch-
schnitt, wenngleich die Dunkelziffer gerade in eher ländlichen
Regionen nicht unterschätzt werden darf. In keinem Fall darf man
die auf den ersten Blick vielleicht klein anmutende Zahl der Re-
gistrierten unterschätzen. Man muss sich stets vor Augen halten,
dass oft drei bis vier Menschen im Umfeld der Verwirrten mit den
Auswirkungen unmittelbar konfrontiert sind, sodass bereits ein
nennenswerter Anteil der Bevölkerung in das Alzheimer-Geschehen involviert ist. Überall.

Welch große gesellschaftliche Herausforderung die Demenz
darstellt, ist in Gießen mittlerweile hinlänglich erkannt worden.
Angestoßen durch die »Aktion Demenz e. V. – Gemeinsam für ein
besseres Leben mit Demenz«, die von der Robert Bosch Stiftung gefördert wird, hat man sich dort im Jahr 2007 auf den Weg begeben,
die Demenz zu enttabuisieren und zu einem öffentlichen Thema
zu machen. Unter der Devise »Demenzfreundliche Kommune
Gießen« sind seitdem zahlreiche Aktivitäten entfaltet worden,
um Menschen mit Alzheimer-Symptomen so lange wie möglich
im Gemeinwesen integriert zu halten, statt sie, wie bisher üblich,
schon bei den ersten Anzeichen einer Verwirrung als »Kranke«
auszugrenzen. Mithilfe des Engagements vieler Menschen sollen
die Selbstständigkeit und Akzeptanz der Betroffenen gestärkt und
die Angehörigen zugleich entlastet werden.

Die nach anfänglicher Förderung durch das Bundesministe-
rium für Bildung und Forschung heute ausschließlich ehrenamtlich gestützte Initiative sah sich vor ein komplexes Aufgabenbün-
del gestellt, das sie Schritt für Schritt in Angriff nahm. Zunächst
wurden die Menschen ermittelt, die auf die eine oder andere
Weise bereits mit der Demenz befasst sind: Betroffene, Mediziner,
ambulante Pflegedienste, stationäre Einrichtungen, Apotheken,
Sozialarbeiter, Angehörige, ehrenamtliche Helfer. Ein solcher lo-
kaler »Demenz-Verteiler«, der in Gießen von einer studentischen

Initiativgruppe erstellt wurde – und andernorts auch von einer Oberstufenklasse während einer Projektwoche erarbeitet werden könnte –, dient zunächst vor allem dazu, die im Demenzumfeld häufig isoliert agierenden Menschen miteinander in Kontakt zu bringen.

Das daraus entstehende »Kompetenznetz Demenz« fungiert hierbei aber nicht nur als Erfahrungsbörse: Wie stellt sich die Situation vor Ort aus der Sicht der Beteiligten dar? Welche Missstände gibt es? Was muss in welchen Bereichen verbessert werden? Was ist wünschenswert und was realisierbar? In einem Workshop wurden zugleich Vorschläge erarbeitet, wie die kommunalen Einrichtungen und letztlich die gesamte regionale Öffentlichkeit eingebunden werden können, damit die Menschen mit Demenz in das städtische Leben besser integriert werden.

Es fanden daraufhin weitere Workshops statt, zu denen gezielt Personen aus der lokalen Wirtschaft, aus Dienstleistung und Verwaltung eingeladen wurden, unter anderem etwa Vertreter eines Kaufhauses, der Polizei, der Krankenkasse, der Ortsämter sowie Busfahrer, Apotheker oder Physiotherapeuten. Dabei stellte sich, wie erwartet, heraus, dass der Aufklärungsbedarf immens ist. Zwar sind Polizei und Feuerwehr, die Frau an der Ladenkasse oder die Mitarbeiter des öffentlichen Nahverkehrs in einer Stadt wie Gießen immer einmal wieder mit dem Thema konfrontiert, aber im Umgang mit Dementen zumeist buchstäblich hilflos. Diese »Schwäche«, die zugleich Angst und Abwehr erzeugt, wird nun in Gießen mithilfe von weiteren Kooperationsgesprächen, Ausstellungen, organisierten Begegnungen, zum Beispiel »Schulklasse trifft Altenheim«, Lesungen und anderen Informationsaktivitäten systematisch abgebaut. Ein vom Oberbürgermeister eröffnetes »Bürgerforum Demenz – was können wir in Gießen tun?« hat das Thema darüber hinaus in der gesamten Region öffentlich gemacht und die Menschen zweifellos für viele Alltagsprobleme sensibilisiert. Inzwischen treffen von vielen Seiten immer mehr Ideen, Anstöße und Vorschläge ein, wie die Kommune Gießen »demenzfreundlicher« gestaltet werden kann.

Die »Demenzfreundliche Kommune Gießen« ist eine Erfolgs-
geschichte, wenngleich noch vieles zu tun bleibt. Und Gießen ist
alles andere als ein Einzelfall. Es gibt mittlerweile Hunderte von
Initiativen im gesamten Bundesgebiet, die einen ähnlichen Ansatz
verfolgen und sich zudem immer besser auch untereinander austauschen:

- Im Landkreis Ravensburg zum Beispiel hat sich das Bildungs-
  und Beratungsprojekt »Netzwerk Demenz« sehr bewährt, das
  sich zum Ziel gesetzt hat, alle Akteure im Feld Demenz miteinander ins Gespräch zu bringen, um ihre Kompetenzen,
  die Transparenz der Angebote und die Zusammenarbeit aller
  Helfer zu verbessern. Dabei hat sich schnell gezeigt, dass nicht
  nur Angehörige Unterstützung benötigen, sondern – wie in Gießen – »das ganze Dorf« eine gezielte Aufklärung braucht.
- In Augsburg ist ein »KompetenzNetz Demenz« gegründet worden. Es hat sich vorgenommen, das Thema Demenz in der Mitte
  der Gesellschaft zu verankern und die verschiedensten gesellschaftlichen Gruppen, angefangen von politischen Entschei-
  dungsträgern über den Taxifahrer bis zu Polizeibeamten mit
  dem Thema vertraut zu machen. Dies geschieht zum Beispiel
  über ehrenamtliche »Demenzpaten«.
- In Berlin gibt es in verschiedenen Bezirken bürgernahe Projekte,
  die durch Veranstaltungen und Schulungen für das Thema Demenz sensibilisieren und neue Wege im Umgang mit Dementen
  aufzeigen wollen.
- In Ostfildern hat in den vergangenen zwei Jahren eine breit an-
  gelegte Informations- und Aufklärungskampagne – »Wir sind
  Nachbarn« – stattgefunden und dafür geworben, die Menschen
  mit Demenz in den kommunalen Alltag zurückzuholen.
- Und in Freiburg wie in vielen anderen Städten sind aus ehrenamtlichen Initiativen oder aus Selbsthilfegruppen neue Betreu-
  ungsprojekte hervorgegangen, etwa ambulante Wohngruppen
  für Menschen mit Demenz, durch die die Angehörigen entlastet

und die Betroffenen in der »Normalität« gehalten werden sollen.

Wir könnten die Auflistung noch einige Seiten fortsetzen, möchten es hier jedoch bei der Feststellung belassen, dass es ein ungeahntes Reservoir bürgerschaftlichen Engagements gibt, Tausende von Menschen, die die Demenz schon heute als gesellschaftliche Herausforderung annehmen.[54] Viele dieser Initiativen erhalten öffentliche Fördermittel und werden ohne solche Unterstützung vorerst auch schwer am Leben zu halten sein. Koordination und Organisation, Aktionen und Veranstaltungen verursachen natürlich Kosten, die durch die Beteiligten allein auf Dauer nicht aufgebracht werden können. Wenn jedoch mehr und mehr die Sinnhaftigkeit solcher Projekte deutlich wird und man darüber hinaus erkennt, dass wir nur auf diesem Weg die gesellschaftlichen Herausforderungen der Demenz werden bewältigen können, dann wird sich auch die Frage einer neuen Lasten- und Mittelverteilung stellen.

Noch sind wir nicht so weit. Das biomedizinische Demenzmodell und die darauf gründende Forschungs- und Pflegeindustrie sind ein mächtiger heißer Stein, den abzukühlen es sehr vieler Tropfen bedarf. Ganz sicher werden Medizin und institutionelle Pflege weder freiwillig noch aus Einsicht jene Felder räumen, in denen ihr Wirken allenfalls begleitend hilfreich wäre. Es bleibt also vorläufig völlig offen, ob wir dem weiter fortschreitenden Phänomen der Verwirrung gesellschaftlich gewachsen sein werden.

Wir neigen zwar zu Optimismus, und genügend Anlässe dazu, das haben wir zu zeigen versucht, gibt es ja auch. Ob deren Gewicht allerdings ausreicht, um die Weichen umzustellen, kann ebenso gut bezweifelt werden. Deshalb erscheint es uns zum Schluss doch wichtig, auch der Frage nachzugehen, was passieren wird, wenn die hier geforderten Änderungen nicht gelingen.

Was geschieht, wenn nichts geschieht

Ein Blick in die Zukunft

Es ist Besuchszeit in der Neurologischen Akutklinik in W. Frau. P. – mittelschwere Demenz – hat nach einem Treppensturz zu Hause eine Hirnblutung erlitten. Nach längerem Aufenthalt auf der Intensivstation wird sie »zum Sterben« auf eine »Normalstation« verlegt. Am 30. Juni verschlechtert sich der Allgemeinzustand der Patientin zusehends. Die Angehörigen – die Tochter ist Hausfrau, der Schwiegersohn Hartz-IV-Empfänger –, die Frau P. vor ihrem Sturz zu Hause betreut hatten und auch das Pflegegeld und die Rente der alten Dame bekamen, sprechen mit dem zuständigen Arzt. Nach einiger Zeit kommt der Arzt erregt in das Schwesternzimmer und macht dort seiner Empörung Luft: Die Familie hatte den Arzt gebeten, alles zu tun – einschließlich einer Reanimation – damit »die Oma auf jeden Fall den Tag überlebt«. Das Pflegegeld und die Rente waren bereits fest in das monatliche Budget der Familie eingeplant, würden aber nicht mehr ausbezahlt werden, wenn Frau P. noch vor dem 1. Juli verstirbt.

Man kann sich die prekäre Lage der Familie ja vorstellen, und bei vermögenden Menschen werden solche unmoralischen Anfragen wahrscheinlich eher nicht vorkommen. Und doch zeugt diese wahre Geschichte von einer zeitgenössischen Rücksichtslosigkeit, die auch vor dem Letzten nicht zurückschreckt, wenn es um Geld geht. Geht die soziale Schere zwischen Arm und Reich weiter auf, müssen wir damit rechnen, dass Verzweifelte alles tun, um aus

Sterbenden noch einen kleinen Gewinn zu pressen. Zwar bleibt es richtig, dass die Zahl der pflegenden Familienangehörigen, die sich aufopfern und aufreiben, nach wie vor sehr groß ist – wir haben das in diesem Buch immer wieder unterstrichen. Aber eine zunehmende Kälte in den brüchiger werdenden Familienbeziehungen ist gleichwohl nicht zu verkennen.

Der Onkologe S. ist an einer hessischen Universitätsklinik tätig und erlebt immer öfter, dass Angehörige fordern: »Sagen Sie mir Bescheid, wenn es vorbei ist.« Das heißt, eine große Zahl von Menschen will mit dem Sterben möglichst nichts zu tun haben. »Letztes Jahr«, berichtet der Onkologe, »wollten wir es möglich machen, dass alle Patienten, die in den Sterbeprozess eingetreten sind, zu Weihnachten nach Hause können. In vier Fällen war das deshalb nicht möglich, weil schon ein anderer, neuer Partner in die Wohnung eingezogen war.« Ex und hopp.

Und noch eine Geschichte aus dem Pflegealltag von heute: Am 12. Juni 2008 betritt Schwester K. um 7.00 Uhr morgens das Patientenzimmer, um Frau D. zu versorgen. Die alte Dame ist 79 Jahre alt und erholt sich gerade von den Folgen eines kleineren Schlaganfalls. Bis zum Krankenhausaufenthalt hatte sie noch allein in ihrer Wohnung gelebt und für sich selbst sorgen können. Ihr Mann war bereits ein paar Jahre zuvor verstorben. »Beim Zurechtlegen der Utensilien bemerke ich«, berichtet Schwester K., »dass Frau D. kein frisches Nachthemd mehr im Schrank hat. Der Schrank ist voll schmutziger Wäsche, woran man erkennen kann, dass schon lange kein Angehöriger mehr zu Besuch war. Ich frage die Patientin, ob sie denn niemanden hätte, der ihr frische Wäsche vorbeibringen könnte. Darauf fängt sie an zu weinen und sagt: ›Ach Schwester, ich habe zehn Kinder großgezogen, und keines kommt mich besuchen oder bringt mir mal ein frisches Nachthemd.‹ Da habe ich wirklich mitweinen müssen.« Wie sich herausstellte, wohnen die Kinder von Frau D. alle im Umkreis von 30 Kilometer um die Klinik herum.

Das klingt unglaublich, ist aber in der Tat alles andere als ungewöhnlich und wirft die dringende Frage auf: Wer soll und kann künftig für die Menschen mit Demenz eintreten und da sein? Die staatliche Daseinsvorsorge, die mit Renten, Krankenkasse und Pflegekasse bisher zu der Hoffnung Anlass gegeben hat, dass man im Alter abgesichert sei, wird brüchiger. Auf die alten familialen Milieus kann man sich immer weniger verlassen. Die moderne Gesellschaft hat Institutionen aufgebaut, die der neuen Heimatlosigkeit im industriellen Zeitalter begegnen sollten. Das hat zum Teil auch gut funktioniert. Neue sozial-moralische Milieus entstanden – Parteien, Gewerkschaften, Vereine –, in die die neuen Institutionen eingebettet waren. Aber diese Milieus sind inzwischen ebenfalls bedroht.

Franz Walter, Göttinger Parteienforscher, hat am Beispiel der Parteien beschrieben, wie der gemeinschaftliche Zusammenhalt mehr und mehr schwindet: »Die Sozialdemokraten begannen zu schrumpfen, als ihre industriellen Hochburgen zerfielen, als die Welt der Zechen, Werften und Hochöfen unterging. Doch auch die Welt der Christdemokraten wird nunmehr schmaler, da immer weniger Menschen im modernen Deutschland noch treue Kirchgänger, lebenslange Heimatverbundene, dogmatische Nationalpatrioten und wütende Bekämpfer jedweder Emanzipation sind.«⁵⁵ Die Frage, was die Gesellschaft noch zusammenhält, wird immer schwerer zu beantworten sein. Die hierfür geschaffenen Institutionen jedenfalls scheinen ihre Kraft zur Integration zu verlieren. Sie laufen zwar noch – wie das sprichwörtliche geköpfte Huhn – eine Weile durch die Gegend, aber sie eignen sich immer weniger als Sinnzentren. Die Frage ist also, angesichts zerbröckelnder familialer Strukturen und schwindender traditioneller Milieus, wo Gemeinsinn in Zukunft seinen Ort haben soll. Woher die dringend erforderliche Sozialmoral nehmen, woraus noch ein motivierendes Ethos oder eine orientierende Weltanschauung schöpfen?

Die Suche nach neuen Formen des freundlichen Miteinanders, jenseits staatlicher Hilfen und Bevormundungen, muss unsere

Zukunft sein. Andernfalls sähe es düster aus. Alle am Thema Demenz Beteiligten sowie alle Bürgerinnen und Bürger überhaupt sollten sich darüber klar sein, dass in einem alternden und womöglich von ökonomischen Krisen geschüttelten Europa die Sicherheit der Menschen mit Demenz auf Dauer nicht mehr gewährleistet sein wird. Leiterinnen von Pflegeheimen berichten schon heute, dass sie unter dem Druck der Umstände die Pflege- und Betreuungsstandards für Menschen mit Demenz absenken müssen.

Darüber hinaus wächst die Bereitschaft, ernsthaft das Thema Sterbehilfe zu diskutieren und damit an ein bislang geltendes Tabu zu rühren. Noch geht es hierbei vor allem um Menschen, die besonders schwer leiden und als unheilbar diagnostiziert worden sind. Aber hier und dort wird bereits jetzt die Vorstellung laut, dass auch Menschen mit Demenz, die ja doch nur noch »leere Hüllen« sind – wie es der *Stern* in einer Reportage formuliert hat –, letztlich dankbar sein könnten, wenn man sie von ihrem unbegriffenen Leiden erlöste.

Über Sterbehilfe wird europaweit diskutiert, nachgedacht, geforscht So wird das Tabu, das insbesondere in Deutschland nach den vielen Euthanasieaktionen der Nationalsozialisten besonders ausgeprägt war, allmählich abgeschliffen. Der Europarat setzt das Thema auf seine Agenda, in den Niederlanden, Belgien und Luxemburg gibt es schon einschlägige Gesetze und in der Schweiz wird der assistierte Selbstmord praktiziert. Das hat geradezu zu einem Euthanasie-Tourismus in das Alpenland geführt. Und dieser Tourismus wiederum gibt einer britischen Initiative Nahrung, die geradezu die nationalen Interessen verletzt sieht: »Da das sowieso geschieht, wollen wir nicht, dass die Betroffenen in die Schweiz reisen müssen.« Auch in Deutschland wird der Chor der Befürworter lauter und erhält sogar eine wachsende Unterstützung aus den Reihen der gewählten Volksvertreter.

Müssen wir uns also über kurz oder lang an Sterbezimmer in Deutschland gewöhnen, die dann von der Arbeiterwohlfahrt, der

Diakonie oder dem Paritätischen Wohlfahrtsverband betrieben werden? Der »mutmaßliche Wille«, der 2009 als Topos in die Novelle zur Patientenverfügung eingeführt wurde, eröffnet im Grunde schon jetzt den Angehörigen von Dementen alle Möglichkeiten. Sie dürfen ab sofort über die Zumutbarkeit des Leidens der ihnen Nahestehenden spekulieren oder ihre Erbinteressen unausgesprochen zur Geltung bringen – oder darum bitten, dass die Euthanasie erst nach dem 1. des Monats (siehe oben) stattfindet. Das will aber nicht jeder mit sich machen lassen. Aus den Niederlanden wird schon berichtet, dass manche alte Menschen einen Zettel bei sich tragen, auf dem steht »Doktor, töte mich nicht!«. Andere wandern aus den Niederlanden in die deutschen Randgebiete aus, um vor Euthanasie sicher zu sein. Und ein niederländischer Priester berichtet, dass bisweilen Angehörige zu ihm kommen, um vorsorglich einen Beerdigungstermin zu verabreden, damit sie den Ablauf der Euthanasie darauf abstimmen können.

Das gesamte Gesundheitssystem, das bald auch das Sterben als Dienstleistung anbietet, steht heute vor einem radikalen Umbau. Während die Reichen die Gelegenheit haben werden, sich in Gesundheitszentren der neuesten medizinischen Moden zu bedienen, während sie also »Health-Shopping« betreiben, sich Gesundheitsdienstleistungen zusammenkaufen und dabei von einem Medi-Experten zum anderen wechseln, deren Ranking sie in einschlägigen Zeitschriften nachlesen können; währenddessen dürfte sich die Versorgung der Marginalen – der Hartz-IV-Empfänger und der Verwirrten – immer prekärer gestalten. Und dies geschieht unbeschadet der Tatsache, dass immer mehr Geld in die Erforschung von Alzheimer und Demenz fließt, weil ja auch die Gutsituierten vor dem Vergessen nicht gefeit sind.

Solche Heilsversprechen auf eine demenzfreie Zukunft wollen wir uns noch einmal kurz im Zusammenhang anschauen. Denn Erinnerung ist ja auch und gerade dann hilfreich, wenn man einen Blick in die Zukunft werfen möchte.

Biomedizinische Heilsversprechen
und nüchterne Skepsis

Erinnern wir uns also: Ende der 1980er Jahre sagte die EU-Kommission voraus, die Gentechnik werde bald den Sieg über Herzinfarkt, Krebs und Geisteskrankheiten erringen. Dazu müssten allerdings »gefährdete Personen identifiziert und gegebenenfalls die Weitergabe der genetischen Disponiertheit an die folgende Generation verhindert werden«.[56] James Watson hatte kurz zuvor das »Human Genome Project« mit den Worten vorgestellt: »Herauszufinden, was der Mensch ist, das ist doch das aufregendste Ding der Welt.« Man gab sich allenthalben enthusiastisch: »Letztlich« – so Richard Roberts, ein Schüler von James Watson – »wird man herausfinden: Dieses Gen wird zu einem Nasenkarzinom führen. Und dann wird man eben die schlechte Kopie durch eine gute ersetzen. Man wird es im Sperma tun.« Roberts versprach, das genetische Screening werde die Voraussage erlauben, mit wie viel Prozent Wahrscheinlichkeit jemand ein talentierter Mathematiker, Tischler oder Konzertpianist werde – und man darf ergänzen: wen einmal die Demenz erfassen wird und wen nicht. Wenig später, nämlich 1993, wurde Richard Roberts, nicht zuletzt für seinen ungebremsten Optimismus, so darf man vermuten, mit dem Nobelpreis geehrt.

Sieben Jahre später hat die *Frankfurter Allgemeine Zeitung* das komplette menschliche Genom auf ein paar Zeitungsseiten abgedruckt. Es war geschafft! Allerdings: Von den (grauslichen) Heilsversprechen der Humangenetiker war indessen praktisch nichts eingelöst worden. Deren hoffnungsfrohe Vorhersagen hatten aber natürlich gleichwohl Milliardensummen locker gemacht, riesige Forschungszentren waren aus dem Boden geschossen und die beteiligten Wissenschaftler hatten viel für ihre Karriere tun können. Die Karawane der Wissenwoller – so hat es Mathias Greffrath beschrieben – war inzwischen längst ungerührt weitergezogen, und seit einigen Jahren sehen wir in den Journalen nicht länger die Chromosomenstreifen, sondern die bunten Bilder von Gehirnen.

Und schon wieder werden uns – diesmal biomedizinische – Wunderheilungen versprochen. »So wie vor zwanzig Jahren das Krebs-, das Schwulen-, das Legasthenie-Gen angepeilt wurden, so sind es jetzt die Gehirnregionen für Religiosität, Leseschwäche, Gefühlsarmut, Menschenfreundlichkeit und Empathie.«[57] Die Gehirnforschung – so haben führende deutsche Vertreter des Faches in einem Manifest vor vier Jahren verkündet – werde schon bald Fortschritte in der Behandlung von Alzheimer, Parkinson und Demenz bringen. »Wir werden«, so heißt es im Manifest, schon bald in die Lage versetzt sein, »psychische Auffälligkeiten und Fehlentwicklungen, aber auch Verhaltensdispositionen zumindest in ihrer Tendenz vorauszusehen« und »Gegenmaßnahmen« zu ergreifen.[58]

Was immer von solchen abermals großmundigen Ankündigungen am Ende übrig bleiben wird, eines wird mit Sicherheit passieren und passiert schon jetzt: Der neue Hoffnungsträger »Hirnforschung« erhält enorm viel Geld, damit wir in Zukunft »gut aufgestellt« sind. Immer wenn uns in Wahlkämpfen versprochen wird, in Bildung und Wissenschaft zu investieren, weil das unsere Zukunft sei, ist eines gewiss: Es sind sicherlich solche medizinischen Modebranchen gemeint, die mit ihren Heilsversprechungen noch radikaler auftreten als eine pfingstkirchliche Gemeinde. Ohnehin ist die gegenwärtige Hirnmanie nicht anders zu begreifen, als dass dort religiös heimatlos gewordene Menschen ihre Wiedererweckung erfahren. Die Vielzahl der Hirn-Magazine erfüllt in etwa die Funktion, die bei den Zeugen Jehovas der *Wachtturm* hat, jene Zeitschrift, die an Straßenecken und Bahnhöfen schweigend in die Gegend gehalten wird.

Die quasi-religiösen Züge der Gesundheitsapostel rufen allerdings auch schon innerhalb der Zunft vermehrt Unmut hervor. Der Pathologe Jürgen R. E. Bohl beispielsweise hinterfragt aus seiner Sicht – also vom Seziertisch des Mediziners aus – das vorherrschende Demenzmodell.[59] Welchen tieferen Sinn, so fragt er, hat dieser Abbauprozess zur Demenz? »Der gnadenlos wachsende

Schwachsinn hat einen Grund. Ist er das Ergebnis eines Hirnmissbrauchs? ›Brain Abuse?‹ Wehrt sich dieses wundervolle Organ auf seine Weise gegen ein Übermaß an Unrat, Unglück und Sinnlosigkeit? Oder könnte es sein, dass sich mein Hirn dank seiner wundersamen Kunst der Anpassung in einen Zustand begibt, welcher den äußeren Lebensbedingungen angemessen erscheint? Ich bin einem furchtbaren Geheimnis auf der Spur: Die Ursache der Demenz ist der Schwachsinn.« Wie alle Organismen strebten auch die Menschen – so Bohl – nach Harmonie. Und deshalb würden sich die Menschen mit Demenz dem zeitgenössischen herrschenden Schwachsinn anverwandt machen. Und Bohl lässt eine Aufzählung der Risikofaktoren folgen, die er als Mediziner und Pathologe für die Entstehung der Alzheimerschen Krankheit verantwortlich macht:

1. Verlust von Kreativität
2. Schwund authentischer Erfahrung
3. Niedergang religiöser Lebensbereiche
4. Generelle Anomie (Zustand der Regellosigkeit und mangelhafter gesellschaftlicher Integration)
5. Das Fehlen eines tragfähigen Sinns
6. Egoistische und anthropozentrische (den Menschen in den Mittelpunkt stellenden) Verhaltensweisen
7. Die Vernachlässigung altruistischen Handelns und Denkens
8. Die Ausgrenzung des Todes, des Alters und der Leiden (der Krankheiten) aus dem alltäglichen Erfahrungsbereich
9. Das wahnhafte Streben nach Sicherheit
10. Die Angst: die Angst vor dem Leben, die Angst vor dem Tod
11. Das Verlangen nach Dauer, Wiederholung und Ewigkeit
12. Das Fehlen jeglicher Transzendenz
13. Die Flucht vor den einzig wichtigen existentiellen Fragen in die Illusion des Ich
14. Die Weigerung, erwachen zu werden
15. Die Verherrlichung der Lust
16. Die Scheu, sich zu erinnern

Diese im Original noch ausführlichere Liste kann unsere hier vorgetragene Sichtweise bestätigen – und sie kann als ein heimliches Manifest zur Befreiung aus der Demenz gelesen werden. Es ist kein Rezept, natürlich, sondern ein Arbeitsprogramm, das von einem neuen Ich und einer neuen Gesellschaft spricht, in der die Menschen nicht in die Demenz flüchten müssten.

Biomarker – ein weiteres Versprechen

Wissenschaftlern sei es gelungen, Biomarker zu identifizieren, die Alterungsprozesse in menschlichen Zellen anzeigen. Diese Nachricht hat uns erst kürzlich erreicht. Ein Anstieg solcher Biomarker im Blut von Patienten, so die Berichte über die Entdeckung, verweise auf Prozesse des Alterns und auf Krankheiten, die besonders mit dem Altern verbunden sind. Das Max-Planck-Institut für Stammzellforschung in Ulm und die mosaiques diagnostics AG hätten diese Forschungen – zunächst am »Tiermodell«, wie es heißt – erprobt. Der praktische Nutzen liege vor allem darin, dass Therapieformen künftig individuell an das biologische Alter des Patienten angepasst werden können. Die Wissenschaftler hätten sich bei ihren Untersuchungen auf die sogenannten Telomere konzentriert. Telomere sind die Endstücke der menschlichen Chromosomen, sie halten das Chromosom stabil und schirmen es gleichzeitig ab. Bei jeder Zellteilung verkürzen sie sich jedoch um 50 bis 200 Basenpaare. Im Verlauf des Älterwerdens werden sie schließlich so kurz, dass ihre Schutzfunktionen verloren gehen.

Die Wissenschaftler hätten diese Veränderungen und ihre Folgen für die Zelle nun ausführlich untersucht und so »altersabhängige Biomarker« identifiziert. Der individuelle Gesundheitszustand des Patienten könne damit künftig zum Ausgangspunkt für eine individuelle Therapie und Diagnose werden. Krankheiten seien mithilfe der Biomarker viel früher erkennbar. Der Vorstandsvorsitzende der mosaiques diagnostics AG, Joachim Conrads, sagte, mithilfe der Biomarker werde es möglich sein, »die Gesundheitskosten in Zukunft drastisch zu reduzieren«. Die naturwissenschaftlich ausgerichtete Biotechnologie halte damit einen Ausweg aus der sich anbahnenden Krise des Gesundheitssystems bereit und gebe die Antwort auf »eine der größten Herausforderungen unserer Zeit, die frühzeitige Bekämpfung von epidemischen Krankheiten«.

Auch diesen Versprechungen zum Thema Kosteneinsparung mag man glauben oder nicht. Dass Biomarker eine frühzeitige Diagnose von Krankheiten möglich machen, ist vermutlich wirklich wahrscheinlich. Die Annahme allerdings, dass solche frühzeitigen Diagnosen das Gesundheitssystem retten, wäre bestenfalls naiv zu nennen. Stattdessen wird der Kreis der Diagnostizierten und somit als behandlungsbedürftig Angesehenen zunächst zweifellos wachsen. Allerdings bleibt ungewiss, was mit den Biomarkern zur Voraussage von Demenz – die sich vielleicht tatsächlich finden lassen – für die Betroffenen gewonnen sein wird.

Andere Gewinner lassen sich leichter ausmachen: So könnte sich künftig jede Versicherungsagentur, jedes Personalbüro und jedes Gesundheitszentrum einen nicht sehr kostspieligen Biomarkerapparat hinstellen. Verboten ist das nicht – anders als ein solcher Umgang mit DNA-Tests. Dann wird sich leichter entscheiden lassen, ob man eine Versicherungspolice anbieten kann, wer den Job bekommt oder für welche Krankheit das Gesundheitszentrum eine Therapie anbieten sollte. Was der Biomarker wirklich aussagt, wird sich schwerlich überprüfen lassen. Aber die Leute werden sich dem entsprechenden Test unterziehen – und sie kriegen ihre Demenz spätestens dann, wenn sie ihnen über den Biomarker prognostiziert worden ist.

Body Broker

Und wenn alle Versprechungen der Hirnforschung, der Biomedizin und verwandter Disziplinen scheitern? Wenn Demenz ist, was sie ist? Wenn sie sich weiter ausbreitet und tatsächlich jeden treffen kann? Dann kann man immerhin aus den Körpern der Verstorbenen vielleicht noch Kapital schlagen. Annie Cheney hat 2006 die Ergebnisse einer Recherche über den Untergrundhandel mit Organen und Körperteilen veröffentlicht. Sie spricht von Body Brokern.[60] In einem spektakulären Fall wurden aus dem Verkauf von Finger- und Fußnägeln 18 210 US-Dollar erlöst. Cheney deckte auf, dass insbesondere Betreiber von Krematorien die Leichen nicht verbrannten, sondern mit ihnen Handel betrieben. Dieses pietätlose Beispiel zeigt aber im Grunde nur, dass der menschlichen Leiche inzwischen jeder Respekt entzogen ist.

Aber auch die Lebenden, das wissen wir von alarmierenden Berichten aus den Armutsregionen dieser Welt, geraten immer stärker in den Fokus der Transplantationsindustrie. Zwar sind Menschen mit Demenz ja meist ziemlich alt und für eine Plünderung vielleicht nicht so interessant. Man wird sich jedoch darauf einstellen müssen, dass die Masse der künftig Marginalisierten Begehrlichkeiten weckt, da der Bedarf der Transplantationsmedizin nach menschlichen Ressourcen weiter wachsen wird.

An düsteren Aussichten und Schreckensvisionen herrscht also kein Mangel. Da müssen wir, die Autoren, uns schon selber Mäßigung auferlegen und wollen es bei drei abschließenden Zukunftsszenarien belassen. Sie mögen eine Vorstellung davon geben, was passiert, wenn nichts passiert, wenn wir die Demenz auch weiterhin lediglich als medizinisches Problem betrachten, dem nur mit erhöhten medizinischen Forschungsanstrengungen begegnet werden kann. Die folgenden Szenarien wollen wir als Widerspruch dagegen, als Warnung sowie als Motivation zum Handeln verstanden wissen.

Privatisierung der Versorgung

Je mehr sich der Staat aus der Verantwortung für die Alten herauszieht, desto mehr dürfte deren Versorgung der heutigen

Versorgung von Kleinkindern ähneln. Betriebe, die auf wichtige Mitarbeiterinnen nicht verzichten wollen, werden Einrichtungen schaffen müssen, in denen nun Demenzkranke oder Pflegebedürftige tagsüber untergebracht werden. Man gibt die Oma morgens im Demenzgarten ab und nimmt sie abends wieder mit nach Hause. Andere werden Tagesmütter engagieren, die sich während der Arbeitszeiten um den dementen Großvater kümmern.

Der Staat könnte dann seine Bürger und Bürgerinnen – als Entschädigung dafür, dass er sie mit der Pflege allein lässt – auf andere Weise entlasten: Als Zugeständnis an die Jüngeren wird der Prozess der Entmündigung Demenzkranker stark vereinfacht (»entbürokratisiert«). So lässt sich leichter verhindern, dass das Erbe durch Fremdpflege (Heim), durch unkontrolliertes Verschenken oder durch den Konsum medizinischer Dienstleistungen aufgebraucht wird. Wenn die Kinder und Enkel sich schon um die Alten kümmern, dann müssen sie auch entscheiden dürfen, wofür deren Geld ausgeben wird.

Da die Krankenkassen zukünftig vermutlich nur noch eine Grundversorgung bieten, werden Operationen, Rehabilitationsmaßnahmen, Dialysen, Insulinmedikamente und anderes privat bezahlt werden müssen. Die Entscheidung darüber werden mehr und mehr die versorgenden Kinder und Enkel treffen dürfen. Ein Arzt, ein Anwalt, ein Familienmitglied und der betroffene Alte sind das erste Gremium, das über Ausgaben und Maßnahmen bestimmt – bei milder Pflegebedürftigkeit. Bei Demenz oder schwererer Pflegebedürftigkeit wird die Entmündigung schnell und unbürokratisch durchgezogen. Die Jungen können sich dann auch die Rente der Alten kapitalisieren lassen, um über das Geld frei verfügen zu können. Da es keine staatlichen Dienstleistungen für Hochaltrige mehr gibt, da alles, was über eine Basisversorgung hinausgeht, privatisiert ist und auf dem Markt gekauft werden muss, gibt es faktisch auch keine soziale Kontrolle mehr.

Bisweilen deckt die Presse schwere Misshandlungen und Fälle von Vernachlässigung auf. Täter müssen dann mit Geldstrafen

rechnen – Freiheitsstrafen fallen schon deshalb weg, weil dann die
zu Versorgenden dem Staat zur Last fallen würden. Die letztlich
zur Versorgung der Eltern gezwungenen Bürger und Bürgerinnen fordern, dass Übergabeverfügungen für Vermögen, Renten
und andere Kapitaltitel bereits möglich sein sollten, wenn von
Krankheit noch gar nicht die Rede ist. Schließlich müssen die Angehörigen mittelfristig denken und haben lange Zeiten der Pflege
vor sich. Ab 70 sollte deshalb die Verfügung über das Einkommen
der Alten in die Hände der Nachkommen übergehen. Die Senioren
verlieren dann ohnehin das Wahlrecht, sie müssen ihren Führer-
schein abgegeben, dürfen keine klimaschädlichen Flugreisen
mehr buchen und werden – sofern sie dazu in der Lage sind – zu
sozialen Diensten verpflichtet: Sie müssen zum Beispiel drei Tage
in der Woche in der Pflege Hochaltriger tätig sein.

Sterbe-Kit

Generell werden schon heute bei den Alten zwei Gruppen unterschieden: die jungen Alten (60 bis 80 Jahre) und die Hochaltrigen.
In Europa wird es 2050 etwa 70 Millionen Hochaltrige geben.
Für die »jungen Alten« gibt es dann keine staatlichen Dienstleistungen mehr, sie erhalten eine Minirente und eine Basisgesund-
heitsversorgung, der Rest ist Sache der Angehörigen. Mit dem 80.
Lebensjahr entfallen auch diese Basisleistungen des Staates, die
Angehörigen haben keine rechtliche Fürsorgepflicht mehr, sondern nur noch eine moralische.

Forschung, die sich Lebensverlängerung für diese Hochaltrigen
zum Ziel gesetzt hat, ist längst verboten. Von Zeit zu Zeit müssen
die Hochaltrigen sich einer Art TÜV unterziehen: Ihre Leistungsfähigkeit wird getestet und in einem Punktekatalog zusammengefasst. Sinkt die Punktezahl unter 50, dann bekommen sie statt
eines Rentenbescheids von den Gesundheitsämtern den Sterbe-
Kit zugeschickt. Im Zweifelsfall kann auf einen zertifizierten Sui-

zidhelfer zurückgegriffen werden. Man kann sich dieser Aufforderung entziehen, wird allerdings in diesem Fall sofort aus jeglicher staatlichen Daseinsfürsorge entlassen.

In menschenleeren Gebieten Deutschlands sind daraufhin riesige Naturschutzreservate entstanden. Dort können Euthanasie-Deserteure hinziehen und versuchen, auf der Basis von Subsistenzwirtschaft zu überleben. Zehntausende von Greisen haben Selbstversorger-Gemeinschaften gegründet; Kranke werden dort in Eigenregie gepflegt. Es ist ein neues soziales Milieu entstanden, das sogar zu einer interessanten Entwicklung geführt hat: Eine wachsende Zahl von jungen Menschen ist dem bevormundenden Staat, den Bildungskasernen, der die Sinne zerstörenden Urbanität, dem Krach, dem Fraß und der Konkurrenz entflohen und hat sich den neuen außerstaatlichen Gemeinschaften der Hochaltrigen angeschlossen.

Handel mit Lebensfristen

Wir schreiben das Jahr 2030: Unter staatlicher Aufsicht ist ein reger »Handel mit Lebenschancen« entstanden – so der neue, von einem Lebensdesign-Büro entworfene Slogan. Dahinter verbirgt sich der Handel mit Lebens-Restlaufzeiten, eine Begrifflichkeit, die aus der Nuklearindustrie und dem Handel mit Klimazertifikaten abgeleitet worden ist. Wer es sich leisten kann und sich entgegen der Prognosen selbst noch als fit und selbstbestimmt genug ansieht, darf versuchen, Lebenszeit zu ersteigern. Alle diejenigen hingegen, die ahnen, dass die für sie errechnete mögliche Zeitspanne aus finanziellen oder medizinischen Gründen zu lang sein würde, können Teile ihres Anspruchs auf Lebenszeit zum Verkauf anbieten und damit entweder Pflegegutscheine oder andere aktuell notwendige Dinge erwerben. Das kommt allerdings nicht allzu häufig vor. Stattdessen werden in der Frage der »Restlaufzeiten« meistens die staatlich bestellten Pfleger aktiv oder auch die eigenen Angehörigen. Beide Parteien haben durch die Lockerung des Vormundschaftsrechts in vielen Fällen, nicht nur bei aufkommender Demenz, weitgehende Verfügungsrechte über Geld, Aufenthaltsort, Ausgaben und Einkommen und sogar über das Leben zugesprochen bekommen – nicht zuletzt, damit sie das Gemeinwohl beziehungsweise die Interessen der Enkel gegenüber den Betreuten auch ohne deren Einsicht durchsetzen können.

Jeder demente oder pflegebedürftige Angehörige ist, da es kaum noch kollektive Sicherungs- und Versorgungsangebote gibt, letztendlich eine große Last für die wenigen biologischen oder notariell bestellten Nachfahren. Wer keine Kinder hat und vorausschauend handeln will, kann schon seit langem fremde Personen zu seinen Nachkommen ernennen. Das ist ausschließlich eine Frage des Preises. Wie gut und hilfreich diese Entscheidung ist, kann aber niemand sicher vorhersagen, da der Betreffende durch Übertragung der Rechte nunmehr weitgehend seinen echten beziehungsweise notariell bestellten Nachkommen ausgeliefert ist.

Bei weniger wohlhabenden Menschen erfolgt die Übertragung aller Befugnisse durch entsprechende Verwaltungsvorgänge auf amtlich bestellte Pfleger. Dies ist keine erwünschte Lösung. Man weiß schließlich, dass die Amtspfleger mit ihren (zu) vielen Klienten zu eher radikalen Lösungen neigen. Durch den erwähnten Handel mit Lebenschancen können diese Ämter jedoch ihre Kosten besser decken und die Amtspfleger durch Provisionen auch ihr Einkommen steigern. An der Verbindlichkeit der durch Tausch oder Kauf und Verkauf bestimmten Lebenszeitspannen besteht indes kein Zweifel. Die so veränderten Ablebe-Termine sind einzuhalten und werden von Amts wegen kontrolliert.

Seit 2030 ist es zudem üblich, dass jeder Einwohner von über 50 Jahren zusätzlich zu seinem Bescheid über die mögliche künftige Rentenhöhe auch ein Schreiben erhält, in dem er über den Stand seines persönlichen Budgets an Sozial- und Krankenkosten in Kenntnis gesetzt wird. Schon früh kann man sich also ausrechnen, wie lange die Rente und die Gesundheitsversorgung reichen würden. Im Zuge der gesellschaftlichen Diskussion zu Anfang des 21. Jahrhundert war deutlich geworden, dass ohne lenkende Eingriffe die anstehenden Jahrzehnte mit einer völlig überalterten Bevölkerung nur mit starken gesellschaftlichen Auseinandersetzungen und familiären Spannungen zu überstehen sein würden. Es wird deshalb als großer Fortschritt angesehen, dass nun jeder über 50 Jahre alte Bürger einen Bescheid über die für ihn errechnete, sozial verträgliche Lebenszeit erhält. Das gibt Planungssicherheit.

In den Jahrzehnten zuvor hatten diverse Expertenkommissionen immer wieder darauf verwiesen, dass die längere Lebenserwartung der Menschen viele Vorteile bringe, die aber alle durch die enormen Kosten am Ende des Lebens aufgefressen würden. Fachgruppen von Gerontologen, Pflegewissenschaftlern, Sozialmedizinern und Versicherungskaufleuten hatten einen gesellschaftlich breit akzeptierten Indikatorenkatalog erstellt, der für jeden Mitbürger, jede Mitbürgerin gültig war. Für jeden wurde medizinisch und sozialpsychologisch ermittelt, ab wann für ihn vermutlich die teuren letzten Lebensjahre beginnen werden. Auf der Basis genetischer Untersuchungen, medizinischer Gutachten und der Bewertung von Faktoren wie Beruf der Eltern, Schulabschluss, Vermögensverhältnisse und Wohnort konnte recht zuverlässig die Lebenserwartung der betreffenden Person ermittelt werden. Die persönlichen Risiken, etwa Hobbys, Lebensführung oder die Zuverlässigkeit bei Kontrolluntersuchungen, wurden ebenfalls miteinbezogen.

Damit waren die teuren letzten drei Jahre sehr präzise zu bestimmen. Individuelle Abweichungen von den errechneten Zahlen konnten vernachlässigt werden, da der persönliche und gesellschaftliche Nutzen für alle sichtbar war. Richtige Breitenwirkung und Akzeptanz hatte das Konzept »freiwillige Lebensbegrenzung« darüber hinaus erhalten, als in Talk- und Spielshows immer offener Protagonisten des »erfüllten Lebens« und der »Ich bin nur mir verantwortlich«-Bewegung auftraten.

Dieses Konzept versprach, die schlechten und teuren Jahre wegzunehmen. Das sollte durch eine freiwillige Begrenzung des eigenen Lebens zum rechten Zeitpunkt geschehen. So behalte jeder das Glück in der Hand. Dieses Konzept nahm den gesellschaftlichen Sprengstoff aus den explodierenden Gesundheitskosten. Es löste auch das Problem der Überforderung der Kinder und Enkel zumindest teilweise und entsprach völlig der neuen Lebensphilosophie der Westeuropäer.

Ausblick

Wir können so wenig in die Zukunft schauen wie die von uns kritisierten Genforscher und Biomediziner. Deren Versprechungen entspringen allerdings einem reinen Wunschdenken, während unsere Ausblicke auf einer Fortschreibung bereits laufender Entwicklungen beruhen. Gleichwohl sind auch die hier von uns skizzierten Szenarien zunächst nichts anderes als Spekulationen. Ob sie sich bewahrheiten werden, wissen wir nicht.

Eines ist jedoch gewiss: Wenn wir den bislang eingeschlagenen Weg weitergehen, steht uns ein schwerer Gang bevor. Die Pathologisierung des Alterns in einer alternden Gesellschaft, die Ökonomisierung der »Sorge«, die Entwertung des nunmehr zu Markte getragenen Sozialen und die Entsinnlichung des mehr und mehr digitalisierten Alltags – all das trägt ganz eindeutig selbstzerstörerische Züge. Und die Demenz ist eines der Symptome, die dieser gesellschaftliche Verfallsprozess geradezu unweigerlich hervorbringt. Lediglich dieses Symptom zu bekämpfen, ohne an dessen Ursachen zu rühren, hieße, den Verfallsprozess weiter zu beschleunigen.

Insofern ist die Demenz eine Chance. Wir sollten sie zum Anlass einer kritischen, auch selbstkritischen Bestandsaufnahme nehmen. Wir werden erkennen, dass wir unsere Lebenswelt re-sozialisieren müssen – um zu vermeiden, dass die künftige Entwicklung einen Verlauf nimmt, wie wir ihn in den Szenarien ausgemalt haben. Wir alle werden im Alter schwach werden. Aber über das Ausmaß und die Erscheinungsformen dieser Schwäche werden nicht in erster Linie die Abbauprozesse in unserem Körper und in unserem Gehirn entscheiden, sondern unsere Lebensgeschichten und unser soziales Umfeld.

Wir trauen uns sogar, mit den Genforschern und Biomedizinern am Ende gleichzuziehen und vorherzusagen: Die Demenz, nicht als eine mögliche Erscheinungsform des Alterns, aber als epidemisches Leiden, ist heilbar. Allerdings wird die Heilung nicht medizinisch, nicht auf Rezept erfolgen, sondern nur durch eine neue Architektur des Sozialen, wie wir in Ansätzen beschrieben haben – und in der wir uns, wie es ein Rabbi nennen würde, schließlich wiederfinden könnten.

Zu guter Letzt

Wo bin ich – und wenn ja, mit wem?

Rabbi Chanoch erzählt: »Es gab einmal einen Toren, den man den Golem nannte, so töricht war er. Am Morgen beim Aufstehen fiel es ihm immer so schwer, seine Kleider zusammenzusuchen, dass er am Abend, dran denkend, oft Scheu trug, schlafen zu gehen. Eines Abends fasste er sich schließlich ein Herz, nahm Zettel und Stift zur Hand und verzeichnete beim Auskleiden, wo er jedes Stück hinlegte. Am Morgen zog er wohlgemut den Zettel hervor und las: ›die Mütze‹ – hier war sie, er setzte sie auf, ›die Hosen‹ – da lagen sie, er fuhr hinein, und so fort, bis er alles anhatte. ›Ja aber, wo bin ich denn?‹ fragte er sich nun ganz bang, ›wo bin ich nur geblieben?‹ Umsonst suchte und suchte er, er konnte sich nicht finden.« So geht es auch uns, sagt der Rabbi.

Wir haben in diesem Buch etwas zu zeigen versucht: Die Menschen mit Demenz gehören zu uns, sie sind unsere Geschwister, sie sind die Rückseite unserer von Beschleunigung besessenen Gesellschaft. Sie sind die Zurückgebliebenen, die Opfer, die sich in den zerstörten sozialen Milieus nicht mehr zurechtfinden. Deswegen sind sie wichtig für uns: Weil sie uns etwas über unser Gemeinwesen erzählen und uns die Richtung weisen, in der wir eine gesellschaftliche Zukunft suchen müssen. Wenn wir die Demenz auf ein medizinisch diagnostizierbares Problem reduzieren und sie lediglich als ein kostspieliges Versorgungsprojekt im Gesundheitsbereich auffassen, missverstehen wir Demenz.

Mitten in der Informationsflut tauchen neue Störungen auf: »ADS« (Aufmerksamkeitsdefizitstörung) bei Kindern, »COS« (Cognitive Overflow Syndrome, ebenfalls eine Aufmerksamkeitsstörung) bei Erwachsenen und »Alzheimer« bei den Alten – was wie die dramatische Fortsetzung und Überhöhung von ADS und COS aussieht. Kinder, Erwachsene und Alte scheinen auf je eigene Weise aus der unerträglichen Informationsflut zu desertieren. Die Wissens- und Konsumgesellschaft gerät damit in eine Fundamentalkrise. Sie gründet sich auf die Aufmerksamkeit ihrer Gesellschaftsmitglieder, doch offenbar wächst die Zahl derer, die eben diese Fähigkeit verlieren und nicht mehr eingebunden werden können.

Man muss dabei unterscheiden: Senilität, also das Schwinden der Verstandesklarheit, konnte schon immer zum Greisenalter gehören. Sie kann sich jedoch heute mit einer medizinischen Diagnose schmücken. Demenz, die zunimmt und als Todesursache in den Statistiken immer deutlicher nach vorne rückt, ist auf schwer erklärbare Weise offenbar eine besondere Ausdrucksform des Alterns. Und diese Ausdrucksform wird in den spätmodernen Gesellschaft zur Epidemie.

Über verwirrte alte Menschen gibt es aus allen Zeiten Berichte. In Jonathan Swifts Erzählung *Gullivers Reisen* wird von den Struldbrugs gesprochen.[61] In diesen Personen wird verblüffend präzise ein Phänomen beschrieben und vorweggenommen, das wir heute Demenz nennen. Die Struldbrugs werden mit einem kreisrunden roten Fleck auf der Stirn geboren, exakt über der linken Augenbraue. Das ist ein Zeichen dafür, dass der so geborene Mensch niemals sterben wird. Im Lauf des Lebens verändert der Fleck seine Farbe: Er wird grün, blau und schließlich kohlschwarz. Begeistert nimmt Lemuel Gulliver diese Geschichte auf. Nachdem er bei den Liliputanern war, hat ihn ein Sturm zu den Luggnaggiern verschlagen, und dort hört er den Bericht über die Unsterblichen mit dem roten Fleck, die Struldbrugs. Sogleich malt sich Gulliver ein Leben als Unsterblicher aus: Grenzenlos reich und gelehrt könne er werden – in der ja nun unbegrenzten Zeit. Eine lebende Schatz-kammer des Wissens und der Weisheit würde er sein.

Doch die Luggnaggier klären den Reisenden darüber auf, dass es ganz anders ist: Traurig ist das Schicksal der Struldbrugs. Wenn sie nämlich 80 Jahre alt werden – und das gilt bei den Luggnaggiern als die äußerste Grenze des Lebens –, dann zeigen sie nicht nur alle Torheiten und Schwachheiten anderer alter Leute, sondern noch viel mehr: Es treten Torheiten und Schwachheiten auf, die eine Folge der furchtbaren Aussicht sind, niemals zu sterben. Sie sind nicht nur eigensinnig, verdrießlich, habgierig, mürrisch, eingebil-det und geschwätzig. Sie sind nun auch unfähig zur Freundschaft und unempfänglich für jede natürliche Zuneigung. Neid und ohn-mächtige Begierden sind ihre vorherrschenden Leidenschaften. Ihr Neid richtet sich auf die Laster der jüngeren Leute und auf den Tod der Alten. Sie erinnern sich nur an das, was sie in ihrer Jugend und in ihrem mittleren Alter gelernt und beobachtet haben. »Die am wenigsten Unglücklichen unter ihnen scheinen noch diejeni-gen zu sein, die kindisch werden und ihr Gedächtnis völlig ver-lieren; diesen wird mehr Mitleid und Hilfe zuteil, da ihnen viele schlechte Eigenschaften fehlen, die bei anderen im Überfluss vor-handen sind.«

Sobald ein Struldbrug das 80. Lebensjahr vollendet hat, wird er rechtlich als tot betrachtet. Er gilt dann als unfähig, irgendeine Stellung zu bekleiden. Mit 90 verlieren diese Unsterblichen Zähne und Haare, sie nehmen keine Geschmacksunterschiede mehr wahr, sondern essen und trinken ohne Vergnügen und Appetit, was sie bekommen können. Ihre Krankheiten dauern immer fort. »Beim Sprechen vergessen sie die gewöhnlichsten Bezeichnungen von Sachen und die Namen von Personen. Sie können sich die Zeit nicht mehr mit Lesen vertreiben, weil ihr Gedächtnis nicht aus-reicht, sie vom Anfang eines Satzes bis zum Ende zu bringen.«

Die Struldbrugs sind unter uns: Alte, die nicht einmal mehr die Namen ihrer Kinder kennen; außerstande, das schlichte Hand-lungsmuster einer Vorabendserie zu begreifen, geschweige denn einen gedruckten Satz vom Anfang bis zum Ende zu verfolgen. Die Struldbrugs heißen bei uns Alzheimer-Kranke.

Seneca, Philosoph und Erzieher des Kaisers Nero, hat das Alter einst gerühmt:»Nicht empfinde ich in meiner Seele des Alters Einbuße, obwohl ich sie empfinde am Körper. So sehr sind die Schwächen und der Schwächen Helfer gealtert. Spannkräftig ist meine Seele und freut sich, dass sie nicht mehr viel zu schaffen hat mit dem Körper: eines großen Teils ihrer Bürde hat sie sich entledigt. Sie frohlockt und beginnt mit mir ein Streitgespräch über das Alter: das sei ihre Blütezeit. Glauben wollen wir ihr: ihr Glück genieße sie. (...) Das schließlich leiste für dich vor dem Todestag: sterben sollen vor dir deine Fehler.«[62]

Seneca geißelt die»vielbeschäftigte Muße«seiner alternden Zeitgenossen: Ihre Muße ist eben nicht der Muße gewidmet, sondern ist»unfähige Beschäftigtheit«: Da pflegen manche mit ängstlicher Genauigkeit ihre Sammlung korinthischer Vasen, die kostbar sind»durch den Wahnwitz weniger Menschen«, andere verbringen ihre Zeit in Schönheitssalons, wo man wegen jedes einzelnen Haares in Beratung tritt: Wer von diesen Menschen sähe »nicht lieber den Staat in Unordnung« als die eigene Frisur?

Dass das Alter zu einer sinnlosen und stumpfsinnigen Lebensphase werden kann, war den Menschen schon immer bekannt. Aber in unseren Zeiten gibt es zu viele Rentner und Pensionäre, die mit nichts anderem beschäftigt sind als mit ihrer Fitness, ihrer Gesundheit, ihren Freizeitvergnügungen, ihrem Konsum, ihren Reisen. Dabei ist ihnen das»Du« – anders gesagt: der soziale Kontext – abhanden gekommen oder genommen worden. Sie wissen gar nicht, dass sie, ökonomisch meist noch gut situiert, in einem sozial verwüsteten Areal leben, und dass dieses Areal gewissermaßen die Vorhölle der Demenz ist. Die medizinisch basierte Diagnose»Alzheimer« macht daraus ein von der betroffenen Person letztlich unabhängiges Hirnleiden. Das Phänomen Demenz scheint so eingesperrt wie ein wilder Hund im Zwinger, es ist ausgelagert und soll von der Lebensgeschichte des Betroffenen unabhängig betrachtet werden. Irgendetwas spielt sich da ab im Gehirn, das mit mir aber nichts zu tun hat.

Das ist vielleicht eine Entlastung, aber sicher keine Erklärung. Und eine schlüssige Erklärung gibt es auch nicht. Aber wieso können wir modernen Menschen uns eigentlich mit der Vorstellung arrangieren, dass da – wie ein böser Geist – irgendeine Bestie im Hirn wütet und alles kaputt macht? Die medizinische Diagnose bringt das Phänomen Demenz von uns weg, macht sie zu einem fremden unerklärlichen Horrorgeschick. Der moderne Mensch streckt vor dem Schicksal wortlos und erklärungslos die Waffen und kapituliert, indem er sich der medizinischen Diagnose ausliefert.

Das unterscheidet unsere Lage offenbar von der des Philosophen Seneca. Die körperlichen Gebrechen begrüßt er, weil sie im Alter der Seele zum Durchbruch verhelfen, die nun ihre Blüte erlebt. Unsere Gegenwart ist vom Gegenteil gekennzeichnet: Die körperlichen Einbußen vieler Menschen mit Demenz sind über einen recht langen Zeitraum geringfügig. Mehr noch: Viele Alte sind heute »fitter« denn je. Aber ihre Seele nimmt Schaden. Von einer solchen Seele jedoch möchte die Medizin, wahrscheinlich auch die Pflege, gar nicht mehr sprechen. So was hat man ja nicht mehr. Deswegen muss man sich darüber auch keine Gedanken machen, sondern kann sich auf perfekte Sachpflege beschränken.

Auch darum plädieren wir mit diesem Buch dafür, die Perspektive radikal zu ändern. Spielen wir mit dem Gedanken, lassen wir den Gedanken zu, dass die Demenz-Epidemie auch und vielleicht sogar in erster Linie ein soziales Phänomen ist, in seinen Ursachen und in seinen Konsequenzen. Dann ist die Demenz nicht zuerst eine Aufgabe für unser Gesundheitswesen, eine Rechtfertigung für mehr medizinische Forschung und mehr Geld für die Medizin. Sie ist vielmehr eine Herausforderung für die Veränderungsfähigkeit unserer sozialen Milieus.

Aus dem Gesundheitswesen selbst wird die Rettung nicht kommen, das wird man illusionslos erkennen müssen. »Pflegen«

ist in einer alternden Gesellschaft fraglos ein Zukunftsmarkt. Da wird schon jetzt gut verdient – natürlich nicht von den Schwestern, Pflegern und Hilfskräften, die schwere Arbeit leisten und Überstunden absolvieren. Es sind eher die Betreiber, die auf ihre Kosten kommen. Die Demenz ist – sarkastisch gesagt – eine Wachstumsbranche. Die Wirtschaftsprüfungsgesellschaft Ernst & Young meldet, dass die »Gesundheit« auch in Zeiten der Krise ein gigantischer Wachstumsmarkt bleibe. Die jährlichen Ausgaben allein in Deutschland sollen einer Studie zufolge bis 2020 von gegenwärtig 234 Milliarden auf 500 Milliarden Euro steigen – sie werden sich also mehr als verdoppeln. Der Anteil der privaten Haushalte an den Gesundheitskosten werde von derzeit 12 Prozent auf etwa 30 Prozent zunehmen. Die Krankenkassen werden angesichts immer höherer Kosten im Gesundheitswesen nur noch eine medizinische Grundversorgung bezahlen können. Jede vierte der derzeit noch 2000 Kliniken in Deutschland werde angesichts des schnellen medizinischen und technischen Fortschritts, aber vor allem wegen der steigenden Kosten und des wachsenden wirtschaftlichen Drucks schließen. Die Zahl der privaten Gesundheitszentren dagegen werde sich deutlich erhöhen. Dabei werden sich diese Zentren mehr und mehr auch dem Wellness-Angebot verschreiben. »Die Grenzen zwischen Medizin und Lifestyle werden dabei immer fließender«, betont Nils Söhnle, der Medizinspezialist bei Ernst & Young.[63]

Aber der prosperierende Pflegemarkt könnte auch in eine Krise schlittern. An den Zusammenbruch von Großbanken hat man sich seit der aktuellen ökonomischen Krise gewöhnt. Warum sollen nicht auch Sozialkonzerne zusammenbrechen können? Wird es dann – als Parallele zur »Bad Bank«, in der die Finanzkatastrophen gesammelt werden – auch eine »Bad Diakonie« oder eine »Bad Caritas« geben müssen? Einen Ort, wo diejenigen Pflegebedürftigen, chronisch Kranken, Dementen und Depressiven zusammengefasst werden, für die niemand mehr bezahlt?

Der Senioren-Gesundheitsmarkt ist jedenfalls im Begriff, sich zu spalten: in einen Sektor für die reichen Alten und einen für die armen Alten. Die Tatsache allein, dass von einem Gesundheits»markt« inzwischen wie selbstverständlich geredet werden kann, ist ja ein Skandal, an den wir uns bereits gewöhnt haben. Heilen und Pflegen verlieren mit großer Geschwindigkeit ihre humane, am Wohl des Menschen orientierte Aura und degenerieren zu Geschäftszweigen.

Und deshalb ist zum Schluss noch einmal ein Blick auf die Hirnforschung fällig, deren gegenwärtige mediale Triumphe sicher vor allem modischen Charakter tragen. In 20 Jahren oder schon früher wird sich das öffentliche und wissenschaftliche Interesse in andere Themenfelder verlagert haben. Aber im Moment gibt es diese »Passung«: An den Hirnströmen wird das Eintreten des Todes gemessen, das Hirn soll unser Verhalten quasi deterministisch steuern und Alzheimer ist die Krankheit des Gehirns, die in den Mittelpunkt modernen Leidens rückt. Die Zahl der Magazine in den Bahnhofskiosken, die der Hirnforschung gewidmet sind, ist sprunghaft gestiegen. Es gibt nun ein neues Zentrum der Lifestyle-Lektüre neben Schlankheits-, Spiritualitäts- und Fitnessgazetten: Die Hirnforschung ist im Begriff, die zeitgenössische Religion zu werden, die alle Bedürfnisse des modernen Subjektes nach Welterklärung zu erfüllen imstande ist. Und die Schar der Gläubigen wächst sprunghaft, die Hohenpriester der neuen Religion genießen Verehrung, Gelder und Emotionen fließen ihnen zu, es kommt zu Bekehrungserlebnissen.

Die Lebenswelt des Homo modernissimus setzt sich aus digitalen Impulsen zusammen. Bis in die letzten Ecken der Sprache reimen sich die Menschen eine digitale Ersatzerfahrung zusammen. Von meiner »Festplatte, die neu aufgespielt werden muss« bis zur »Kompatibilität mit meiner Freundin« erklären sich die Menschen ihre Beziehungen und ihr Selbst immer mehr in der Sprache der digitalen Welt. Das Herz, das sich auf Schmerz reimte, und die Seele, die man sich als unsterblich dachte, mussten umschulen. Sie dienen jetzt, nur mehr Simulationen ihrer selbst, allenfalls noch als Erregungsassistenten im Show- oder Filmbusiness.

Mit der Hirnforschung wird ein Erklärungsmodell geliefert, das auf so altfränkische Begriffe wie Moral, Willensfreiheit oder Sinn endlich verzichten kann. So wie die Marxschen Erkenntnisse über die Warenzirkulation auf der Entdeckung des Blutkreislaufs beruhen, so stattet die Hirnforschung den modernen Menschen mit einem naturwissenschaftlich-durchrationalisierten Erklärungsmuster aus, das keine schmuddeligen Reli-Ecken mehr braucht. Der Neurobiologe Gerald Hüther beschreibt, wie diese neue körperlose Lebenswelt zugleich den Faden zur guten alten Wirklichkeit zu zerreißen droht: Bei Jugendlichen, die andauernd SMS schreiben, würden aus den kleinen Wegen und Nervenverbindungen allmählich Straßen. »Wir wissen« – so Hüther –, »dass die Hirnregion, die den Daumen steuert, bei Jugendlichen in den vergangenen zehn Jahren viel größer geworden ist.« Wer mit SMS beschäftigt ist, könne nicht gleichzeitig im Wald ein Baumhaus bauen oder Geige spielen lernen. Das seien aber die besseren Möglichkeiten, um komplexere Netzwerke im Gehirn auszubilden, so der Neurobiologe. Man werde durch die vorwiegende Beschäftigung mit einer Sache sozusagen zum Fachidioten. »Wer den Großteil seiner Zeit in virtuellen Bilderwelten verbringt, verliert den Bezug zur Wirklichkeit und zu sich selbst. Im Extremfall verkümmern die Wahrnehmung und Interpretation von Körpersignalen. Das kann sich zum Beispiel in einem geringeren Schlafbedarf zeigen. In Südostasien sind bereits die ersten computerabhängigen jungen Männer vor dem Bildschirm verhungert und vertrocknet.«[64]

Die Hirnforschung, die mit der digitalen Welt eng verschwistert ist, erklärt sozusagen selbst, warum die modernen Zeiten der Hirnforschung gefährliche Impulse zur Barbarisierung der Lebenswelt aus sich heraussetzen. Hinter vorgehaltener Hand könnte man dann allerdings flüstern: Zu dieser Erkenntnis braucht man eigentlich die Ergebnisse der Hirnforschung nicht. Dass eine Dauertätigkeit, die Menschen auf eine Daumenbewegung reduziert, ihn selbst reduziert, ist so überraschend ja nicht. Das Fernsehen, fügt Hüther noch an, könne man »eigentlich nur zum Fernsehen gebrauchen«: Trainiert wird genau das, was man gerade tut, und alles, was so ähnlich ist, zum Beispiel Videos auf dem PC anschauen.

Das Fernsehen ist in den letzten Jahren immer schneller geworden, um die Aufmerksamkeit der Zuschauer zu fesseln. Darum können viele, die an diese Geschwindigkeit gewöhnt sind, Filme aus den 1950er Jahren gar nicht mehr ertragen. Das Gehirn – besser: der Mensch – hat sich an die schnellen Sequenzen gewöhnt, und mehr als drei Seiten in einem Buch zu lesen, betrachten viele als eine Überforderung. Wenn die Hirnforschung zu etwas zu gebrauchen ist, dann dazu: Sie kann beschreiben, wie dicht der Mensch an seine Selbstauflösung geraten ist, an seine Selbstunterwerfung an eine körperlose Digi-Welt, die eigene körperliche Erfahrungen überflüssig macht.

Wir meinen, dass die Demenz eine der diffusen, verstörenden Antworten auf solche Entwicklungen ist. Nicht im Sinne einer simplen Kausalität: »Weil ich zappe, verblöde ich.« Aber wer den durchschnittlichen Konsum von Fernsehsendungen bei Senioren zur Kenntnis nimmt, muss sich die Frage stellen, ob die Demenz aus diesem modernen Mischmasch genährt wird – aus einer körperlosen dauerhaften Medienerfahrung bei gleichzeitig zunehmender Lieblosigkeit der Umwelt. Das Internet, das Fernsehen, das PC-Spiel sind bei genauer Betrachtung ja Belege dafür, dass die Menschen keine Aufgaben mehr haben, keinen Einfluss auf die Wirklichkeit mehr nehmen und oft keine verlässlichen Beziehungen mehr eingehen können. Jugendliche, die im realen Leben nicht in eine vertraute Gemeinschaft eingebunden sind, versuchen sich eben in einer virtuellen Welt. Alte, denen zunehmend familiale und nachbarschaftliche Einbindungen fehlen und die stattdessen mit einer körperlosen medialen Welt konfrontiert sind, flüchten sich vielleicht aus dieser Lebenswelt in den Nebel der Demenz.

Man muss sich ja nur einmal anschauen, wie sehr sich der Alltag der Alten verändert hat. Wer könnte so naiv sein, zu meinen, solche

Veränderungen würden nicht ihre psychischen und physischen Spuren hinterlassen? Der Alltag der Alten war einmal ein handwerklicher, vom Stopfen der Socken bis zum Jäten des Unkrauts, vom Kartoffelschälen bis zum Holz stapeln für den Winter. Unzählige Gesten und Bewegungen, die sich in den Körper einlagerten, prägten die Menschen. Der moderne Senior sitzt stattdessen auf dem Fahrrad, um sich fit zu halten, reist mit dem Kreuzfahrtschiff in die Ferne, drückt die Fernbedienung. Das wirkliche Leben ist gewichen, man blickt auf das Leben wie durch ein Schaufenster, man berührt nichts mehr. Die Alten kaufen Fertignahrung, knipsen mit Digitalkameras den Kreml oder die Serengeti und machen ihre Seniorengymnastik. Und der Verdacht läuft nebenher, dass dies alles lebloses Zeugs ist. Das, was die ganz Alten noch konnten oder gewusst haben, wird nicht mehr nachgefragt. Das konkrete, erfahrungsgesättigte Wissen der Alten verschwindet.

Gerade jetzt geht zum Beispiel das alte Bauernwissen schleichend verloren, das aus vielen kleinen, ehemals überlebenswichtigen Erfahrungen bestand. Wie bewirtschaftet man einen Garten, von dem man leben will und muss? Die alten Gärten sind dem sterilen Rasen gewichen – weil das weniger Arbeit macht. Der Supermarkt macht das gesammelte Wissen hinfällig und Alte wie Junge zahlen einen hohen Preis. Die Journalistin Tanja Busse berichtet von ihrem Großonkel Aloys, der 90 Jahre alt ist und seine Großfamilie seit Jahrzehnten aus dem eigenen Garten mit Obst und Gemüse versorgt.[65] Er kennt die Landwirtschaft aus einer Zeit, in der es noch keinen Kunstdünger und keine Pestizide gab. Sein Lieblingsgedicht geht so: »Wenn ich im Frühnebel geh gebückt hinterm Pflug, bin ich mit Himmel und Acker ein Stück Ewigkeit.« Sind damit die schwere Arbeit und die Schwielen an den Händen romantisch verklärt? Seit sie selbst einen Garten habe – so die Großnichte –, wisse sie, was Onkel Aloys gemeint hat.

Onkel Aloys ist mit 90 Jahren nicht in die Demenz verfallen. »There is a crack in everything – that's how the light gets in«, hat Leonard Cohen gesungen. Jemand hat einen »Sprung in der

Schüssel« – sagt der Volksmund. Das gewinnt heute eine andere Bedeutung: Um zu leben, muss man sich gegen Entwicklungen zur Wehr setzen, die unsere sozialen Bindungen auflösen und uns von der vitalen Erfahrung der Welt abschotten, die uns zu Automaten machen, zu digital Süchtigen, zu im Konsum kulturell Verarmten. Gebraucht wird ein Sprung in der Schüssel, der uns das Licht einer anderen Zukunft sehen lässt. Dann könnte die soziale Welt wiederbelebt werden – eine Welt, in der Menschen, die im herkömmlichen Sinn einen Sprung in der Schüssel haben, aufgenommen und umsorgt werden und in der ihnen mit all ihren Einschränkungen ein schönes Leben geschenkt wird. In einer solchen Welt würde von Demenz und Alzheimer ganz sicher nicht mehr die Rede sein.

Anmerkungen

1 Tilman Jens: Demenz, *Abschied von meinem Vater*, Gütersloh 2009.

2 *Frankfurter Allgemeine Zeitung* vom 21. Februar 2009.

3 Paul Watzlawick, *Wie wirklich ist die Wirklichkeit? Wahn, Täuschung und Verstehen*, München 1978, S. 84 f.

4 Arno Geiger: »Der alte König nimmt den Hut«, in: *Frankfurter Allgemeine Sonntagszeitung* vom 1. Juni 2009.

5 Eine ausführliche Beschreibung sowohl des »Falles« Auguste D. als auch des Lebens Alois Alzheimers liefern Maurer, Konrad/Maurer, Ulrike, *Alzheimer. Das Leben eines Arztes und die Karriere einer Krankheit*, München/Zürich 1998.

6 Peter J. Whitehouse, *The Myth of Alzheimer's*, New York 2008, S. 88 f.

7 Die von der Weltgesundheitsbehörde erstellte und regelmäßig aktualisierte »International Statistical Classification of Diseases and Related Health Problems« (in der nunmehr 10. Revision) ist das wichtigste, weltweit anerkannte Diagnoseklassifikationssystem der Medizin.

8 Das »Diagnostic and Statistical Manual of Mental Disorders« ist ein Klassifikationssystem der »American Psychiatric Association« und ist gewissermaßen eine psychiatrische Ergänzung zum ICD-10.

9 Ivan Illich, *Die Nemesis der Medizin. Von den Grenzen des Gesundheitswesens*, Reinbek bei Hamburg 1981, S. 186.

10 Ebd., S. 96 f.

11 Ebd., S. 117.

12 David Rieff: *Tod einer Untröstlichen*, München 2009, S. 58 f.

13 *Deutsches Ärzteblatt* vom 20. September 2002.

14 Details hierzu in: David Snowdon, *Aging with Grace – What the Nun Study Teaches Us About Leading Longer, Healthier and More Meaningful Lives*, Bantam 2001.

15 Der Handel mit Antidementiva, die das Fortschreiten der kognitiven Störungen verzögern sollen, ist ein boomender Markt. Die gängigsten Mittel, wie Donezipil, Galantamin oder Rivastigmin, setzen darauf, durch die Hemmung eines Enzyms die Konzentration des Neurotransmitters »Acetylcholin« zu erhöhen.

16 *Journal of the American Medical Association*, Consensus Statement, JAMA 1995, S. 1627.

17 Arno Geiger: »Der alte König nimmt den Hut«, in: *Frankfurter Allgemeine Sonntagszeitung* vom 1. Juni 2009.

18 P. G. Ince: »Pathological correlates of late-onset dementia in a multicentre, community-based population in England and Wales«, in: *The Lancet* 357, S. 169–175, 2001.

19 David A. Bennett et. al.: *Memory complaints are related to Alzheimers disease pathology in older persons*, American Academy of Neurology, 2006.

20 Alois Alzheimer: »Über eigenartige Krankheitsfälle des späteren Alters«, in: *Zeitschrift für die gesamte Psychiatrie und Neurologie*, Nr. 4, 1911, S. 356–385.

21 Ivan Illich: *Die Nemesis der Medizin*, Reinbek bei Hamburg, 1981, S. 197 f.

22 Zit. nach Joachim Bauer: »Psychobiologie der Alzheimer-Krankheit: Wirklichkeitskonstruktion und Beziehungsgestaltung«, in: von Uexküll, Geigges, Plassmann: *Integrierte Medizin. Modell und klinische Praxis*, Stuttgart 2002, S. 160 f.

23 Joachim Bauer: *Die Alzheimer-Krankheit: Neurobiologie, Psychosomatik, Diagnostik und Therapie*, Stuttgart 1994.

24 Vgl. J. Bauer, J. Qualmann, G. Stadtmüller, H. Bauer: »Lebenslauf-

untersuchungen bei Alzheimer-Patienten: Qualitative Inhaltsana-
lyse prämorbider Entwicklungsprozesse«, in: *Jahrbuch der Medizinischen Psychologie*, Bd. 16, Göttingen-Bern-Toronto-Seattle 1998.

25 Vgl. ebd.

26 Ulrich Kropiunigg: »Kompensation und ephemer-fragiles Selbst:
Eine individualpsychologische Analyse der Alzheimer-Krankheit«,
in: *Zeitschrift für Individualpsychologie*, Heft 24, 1999, S. 186–202.

27 Dieter Forte: *In der Erinnerung*, Frankfurt am Main 1998.

28 In: *Der Spiegel*, Nr. 12, 2008, S. 135 ff.

29 Vgl. zum Beispiel Hartmut Radebold: *Die dunklen Schatten der Vergangenheit*, 2. Auflage, Stuttgart 2005.

30 *Wetzlarer Zeitung* vom 23. Mai 2002 und vom 28. Mai 2002.

31 Vgl. Egon Friedell: *Kulturgeschichte der Neuzeit*, Band 1, München
1976, S. 96.

32 Horst Kurnitzky: *Die unzivilisierte Zivilisation. Wie die Gesellschaft
ihre Zukunft verspielt*, Frankfurt/Main 2002, S. 194.

33 Alex Rühle: »Abgelenkt von der Ablenkung«, in: *Süddeutsche Zeitung* vom 23. Juli 2008, S. 11; dort findet sich auch der Hinweis auf
den Aufsatz von Nicolas Carr.

34 Enrico Schneider: *Erfahrungen mit Demenzkranken im familiären und professionellen Kontext*, wissenschaftliche Arbeit an der
Justus-Liebig-Universität Gießen, Februar 2009. Wir danken dem
Autor für seine Genehmigung, aus seiner Arbeit hier ausführlich
zu zitieren.

35 Die Schilderungen von Enrico Schneider werden hier gekürzt wie-
dergegeben.

36 Das ist ein durchaus alltäglicher Konflikt zwischen pflegenden Angehörigen und dementen Familienmitgliedern. Nicht selten werden
dann Charaktereigenschaften des Pfleglings zum Beweis ange-
führt, dass er schon immer versucht habe, eigene Anstrengungen
zu vermeiden. Natürlich verbirgt sich dahinter die nicht aufgege-
bene Hoffnung auf Rekonvaleszenz, wozu der Verlauf der Demenz
aber tatsächlich wenig Anlass gibt. Gleichwohl ist es ohne Frage so,
dass die Dauerhilfe auch jegliche Eigeninitiative vertrocknen lässt.

37 Doris Bredthauer: *Bewegungseinschränkende Maßnahmen bei de-
    menten alten Menschen in der Psychiatrie,* Ulm 2002.

38 *The New York Times*, 9. März 2009.

39 *Deutsches Ärzteblatt*, Jg. 106, Heft 7, 13. Februar 2009, S. 279.

40 Hannah Arendt zit. in: Newsletter Behindertenpolitik Nr. 35, 2008,
    S. 8.
    Über das Böse, München 2006, S. 12.

41 Kathleen F. Jett: *Journal of Aging Studies*, Volume 20, Issue 1, Ja-
    nuary 2006, Pages 1–10.

42 Matthias Wirtz, in: demenz. Das Magazin, Nr. 1, 2009.

43 Mary Marshall/Kate Allan (Hg.): *Dementia: Walking not Wan-
    dering. Fresh approaches to understanding and practice*, London
    2006; S. 10 ff.

44 Jan Wojnar/Claudia Thelen: *Die Welt der Demenzkranken. Leben im
    Augenblick,* Hannover 2007.

45 Meister Eckhart: *Nun spricht unser Herr*, aus: *Predigt 28*, in: *Werke*,
    Band 1, Frankfurt am Main 1993, S. 19.

46 John Holloway: *Der Aufstand der Würde*, in: U. Brand/A. E. Cecena
    (Hg.): *Reflexionen einer Rebellion: Chiapas und ein anderes Politik-
    verständnis*, Münster 2004, S. 124. Holloway bezieht sich auf eine
    Erklärung der Zapatistas aus dem Jahr 1996.

47 Thile Kerkovius, zitiert nach: Michaela Fink: *Dem Sterben einen Ort
    geben – Hospizarbeit heute.* Vortrag Mannheimer November-Sym-
    posion 2008. Download unter www.caritas-mannheim.de/39535.
    html.

48 Charlotte Jurk: *Die Pflicht zum sanften Tod*, in: *Dr. med. Mabuse*,
    Nr. 179, Mai/Juni 2009, S. 123.

49 In: *Dr. med. Mabuse,* Heft März/April 2009.

50 Daniel Dahm, Gerhard Scherhorn: *Urbane Subsistenz. Die zweite
    Quelle des Wohlstands,* München 2008.

51 Antoine de Saint-Exupéry: *Wind, Sand und Sterne*, Düsseldorf 1999
    (1939), S. 202.

52 Mary Marshall, a. a. O.

53 Paul Batson: *A helping hand: walking with Gordon*, in: Mary Mar-

shall/Kate Allan (Hg.): *Dementia: Walking not Wandering. Fresh approaches to understanding and practice*, London 2006, S. 114 ff.

54 Einen ausführlichen Überblick über kommunale Demenz-Initiativen bietet die Webseite der »Aktion Demenz«: www.aktion-demenz.de

55 *Der Freitag* vom 25. Juni 2009.

56 Mathias Greffrath: »Gehirn, Gemüt, Genom«, in: *Le Monde diplomatique*, Dezember 2008, S. 2.

57 Ebd.

58 Zit. nach ebd.

59 Bohl, Jürgen R. E.: »Vom Schwachsinn erlöst: Späte Begegnung mit Dementen«, in: Bochnik/Oehl (Hrsg.): *Begegnungen mit physisch Kranken. Gelingen und Verfehlen ärztlicher Personenorientierung*, Sternenfels 2000, S. 273 ff.

60 Annie Cheney: *Body Brokers. Inside America's Underground Trade in Human Remains*, 2006.

61 Jonathan Swift: *Gullivers Reisen*, Frankfurt am Main 2006, S. 76 ff.

62 Seneca: *An Lucilius. Briefe über Ethik*, Darmstadt 1999, Band 3, S. 221 f.

63 *Süddeutsche Zeitung* vom 24. Februar 2009.

64 *Süddeutsche Zeitung* vom 28. April 2009.

65 Tanja Busse: Kommentar in: *greenpeace magazin*, 2, 2009, S. 5.

Ein Dank

Für Unterstützung bei der Abfassung dieses Manuskriptes danken wir Ingke Brodersen, Thorsten Euler, Swantje Konopka, Jonas Metzger, Kirsten Schmidt-Meyer und Enrico Schneider.

Reimer Gronemeyers Dank für viele Anregungen und Gespräche zum Thema gilt Andreas Heller und den Kolleginnen und Kollegen im Vorstand der Aktion Demenz: Thomas Klie, Gabriele Kreutzner, Heike von Lützau-Hohlbein, Christian Petzold, Burkhard Plemper, Willi Rückert und Peter Wißmann sowie der Leiterin der Geschäftsstelle, Verena Rothe. Ein spezieller Dank ist an Frau Dr. Satrapa-Schill, Robert Bosch Stiftung, Stuttgart, gerichtet, die mich mit dem Thema Demenz verbunden hat.

Literatur

Die Literatur zum Thema ist nahezu unübersehbar. Im Folgenden haben wir vor allem solche Bücher aufgenommen, die vertiefenden Charakter haben – und die wir für empfehlenswert halten. Im Text aufgeführte Quellen sind hier nicht erneut genannt.

Baer, Udo: *Innenwelten der Demenz. Das SMEI-Konzept*, Neukirchen-Vluyn 2007.

Statt wie üblich den Abbau der Fähigkeiten in den Vordergrund zu stellen, akzentuiert Baer den Erlebensprozess der Menschen mit Demenz und leitet daraus Indikatoren für einen besseren Umgang mit den Betroffenen ab.

Bauer, Joachim: *Psychobiologie der Alzheimer-Krankheit: Wirklichkeitskonstruktion und Beziehungsgestaltung*, in: von Uexküll, Thure; Geigges, Werner; Plassmann, Reinhard (Hg.): *Integrierte Medizin. Neue Modelle für Psychosomatik und Psychiatrie*, Stuttgart 2002, S. 157-175.

Der Beitrag versucht, das Phänomen Demenz in psychosomatischen und biografischen Zusammenhängen zu erklären: Welche Familienkonstellationen sind es zum Beispiel, die demenzfördernd sein können?

Dörner, Klaus: *Leben und Sterben, wo ich hingehöre. Dritter Sozialraum und neues Hilfesystem*, Neumünster 2007.

Der Autor vertritt die Auffassung, das „Pflege" – auch von Menschen mit Demenz – in neuen sozialen Feldern und nicht in Institutionen stattfinden muss und kann.

Heller, Andreas; Heimerl, Katharina; Husebö, Stein (Hg.): *Wenn nichts mehr zu machen ist, ist noch viel zu tun. Wie alte Menschen würdig sterben können.* Freiburg 2007, 2. Auflage.
> Das Buch ist dem Umgang mit Menschen am Lebensende gewidmet – und ein wichtiger Aspekt ist dabei das Thema Demenz und Lebensende.

Kitwood, Tom: *Demenz. Der personenzentrierte Ansatz im Umgang mit verwirrten Menschen*, Bern 2000.
> Ein Klassiker, in dem neue Formen der Demenzpflege vorgestellt werden. Das Konzept Dementia Care Mapping ist von Kitwood entwickelt worden.

Klie, Thomas; Schuhmacher, Birgit: *Das Freiburger Modell. Wohngruppen in geteilter Verantwortung*, Berlin 2009.
> Wohngruppen sind eine der möglichen Modelle für einen neuen Umgang mit Demenz. Dieses Buch stellt solche Modelle vor und beschreibt ihre Chancen und Schwierigkeiten.

Piechotta, Gudrun: *Das Vergessen erleben. Lebensgeschichten von Menschen mit einer demenziellen Erkrankung*, Frankfurt am Main 2008.
> Das Buch will denen eine Stimme geben, die an Demenz leiden. Zehn Lebensgeschichten von Betroffenen erlauben einen Blick in die Erfahrungswelt der Menschen mit Demenz. Die Berichte wurden von der Autorin entsprechend den Erzählungen der Interviewpartner aufgezeichnet.

Robert Bosch Stiftung (Hg.): *Gemeinsam für ein besseres Leben mit Demenz*, 7 Bände, Bern 2007.
> Die sieben Bände sind das Ergebnis einer zweijährigen Arbeit von Expertengruppen, die auf Anregung der Robert Bosch Stiftung zu verschiedenen Demenz-Themen (Ernährung, Betreuungskonzepte, Ethik, Kunst und Kultur etc.) Empfehlungen abgeben.

Taylor, Richard: *Alzheimer und Ich. Leben mit Dr. Alzheimer im Kopf*, mit einem Vorwort von Christian Müller-Hergl, Bern 2008.
> Dieses Buch ist von einem Betroffenen geschrieben, der seine Erfahrungen mit der Erkrankung beschreibt und so dazu beiträgt, das Erleben der Menschen mit Demenz besser zu verstehen.

Wetzstein, Verena: *Diagnose Alzheimer. Grundlagen einer Ethik der Demenz*, Frankfurt am Main 2005.
> Das Phänomen Demenz stellt unsere Gesellschaft vor gänzlich neue moralische Fragen im Umgang mit den Betroffenen: Wie sehen gute Entscheidungen in diesem neuen Alltag aus?

Whitehouse, Peter J.; George, Daniel: *Mythos Alzheimer. Was Sie schon immer über Alzheimer wissen wollten, Ihnen aber nicht gesagt wurde*, Bern 2009.

Der prominente amerikanische Arzt stellt die medizinisch dominierte Interpretation von Alzheimer radikal in Frage und rät zu einem anderen Umgang mit dem Phänomen, das eher als Gehirnalterung und nicht als Krankheit begriffen werden muss.

Wißmann, Peter; Ganss, Michael (Hg.): *Demenz. Das Magazin* (seit 2009 vierteljährlich erscheinendes Magazin).

Die Zeitschrift hat es sich zur Aufgabe gemacht, den Dialog zwischen Menschen mit Demenz, Angehörigen, engagierten Bürgern, Verantwortlichen aus der Politik und anderen Interessierten zu fördern (www.demenz-magazin.de).

Wißmann, Peter; Gronemeyer, Reimer: *Demenz und Zivilgesellschaft – eine Streitschrift*, Frankfurt am Main 2008.

Die Autoren versuchen, die Rolle des bürgerschaftlichen Engagements im Umgang mit Demenz neu zu beschreiben und das Thema Demenz aus der rein medizinischen Vereinnahmung zu lösen.

Adressen

Deutsche Alzheimer Gesellschaft e.V.
Friedrichstraße 236
10969 Berlin
info@deutsche-alzheimer.de
www. deutsche-alzheimer.de
Die DAG informiert bundesweit über Alzheimer und Demenz
und bietet Adressen von Selbsthilfegruppen.

Alzheimer Ethik e.V.
Renate Demski (Gründerin, †)
Lappenbredde 10
59063 Hamm
alzeth@aol.com
www.alzheimer-ethik.de
Beratung und Information für Angehörige von Menschen
mit Demenz.

Aktion Demenz. Gemeinsam für ein besseres Leben mit Demenz
Karl-Glöckner-Straße 21 E
35394 Gießen
(gefördert von der Robert Bosch Stiftung, Stuttgart)
info@aktion-demenz.de
www.aktion-demenz.de

Der Verein möchte vor allem das zivilgesellschaftliche Engagement im Bereich Demenz fördern und zum Beispiel Kommunen in Deutschland anregen, über eine „demenzfreundliche Kommune" nachzudenken.

Demenz Support Stuttgart
Zentrum für Informationstransfer
Hölderlinstraße 4
70174 Stuttgart
info@demenz-support.de
www.demenz-support.de
Die Demenz Support möchte den Informationstransfer zwischen Wissenschaft und Praxis systematisieren und verstetigen. Ziel ist die Verbesserung der Lebensqualität von Menschen mit Demenz in Deutschland.

Deutsche Arbeitsgemeinschaft Selbsthilfegruppen e.V.
Friedrichstraße 28
35392 Gießen
dagshg@gmx.de
www.dag-selbsthilfegruppen.de
Der Verein will Menschen anregen, sich in Selbsthilfegruppen zu engagieren, und widmet sich auch der Vermittlung zwischen Betroffenen und Institutionen (zum Beispiel im Gesundheitsbereich).

Kuratorium Deutsche Altershilfe (KDA)
An der Pauluskirche 3
50677 Köln
www.kda.de
Das KDA bietet Beratung und Hilfen im gesundheitlichen und gesellschaftlichen Bereich für ältere Menschen an.

Deutsches Zentrum für Altersfragen
Manfred-von-Richthofen-Straße 2

12101 Berlin

www.dza.de

Das Institut für Soziale Gerontologie und Altenarbeit informiert über gerontologische Forschung und Dokumentation und stellt Informationen zum Thema zur Verfügung.

Alter, Gesellschaft, Partizipation
Institut für angewandte Sozialforschung (AGP) an der EH Freiburg
Bugginger Straße 38

79114 Freiburg

Das Institut für angewandte Sozialforschung an der Evangelischen Hochschule Freiburg verbindet Fachwissen mit Prozessmethodik.

IFF
Alpen-Adria-Universität Klagenfurt in Wien
Fakultät für Interdisziplinäre Forschung und Fortbildung
Abteilung Palliative Care und OrganisationsEthik
1070 Wien
Schottenfeldgasse 29/4
www.uni-klu.ac.at/iff

Weitere Internetadressen

www.dcm-deutschland.de
Informiert über Dementia Care Mapping
(Universität Witten-Herdecke).

www.hospiz.net.de
Der Deutsche Hospiz- und Palliativverband (DHPV) unterstützt und fördert die Hospizarbeit in Deutschland.

www.alzheimer-forum.de
Ein Forum der Angehörigen von Alzheimerkranken.

Glossar

Acetylcholin

Ein Botenstoff (siehe Neurotransmitter), dessen Produktion bei Alzheimer-Patienten stark eingeschränkt ist. Sein Mangel soll zu Lern- und Erinnerungsstörungen führen, wobei die exakten Wirkungsmechanismen unklar sind.

Alzheimer

Die nach dem Arzt und Psychiater Alois Alzheimer (1864 bis 1915) benannte häufigste Demenzform ist die Alzheimer-Demenz. Sie gilt nach internationalen Diagnosekriterien als neurodegenerative Erkrankung des Gehirns, von der weltweit bereits über 30 Millionen – ganz überwiegend ältere – Menschen betroffen sind. Die Ursachen des mit der Alzheimer-Demenz einhergehenden kognitiven Leistungsabbaus sind ungeklärt, eine medizinische Heilung ist nicht in Sicht. (Zu Ursachen, Symptomen Verlauf und Heilungsmöglichkeiten siehe Stichwort »Demenz«.)

Ambient Assisted Living

Solche lebensunterstützenden »intelligenten Assistenzsysteme« sind vor allem technikbasierte Maßnahmen zur Ferndiagnose und Fernkontrolle – wie etwa die elektronische Sicherung und Überwachung von Wohnräumen oder ein Telemonitoring der Körperfunktionen –, die es älteren Menschen ermöglichen sollen,

möglichst lange ein selbstständiges und unabhängiges Leben zu
führen.

Antidementiva

Neu entwickelte Arzneimittel, die ein Fortschreiten der kognitiven
Störungen verhindern sollen. Die gängigsten Wirkstoffe wirken
auf den Neurotransmitterhaushalt ein, indem sie entweder durch
die Hemmung eines Enzyms die Konzentration des Botenstoffes
Acetylcholin erhöhen oder die schädlichen Auswirkungen von
Glutamat reduzieren. Eine generelle Wirksamkeit kann den Antidementiva bislang allerdings nicht zugesprochen werden.

Basale Stimulation

Ein von Andreas D. Fröhlich entwickeltes und markenrechtlich ge-
schütztes Konzept (basal = grundlegend; stimulatio = Anreiz), das
primäre Körpererfahrungen (Berührungen) und nonverbale Mit-
teilungsformen (Mimik, Musik, Rhythmus) in den Mittelpunkt
stellt, um mit Menschen in Kontakt zu kommen, deren Fähigkeit
zur Kommunikation erheblich beeinträchtigt ist.

Betreuungsrecht

Das 1992 in das Familienrecht eingeführte und ältere Maßnahmen
wie die Entmündigung, die Vormundschaft oder die Gebrechlich-
keitspflegschaft ersetzende Betreuungsrecht ist als Schutzmaßnahme für all jene gedacht, die ihre rechtlichen Angelegenheiten,
etwa gegenüber Behörden, Heimen, Vermietern, Ärzten, Versiche-
rungen, nicht mehr angemessen wahrnehmen können. Eine Betreuung wird vom Vormundschaftsgericht angeordnet und überwacht. Gegenwärtig stehen etwa 1,5 Millionen vorwiegend ältere
Menschen unter Betreuung.

Betreuungsverfügung

Darin wird vom Vormundschaftsgericht festgelegt, wer die gesetz-
liche Betreuung übernehmen und auf welche Bereiche sie sich

erstrecken soll (Wahl eines Pflegeheims, ärztliche Behandlung, Umgang mit Vermögenswerten usw.). Bei der Betreuerauswahl sind Ehegatten und Verwandte vorrangig zu berücksichtigen. Im Unterschied zur Patientenverfügung (siehe dort) und zur Vorsorgevollmacht (siehe dort) wird eine Betreuungsverfügung erst erlassen, wenn es das Gericht aufgrund der gesundheitlichen Situation des Verfügenden für erforderlich hält. Sowohl ehrenamtliche als auch berufliche Betreuer erhalten für ihre Tätigkeit eine Vergütung.

Dementia Care Mapping (DCM)
Ein auf den Sozialpsychologen Tom Kitwood zurückgehendes Beobachtungsverfahren, mit dessen Hilfe die Pflege und Betreuung von Menschen mit Demenz im Sinne einer »positiven Personenarbeit« verbessert werden soll. Da Demente nur bedingt über ihren Zustand und ihr Wohlbefinden Auskunft geben können, sollen verbale und nonverbale Signale stets im Zusammenhang mit der persönlichen Biografie der Betroffenen gesehen werden, um etwaige Verhaltensauffälligkeiten verstehen und durch entsprechende Anpassungen in der Pflegepraxis sowohl die Qualität der Pflege als auch die Lebensqualität der Menschen mit Demenz verbessern zu können.

Demenz
Unter dem Oberbegriff Demenz (lat. dementia = ohne Geist, ohne Verstand) wird eine Reihe von untereinander abgrenzbaren »Krankheitsbildern« mit unterschiedlichen Ursachen und unterschiedlichen Heilungschancen zusammengefasst. Es gibt die »primäre« degenerative Demenz, die für gewöhnlich mit dem Namen Alzheimer belegt wird; es gibt die »vaskuläre« Demenz, die aus einer Unterversorgung des Gehirns mit Sauerstoff zum Beispiel aufgrund von Durchblutungsstörungen resultiert; und es gibt die Parkinson-Demenzen, die ein eigenes Krankheitsbild darstellen. Neben diesen »hirnorganischen« Demenzen gibt es noch

die sogenannten sekundären Demenzen, die etwa durch Gifteinwirkung – Alkohol, Medikamente oder Schwermetalle – entstehen
oder durch Infektionskrankheiten, hormonelle Störungen oder
Vitamin-B12-Mangel verursacht sind.

Symptome
Bei allen Demenzformen kommt es zu einem Verlust geistiger
Fähigkeiten, insbesondere zu einem Abbau der Gedächtnisleistung, zeitlichen und räumlichen Orientierungsschwierigkeiten,
schwindender Rechen- und Problemlösungsfähigkeit, Sprach- und
Erkennungsstörungen. Die Defizite können, je nach Schwere, zu
eingeschränkter Selbstständigkeit bis hin zum Verlust der Alltags-
kompetenz und zu vollständiger Pflegeabhängigkeit führen.

Verteilung und Häufigkeit
Auf die »sekundären« Demenzen entfallen circa 5 Prozent aller
Demenzfälle, auf Parkinson-Demenzen etwa ebenso viel und auf
vaskuläre Demenzen rund 15 Prozent, während der übergroße
Rest, etwa 75 Prozent der dementen Menschen, an einer degenerativen Demenz vom Typ Alzheimer leidet.
Auf der Grundlage neuerer Bevölkerungsstudien liegt das Risiko,
eine mittelschwere oder schwere Demenz auszubilden, das heißt
aufgrund geistiger Einbußen im Alltag auf Hilfe angewiesen zu
sein, bei den bis zu 59-Jährigen bei nur etwa 0,1 Prozent, bei den
bis zu 64-Jährigen bei 0,4 Prozent und bei den 65- bis 69-Jährigen
zwischen 0,9 und 1,5 Prozent. Der Anteil an Dementen innerhalb
eines Jahrgangs verdoppelt sich dann im Abstand von jeweils rund
fünf Altersjahren und steigt bei den über 80-Jährigen auf knapp
15 Prozent und bei den 90-Jährigen und Älteren sogar auf über 30
Prozent an. Insgesamt sind rund 7 Prozent aller über 65-Jährigen
(»Gesamtprävalenz«) von Demenz betroffen. Die durchschnittliche Überlebensdauer vom Beginn der Symptome bis zum Tod
liegt zwischen knapp fünf und gut acht Jahren, wobei allerdings
nicht die Demenz selbst, sondern andere, möglicherweise durch

Alzheimer begünstigte Erkrankungen – Lungenentzündung, Dehydrierung – zur Todesursache werden.

Verlauf

Nach herrschender, auch unter Medizinern verbreiteter Auffassung, sind die hirnorganischen Demenzen durch einen fortschreitenden Verlauf gekennzeichnet. Längsschnittuntersuchungen zeigen jedoch, dass nur etwa die Hälfte der Betroffenen an voranschreitenden Demenzprozessen leidet, während es bei dem anderen Teil über Jahre hinweg zu keinen nennenswerten Verschlechterungen der Leistungsfähigkeit kommt.

Diagnose

Da Altern generell mit Leistungseinbußen, etwa mit Beeinträchtigungen der Hirnfunktionen, mit Gewebeveränderungen und mit einer Abnahme des Hirnvolumens, einhergeht, ist jede Demenz-Diagnose mit Unsicherheiten behaftet. Für gewöhnlich führen Ärzte oder Psychiater standardisierte kognitive Tests durch (siehe Mini Mental State Examination), auf deren Grundlage die Diagnose erfolgt. Dieser Erstbefund wird dann zumeist mit bildgebenden Diagnoseverfahren (etwa Computertomographie) ergänzt, mit deren Hilfe hirnorganische Veränderungen (Eiweißablagerungen, Volumenreduktion) sichtbar gemacht werden. Die Schwere der Demenz bemisst sich vor allem am Ausmaß der Pflegebedürftigkeit. Eine sichere Diagnose kann nach herrschender Lehrmeinung aber erst post mortem durch eine mikroskopische Untersuchung des Gehirns des Verstorbenen erfolgen.

Ursachen

Eine sichere Diagnose der Alzheimer-Demenz ist deshalb schwierig, weil deren Ursachen letztlich nicht bekannt sind. Das vorherrschende medizinische Demenz-Modell stellt die hirnphysiologischen Veränderungen ins Erklärungszentrum, die im Verbund mit infektiösen, neuropathologischen, biochemischen oder genetischen Faktoren den fortschreitenden Verlust kognitiver Fähigkeiten verursachen sollen. Senile Plaques und Neurofibrillenbündel beeinträchtigen demnach lebensnotwendige Vorgänge der Nervenzellen, die dadurch über kurz oder lang absterben – sei es durch die Anhäufung von Eiweißmolekülen oder vermehrt gebildete freie Sauerstoffradikale, durch einen gestörten Calciumhaushalt, durch eine Störung des Neurotransmittersystems oder durch die Mutation bestimmter Gene. Als einzig gesichert gilt bislang, dass den sogenannten synaptischen Verbindungen (siehe Synapsen), an denen über Botenstoffe (Neurotransmitter) der Nachrichtenaustausch stattfindet, eine zentrale Rolle im Alzheimer-Geschehen zukommt. Diese Rolle – so die in diesem Buch vertretene Auffassung – lässt sich jedoch nicht allein biochemisch aufklären. Der Synapsenverlust, dafür gibt es zahlreiche Indizien, hat vor allem soziale und biografische Ursachen.

Heilungschancen
Lediglich bei sekundären Demenzen, die durch Umwelteinflüsse oder andere Erkrankungen ausgelöst werden, bestehen in medizinischer Hinsicht gute Heilungschancen. Alzheimer-Demenz ist nicht heilbar. In einzelnen Fällen lassen sich die Symptome durch Antidementiva lindern. Als wirkungsvoller in dieser Hinsicht erweisen sich Aktivierung (Bewegungstherapie), Anregung (Förderung verbliebener Fähigkeiten) sowie ein verständnisvoller, einfühlsamer Umgang mit Dementen.

Eiweißablagerungen
(siehe Plaques, senile)

Ernährung, künstliche
Die künstliche Ernährung von Menschen mit Demenz mittels einer PEG-Sonde (perkutane endoskopische Gastrostomie) ist umstritten. Das Legen einer solchen Magensonde, die nicht durch die Speiseröhre, sondern direkt durch die Magendecke eingeführt

wird, ist ein endoskopischer Eingriff und bedarf rechtlich der dezidierten Einwilligung des Patienten oder seines Vertretungsberechtigten. Gleichwohl machen manche Pflegeheime eine solche Einwilligung zur Aufnahmevoraussetzung, weil die Ernährung Schwerstdementer in der Pflegeroutine stets problematisch ist. Es ist aber letztlich nicht zu entscheiden, warum die reguläre Nahrung verweigert wird (Vergeßlichkeit? Entschluss?), weshalb der ärztlichen Verordnung zur »Zwangsernährung« in jedem Einzelfall ein ethischer Abwägungsprozess zugrunde liegen sollte.

Glutamat

Der wichtigste »erregende« Botenstoff des zentralen Nervensystems ist der Neurotransmitter Glutamat. Er sorgt dafür, dass Lern- und Gedächtnisvorgänge stattfinden können. Bei Menschen mit Demenz ist die Glutamatkonzentration deutlich erhöht, wodurch die Nervenzellen gewissermaßen dauererregt und die Signale nicht mehr angemessen erkannt werden. Durch diese Überreizung kann die Zelle schließlich absterben.

Milieutherapie

Ausgehend von der triftigen Annahme, dass die Umweltkompetenz von Menschen mit Demenz stark eingeschränkt ist, versucht die Milieutherapie gewissermaßen eine »künstliche Familie« zu schaffen, indem die Pflegenden mit den Pfleglingen eine vertrauensvoll-persönliche Beziehung und eine verlässliche gemeinsame Alltagsroutine (beispielsweise im Rahmen einer Wohngemeinschaft) aufbauen.

Mini Mental State Examination

Das international wohl am weitesten verbreitete Screeningverfahren für Hirnleistungsstörungen ist die sogenannte Mini Mental State Examination (MMSE). Der aufgrund seiner Kürze als besonders praxistauglich geltende Test – er lässt sich in knapp 15 Minuten durchführen – beinhaltet 30 Fragen, deren Beantwortung

Aufschluss über die Gedächtnisleistung, die Orientiertheit, die Aufmerksamkeit und die Lese- und Schreibfähigkeit eines Befragten geben soll: Fragen nach Datum, Jahreszeit und Wochentag (zeitliche Orientierung), nach Bundesland, Stadt und Ort der Befragung (räumliche Orientierung) sowie Merk-, Rechen-, Buchstabier-, Schreib- und Zeichenaufgaben. Mittels der Ergebnisse dieses kleinen Tests wird dann der Schweregrad der Hirnleistungsstörung ermittelt. Demnach sollen 24 oder weniger Punkte auf eine kognitive Einschränkung von Krankheitswert hinweisen; bei weniger als 17 Punkten gilt der Befragte als schwer oder schwerst dement.

Neurofibrillen

Die elektronenmikroskopisch nachweisbaren Neurofibrillen gelten neben den Amyloid-Ablagerungen (senile Plaques) als zentraler Hinweis auf die Alzheimer-Demenz. Langfädige Eiweißmoleküle (Tau-Protein) verbinden sich zu pathologischen Faserbündeln und blockieren dadurch wichtige Transportvorgänge zwischen den Zellen. Solche Neurofibrillenbündel finden sich jedoch auch im Gehirn nicht-dementer Menschen, weshalb zumindest fraglich ist, ob sie ursächlich für das Alzheimer-Geschehen verantwortlich zu machen sind.

Neuroleptika

Medikamente (»Nervendämpfungsmittel«), die eine antipsychotische und sedierende Wirkung entfalten, indem sie die synaptischen Erregungszustände im Gehirn hemmen. Neuroleptika wirken symptomatisch, also nicht heilend, und sollten wegen ihrer vielfachen Nebenwirkungen äußerst vorsichtig eingesetzt werden. Insbesondere bei älteren Menschen mit Demenz kann die Vergabe von Neuroleptika die dementiellen Symptome sogar verstärken.

Neurotransmitter

Biochemische Stoffe, über die der Informationsaustausch zwischen den Nervenzellen stattfindet. Unter diesen Stoffen gelten insbesondere Glutamat und Acetylcholin als einflußreiche Akteure im Demenz-Geschehen.

Patientenverfügung

Hierbei handelt es sich, wie es im Gesetzestext heißt, um die schriftliche Festlegung eines einwilligungsfähigen Volljährigen, wie im Falle seiner Einwilligungsunfähigkeit mit ihm verfahren werden soll. Das heißt, man erteilt im Voraus Anweisungen, wie man als Patient ärztlich behandelt werden möchte, sollte man nicht mehr in der Lage sein, selber darüber zu entscheiden. In der Regel wollen die Verfügenden bestimmte lebensverlängernde Maßnahmen (etwa Dialyse, Beatmung, künstliche Ernährung) ausschließen.

Plaques, senile

Das sind Eiweißablagerungen, sogenannte Beta-Amyloid, in der Hirnrinde, deren vermehrtes, die Gehirnzellen schädigendes Auftreten für die Alzheimer-Symptome verantwortlich gemacht wird. Ihr Vorkommen, das mittels Lichtmikroskopie oder Computertomographie sichtbar gemacht werden kann, gilt nach wie vor als wichtiges Kriterium für den Nachweis der Alzheimer-Demenz. Es ist allerdings fraglich, ob diese Ablagerungen tatsächlich die ihnen zugeschriebene Rolle spielen. Zahlreiche Reihenuntersuchungen haben inzwischen ergeben, dass diese für eine »Alzheimer-Krankheit« als typisch geltende hirnphysiologische Veränderung bei 70- bis 103-jährigen psychisch gesunden und dementen Menschen gleich häufig auftreten. Als Marker für die Alzheimer-Demenz sind die senilen Plaques daher nicht geeignet.

Positive Personenarbeit

(siehe Dementia Care Mapping)

Snoezelen

Ein aus den niederländischen Wörtern »snuffelen« (schnuppern) und »doezelen« (dösen) zusammengesetzter Begriff, der den Aufenthalt in einem angenehmen Raum beschreibt, in dem man, umgeben von Klängen, Lichteffekten oder Düften, entspannt. Solche zunächst in den Niederlanden erprobten Snoezelenräume kommen inzwischen weltweit, insbesondere in Hospizen und in der Demenzbetreuung zum Einsatz.

Sterbehilfe

Darunter sind Handlungen zu verstehen, die von der Hilfe und Unterstützung im Sterben bis hin zur aktiven Tötung eines Menschen auf dessen Verlangen hin reichen. Das Nichtergreifen oder Nichtfortführen lebenserhaltender Maßnahmen kann als »passive«, der Einsatz schmerzstillender, aber unter Umständen lebensverkürzender Medikamente als »indirekte« Sterbehilfe bezeichnet werden. Unterbleiben lebenserhaltende Maßnahmen aufgrund einer Patientenverfügung, gilt dies rechtlich nicht als passive Sterbehilfe. Eine »aktive« Sterbehilfe, das heißt die gezielte Durchführung von lebensverkürzenden Maßnahmen etwa durch die Gabe von tödlichen Medikamenten (»Tötung auf Verlangen«, »assistierter Selbstmord«) ist weltweit nur in wenigen Ländern, etwa in den Niederlanden, Belgien, Luxemburg und der Schweiz, erlaubt.

Synapsen

Die vielen Milliarden Nervenzellen im Gehirn stehen über Synapsen, an denen über Botenstoffe (Neurotransmitter) der Nachrichtenaustausch stattfindet, miteinander in Verbindung, jede einzelne Zelle mit bis zu 10 000 anderen. Die Bildung solcher Synapsen ist von äußeren Anreizen abhängig, ihr Untergang resultiert entsprechend aus einem Mangel an Stimuli. Das bedeutet zugleich, dass das Gehirn seine eigenen Feinstrukturen – beispielsweise in Abhängigkeit von der sozialen Umgebung – stets neu zu organisieren in der Lage ist. Und in diesem variablen Netzwerk sind letztlich all unsere Wahrnehmungs- und Handlungsregeln gespeichert, die unser sensorisches, motorisches und kommunikatives Verhalten steuern. Kommt es zu einer Störung des Informationsaustauschs (des Neurotransmitterhaushalts) oder zu einem Untergang von Synapsen, kann dies Alzheimer-Symptome zur Folge haben.

Tranquilizer

Als Tranquilizer werden solche Psychopharmaka bezeichnet, die eine angstlösende, entspannende Wirkung haben. Ihr Einsatz bei Menschen mit Demenz (nächtliche Unruhe, Angstzustände) muss kritisch betrachtet werden, da dieser Medikamentengruppe ein Suchtpotenzial zugeschrieben wird und eine längere Einnahme zudem die dementiellen Symptome verstärkt.

Validation

Eine von Naomi Feil entwickelte Methode eines wertschätzenden, respektvollen, einfühlenden Umgangs mit dementen Menschen. Der Verwirrte wird hier nicht als Kranker betrachtet, sondern als einzigartiges Individuum, dessen Verhalten im Alter als das Ergebnis einer Kombination von körperlichen Veränderungen und sozialen und biografischen Erfahrungen angesehen wird.

Vorsorgevollmacht

Hierbei handelt es sich um eine in gesunden Tagen erteilte Vollmacht, mit der man für den Fall einer später eintretenden Geschäfts- oder Einwilligungsunfähigkeit einem Menschen seines Vertrauens die rechtsgeschäftliche Vertretung überträgt. Diese Willenserklärung macht die Bestellung eines rechtlichen Betreuers entbehrlich. Sollte der Vollmachtgeber ebenfalls eine Patientenverfügung erlassen haben, ist es ratsam, in der Vorsorgevollmacht zu fixieren, dass der Bevollmächtigte daran gebunden ist, da er ansonsten nach seinem Ermessen entscheiden könnte.